Deutschlands wilder Süden

Naturerlebnisland Baden-Württemberg

Andreas Braun · Claus-Peter Hutter

Deutschlands wilder Süden

Naturerlebnisland Baden-Württemberg

THEISS

Bibliografische Information der Deutschen Nationalbibliothek
Die Deutsche Nationalbibliothek verzeichnet diese Publikation in der Deutschen Nationalbibliografie; detaillierte bibliografische Daten sind im Internet über http://dnb.dnb.de abrufbar.

Der Konrad Theiss Verlag ist ein Imprint der WBG

Die Herausgabe des Werkes wurde durch die Vereinsmitglieder der WBG ermöglicht.
Lektorat: Nicole Janke, Neuhausen
Gestaltung und Satz: DOPPELPUNKT, Stuttgart
Umschlaggestaltung: Jutta Schneider, Frankfurt a.M., unter Verwendung folgender Abbildungen: Wasserfall im Hörschbachtal (Foto: Roland Bauer); Stille am Bodensee (Foto: Achim Mende); Wildkatzen (Foto: Alfred Limbrunner).
Gedruckt auf säurefreiem und alterungsbeständigem Papier
Printed in Germany

Besuchen Sie uns im Internet: www.wbg-wissenverbindet.de
ISBN 978-3-8062-2786-4

Inhalt

Deutschlands wilder Süden –
Eine erste Annäherung 7

Im Land der Schlossherren, Schweinezüchter und Schraubenkönige –
Hohenlohe und Schwäbisch-Fränkischer Wald 27

Wanderfalken, Wanderwege, Wunderhöhlen –
Naturparadies Schwäbische Alb 49

Von der Eiszeit geformt –
Bodensee und Oberschwaben 77

Im Reich von Auerhahn und Rothirsch –
Der Schwarzwald 109

Ergebnis eines erdgeschichtlichen Supergaus –
Der Oberrhein 135

Stille Waldbäche, weite Felder –
Odenwald und Bauland 157

Natur und Kultur geben sich die Hand –
Neckarland und Gäulandschaften 179

Anhang 206

Überregionale Rad- und Wanderwege 206

Institutionen und Organisationen 214

Zertifizierte Natur- und Landschaftsführer 218

Kurzporträt: NatureLife-International 220

Danksagung 221

Register 222

Bildnachweis 224

Deutschlands wilder Süden –

Eine erste Annäherung

Der Bodensee und die Bodenseelandschaft haben, wie ganz Oberschwaben, viele Gesichter. Eigentlich müssten zumindest diejenigen, die über zeichnerisches Talent verfügen, immer einen Malblock und Aquarellfarben dabeihaben. Stimmungsvolle Bilder gibt es etwa an der Pappelallee – die zur Insel Reichenau führt – einzufangen.

Über dem Wasser hängen zarte Nebelschwaden, die schon bald von der Frühlingssonne aufgelöst werden. Zwischen den Schilfzonen liegt eine Gruppe verschlafener Enten im Wasser; nur die Schreie eines wohl aufgescheuchten Reihers unterbrechen die morgendliche Stille. Draußen auf dem offenen Wasser holt ein Fischer seine Netze ein. Ein Morgen irgendwo am Bodensee.

Zur selben Zeit: Gewandt kreisen Wanderfalken vor bizarren Kalkfelsen im Donautal, und auf der Hochfläche der Schwäbischen Alb sind wieder die Schäfer mit ihren Herden unterwegs. Nur vielleicht 60 Kilometer Luftlinie nördlich davon: Über die jetzt schon warmen Natursteinmauern im Neckartal huschen Eidechsen. Überall in den terrassierten Muschelkalkweinbergen entlang des Neckars und seiner Zuflüsse haben die Wengerter – wie die Weingärtner im Württembergischen heißen – wieder ihre Arbeit aufgenommen, um die uralte Kulturlandschaft zu pflegen. Aus den Ritzen der Trockenmauern quellen Zimbelkraut und Streifenfarn und andere botanische Überlebensspezialisten. Keine 150 Kilometer davon im Westen verwandelt zartes Grün in vielerlei Schattierungen die Auwälder des Rheins wieder in Tarzans Dschungel-Welt. Der Gesang der Nachtigall und anderer Zugvögel zeigt, dass jetzt endgültig das Frühjahr Einzug gehalten hat. Auch dort, wo entlang des Rheintals Weinberge die kulturelle Klammer zwischen der weiten Ebene des europäischen Stromes und den Höhen des Schwarzwalds bilden und ganz im Südwesten an den Lösshängen des Kaiserstuhls, sind die Winzer am Werk. In den Wipfeln der mächtigen Weißtannen und Fichten des Südschwarzwalds brüten jetzt Goldhähnchen und Tannenhäher; im Bereich ungestörter Waldlichtungen balzen Auerhähne und in den Buchen- und Eichenwäldern des Nordschwarzwalds, des Odenwalds, des Schönbuches, des Stromberggebiets und des Schwäbisch-Fränkischen Waldes hört man das hallende Trommeln der Schwarzspechte. In manchen dieser Waldgebiete ist wieder die Wildkatze zurückgekehrt. Oder war sie nie ganz verschwunden? Wo Bauern auf fruchtbaren Böden »Fenster« ausgespart und Wildkräuterstreifen angelegt haben, singen etwa im Hohenloher Land, im Bauland, im Kraichgau und im Heckengäu die Feldlerchen, Hasen hoppeln über die Äcker und nahezu überall verwandeln Abermillionen von weißen und rosa Blüten der Kirsch-, Zwetschgen-, Birnen- und Apfelbäume das Land in ein wahres Blütenmeer.

Baden-Württemberg ist das Naturerlebnisland schlechthin! Nirgendwo sonst liegen ganz unterschiedliche Lebensräume so nahe beieinander wie hier. Natur und Kultur geben sich immer wieder die Hand. Denn die vielfältigen Landschaften wurden letztlich durch unterschiedliche Bewirtschaftungen hervorgebracht. So sind die weitesten Teile des heutigen Bundeslandes Kulturlandschaften; doch an so manchen Stellen wie in den Rheinauen, den steilen Felsen der Schwäbischen Alb, manchen Schluchten im Schwarzwald, Odenwald sowie in den Keuperwaldbergen des Schwäbisch-Fränkischen Waldes, des Strombergs und des Schönbuchs oder den geheimnisvollen Mooren Oberschwabens findet man Wildnis pur und bekommt so einen Eindruck von der einstigen Urnatur des Landes.

Eines Landes, das heute wohl bis auf die Fels- und Moorbereiche, die Seen und Flüsse vollständig von Wald bedeckt wäre. Wald, der sich in unterschiedlicher Ausprägung – etwa als Auwald, Nadelwald oder Laubmischwald – das ganze heutige Südwestdeutschland zurückerobert hatte. Aber selbst das ist eine junge Geschichte. Denn schon lange zuvor, zu Zeiten, als weite Gebiete steppenartig geprägt waren, streiften menschliche Wesen durch manche Gegenden des »wilden Südens«. Das beweisen so spektakuläre Funde wie die des rund 610 000 Jahre alten Homo heidelbergensis (aufgefunden in Mauer bei Heidelberg) und des 250 000 bis 300 000 Jahre alten Homo steinheimensis (aufgefunden in den Schottern der unteren Murr bei Steinheim, Landkreis Ludwigsburg). Beide Entdeckungen stellen die Übergangsformen vom Homo erectus zum Neandertaler dar.

Und auch aus späteren Zeiten gibt es Zeugnisse früherer Jäger und Sammler. Dazu gehörten Neandertaler und die später eingewanderten Vorfahren des sogenannten modernen Menschen. Immer wieder fanden Archäologen während der letzten 100 Jahre über 30 000 Jahre alte, kleine Kunstwerke, welche diese eiszeitlichen Jäger und Sammler – die Vorfahren des Homo sapiens – u. a. aus Mammut-Elfenbein schnitzten. Der bislang spektakulärste Fund gelang 2008 mit der Entdeckung der »Venus vom Hohle Fels«. In dieser Jurakalk-Höhle bei Schelklingen im Alb-Donau-Kreis fand der aus den USA stammende Archäologe Prof. Dr. Nicholas Conard mit seinem Team das nur 6 Zentimeter große Figürchen. Statt eines Kopfes weist die Schnitzerei aus Mammut-Elfenbein eine Öse auf; wer weiß, bei wie vielen Leuten zu Urzeiten solche Fruchtbarkeitssymbole vor der Brust baumelten. Dass es eine Art Fruchtbarkeitssymbol ist, zeigen die überdimensionalen Brüste und auch die anderen, deutlich herausgearbeiteten Geschlechtsmerkmale dieser Venus. Auf ein Alter von über 38 000 Jahren wird die Figur geschätzt. Sie stammt also aus einer Zeit, als noch Säbelzahntiger und Mammut durch die Gegend streiften. Damit ist die Venus die älteste bekannte figürliche Menschendarstellung der Welt. Ist dies schon eine archäologische Sensation und ein Symbol für die frühe Entstehung von figürlicher Kunst und Kultur, so steht dies zugleich auch für das vielfache Ineinandergreifen von Natur und Kultur in Baden-Württemberg.

Ja, man kann sagen, hier ist – zumindest nach gegenwärtigem, wissenschaftlichem Stand – wohl auch die Instrumental-Musik erfunden worden. Auf der ganzen Welt gibt es nämlich bisher keine nachgewiesenen älteren Instrumente als die ebenfalls in Höhlen der Schwäbischen Alb entdeckten Flöten aus Geier- und Schwanenknochen. Und so bekommen wir nicht nur einen Eindruck, wie die Menschen in der Vorzeit gelebt haben könnten, sondern auch, welchen Beutetieren sie nachgestellt haben. Überall im Land gibt es sensationelle Funde zur Fauna und Flora früherer Zeiten der Erdgeschichte.

Wer Baden-Württembergs Urnatur entdecken will, wird auch in den vielen naturkundlichen und archäologischen Museen fündig. Das Naturwunderland kann also – meist spannend präsentiert – in so mancher Schausammlung aufgespürt werden. Diese kulturellen Zentren sowie Einrichtungen zur technologischen Entwicklung wie das Technoseum in Mannheim, das Mercedes Benz- und das Porsche-Museum in Stuttgart machen zusammen mit anderen Museen, Burgen, Schlössern, Klöstern, Kirchen sowie vielen noch mittelalterlich anmutenden Stadt- und Dorfzentren, stattlichen Bauernhöfen, alten Alleen, Obstwiesen und Zeugnissen der frühen Industrialisierung wie Mühlen, Wehren und ganz unterschiedlichsten Landschaftselementen den besonderen Reiz Baden-Württembergs als Naturerlebnisland aus. Ein Naturerlebnisland, das ohne die kulturellen Entwicklungen der vergangenen 2000 Jahre – die man in unterschiedlichster Ausprägung überall entdecken kann – so nicht denkbar wäre.

Vor allem die letzten 1000 Jahre haben durch die immer wieder erfolgte Zersplitterung des Landes eine unglaubliche Kulturdichte hervorgebracht. Bis Napoleon 1806 die europäische Flurkarte mit den flächig erweiterten Vorgängern des heutigen Landes – Württemberg, Baden und Hohenzollern – neu ordnete, existierten auf demselben Gebiet von heute 35 751,46 Quadratkilometern sage und schreibe 250 eigene, weitgehend eigenständige Herrschaftsgebiete. Freie Reichsstädte wie Ulm, Esslingen, Offenburg, Konstanz und Schwäbisch Hall waren ebenso darunter wie fürstbischöfliche Territorien, Fürstentümer, Grafschaften und andere eigenständige Territorien.

Die territoriale Aufsplitterung bis zum Übergang vom 18. in das 19. Jahrhundert ist für heutige Verhältnisse unvorstellbar und brachte für die Menschen früherer Zeiten vielerlei Erschwernisse mit sich. Doch haben diese Verhältnisse eine hohe Kulturdichte mit vielen Elementen der Kulturlandschaft geschaffen. Eigene Territorien – und waren sie noch so klein – erforderten eine eigene Infrastruktur. Ob Fischteiche, Klosterseen, alte Wegverbindungen, Befestigungsanlagen, Grenzziehungen, Verteidigungswälle, Beobachtungs- und Wehrtürme, Poststationen, Kanäle und Mühlen: Überall finden sich Spuren der Entstehung unserer Kulturlandschaft. Auch kleinste Zeugnisse der Kulturgeschichte wie Weinbergunterstände im Neckar- und Enztal, Wegkreuze und Madonnenbildnisse im Tauberland, Silberbergstollen im Südschwarzwald, Flößerkanäle an der Enz, Dorfteiche auf der Schwäbischen Alb, Steinriegel aus Zeiten des Weinbaus im Kocher-, Jagst- und Taubertal – nach dem Wiederaufbau des Zweiten Weltkriegs oft in Vergessenheit geraten und in geschichtlicher wie ökologischer Ignoranz beseitigt – sind heute geschätzte und geschützte Teile der baden-württembergischen Kulturlandschaft. Sie sind Landschaftselemente, die auf verschiedene Weise Fauna und Flora Lebensräume bieten.

Immer mehr Bürgermeister, Gemeinde- und Stadträte werden sich der Bedeutung des Kultur- und Naturerbes ihres Einflussbereiches bewusst. Vielgestaltige Landschaften sind zusammen mit dem reichhaltigen kulturellen Erbe eine wichtige Grundlage für Naherholung und Tourismus.

Und dazu gehört auch das jeden Tag aufs Neue zu entdeckende, kulinarische Erbe. Immer mehr werden Saisonalität und Regionalität wieder Trumpf. Landgasthöfe, Stadt-Restaurants und Feinschmeckerlokale bringen nach Jahren der Einheitsküche und der industriellen Fertignahrung seit der Jahrtausendwende wieder vermehrt heimische Erzeugnisse auf den Tisch. Und die Winzer der Ortenau und des Markgräflerlandes haben wie ihre Kollegen, die Wengerter im Remstal, Neckartal, Heilbronner Land und den Einzugsgebieten, nach Zeiten der Massenproduktion ihren Anschluss an die Spitzenweinerzeugung – wie man sie aus Frankreich und Italien schon länger kannte – gefunden. Ob Badischer Grau- und Weißburgunder, Württemberger Lemberger und Riesling; zusammen mit Alblamm, Schwarzwaldforelle, Schwäbisch-Hällischem Schwein, Grünkern aus dem Bauland, Alblinsen, Bodenseefelchen, Allgäuer Bergkäse, Wild aus den weitläufigen Wäldern des Landes: All diese Gaben der Natur und einer zunehmend auf Nachhaltigkeit bedachten Land-, Forst- und Weinwirtschaft helfen, als regionale Erzeugnisse die Vielgestaltigkeit der Kulturlandschaften Baden-Württembergs zu erhalten und Besuchern aus aller Welt auch kulinarisch unvergessliche Erlebnisse und Erinnerungen mit nach Hause zu geben. So beginnt manches Naturerlebnis auf dem Teller und im Glas.

Baden-Württemberg – Deutschland und Europa im Kleinformat

Urlaub in Baden-Württemberg ist in. Seit der Jahrtausendwende hat sich der schon zuvor erkennbare Trend verstärkt, und es kommen immer mehr Besucher aus anderen Bundesländern, dem europäischen Ausland und der ganzen Welt in das Land zwischen Rhein und Iller, zwischen Main und Bodensee. Und auch Badener, Württemberger, Kurpfälzer, Hohenlohe-Franken und Hohenzollern-Schwaben entdecken ihre weltoffene Heimat neu. Über 46 000 Kilometer Fern- und Rundwanderwege machen es leicht, das Land zu entdecken. Viele Wegverbindungen werden von ehrenamtlichen Helfern etwa des Schwarzwaldvereins, des Schwäbischen Albvereins oder des Odenwaldvereins betreut, markiert und gepflegt. Hinzu kommen die vielen kleinen, örtlich angelegten Spazier- und Wanderwege der Städte und Gemeinden, der Winzervereine, Naturschutz- und Forstverwaltungen. Kein Wunder, dass die Wander-, Heimat- und Naturschutzbewegung in Baden-Württemberg tiefe Wurzeln hat. Nirgendwo sonst in Deutschland gibt es ein solch dichtes Wanderwegenetz, so viele Naturerlebniseinrichtungen und Museen wie hier. Über 1200 Natur- und Landschaftsführer wurden von der Umweltakademie Baden-Württemberg zertifiziert. Sie bringen Schulklassen, Jahrgangs- und Vereinsgruppen ohne erhobenen Zeigefinger auf die Spur der Natur. Sie alle helfen zusammen mit dem Nationalpark Schwarzwald, dem Biosphärengebiet Schwäbische Alb, den Naturparken Neckartal-Odenwald, Stromberg-Heuchelberg, Schwäbisch-Fränkischer Wald, Schönbuch, Schwarzwald Mitte/Nord, Südschwarzwald und Obere Donau, 7 Freilichtmuseen, 13 großen Naturschutzzentren des Landes und der Verbände und weiteren Naturerlebniseinrichtungen die ganze ökologische Vielfalt des Landes aufzuzeigen. Je mehr man in den unterschiedlichsten Landschaften Baden-Württembergs unterwegs ist, umso deutlicher wird, dass der deutsche Südwesten eigentlich Deutschland und Europa im Kleinformat darstellt. Bis auf die offene See und das Hochgebirge finden sich hier nämlich alle Landschaftstypen.

Geologie kompakt – das Südwestdeutsche Schichtstufenland

Jeder will für sich Landschaft auf seine eigene Weise und möglichst unbeschwert erleben. Wer sich jedoch ein klein wenig mit Geologie beschäftigt, wird mehr von der Landschaft und der Natur des Landes verstehen und sich, zumindest im Groben, Oberflächenformen erklären können.

Das Gebiet des heutigen Baden-Württembergs gehört zum Südwestdeutschen Schichtstufenland. Man muss sich das Ganze vorstellen wie aufgefächerte Spielkarten oder Bierdeckel; allerdings mit unterschiedlicher Dicke. Ganz unten befindet sich das sogenannte Grundgebirge aus hartem Granit und Gneis; darüber wurden im Laufe von Jahrmillionen verschiedene Meeressedimente abgelagert oder, als das Gelände nicht von Meereswasser überdeckt war, in trockenen Perioden, Geröll und anderes Material durch Flüsse eingespült. So würden über Gneis und Granit normalerweise – von unten nach oben – Buntsandstein, Muschelkalk, Keuper (mit unterschiedlichen Sandsteinen), Schwarzjura, Braunjura und Weißjura liegen. Normalerweise. Denn vor rund 30 Millionen Jahren gab es gewaltige Veränderungen. Durch plattentektonische Prozesse, vermutlich infolge einer starken Dehnung der Erdkruste – wahrscheinlich durch das Eindringen von Magma aus dem Erdinneren verursacht; andere Forscher nehmen an, dass die Entstehung mit der Auffaltung der Alpen zu tun hat – brach das Gelände ein, das wir heute als Oberrheingraben bezeichnen. Den Rhein gab es damals noch nicht. Dieser tektonische Graben ist Teil eines riesigen Bruchsystems, das in Richtung Süden auch die Burgundische Pforte und den Rhônegraben bis hin zum Mittelmeer umfasst. Heute im Gelände nicht mehr sichtbar, aber unterirdisch feststellbar ist die Fortsetzung des Oberrhein-

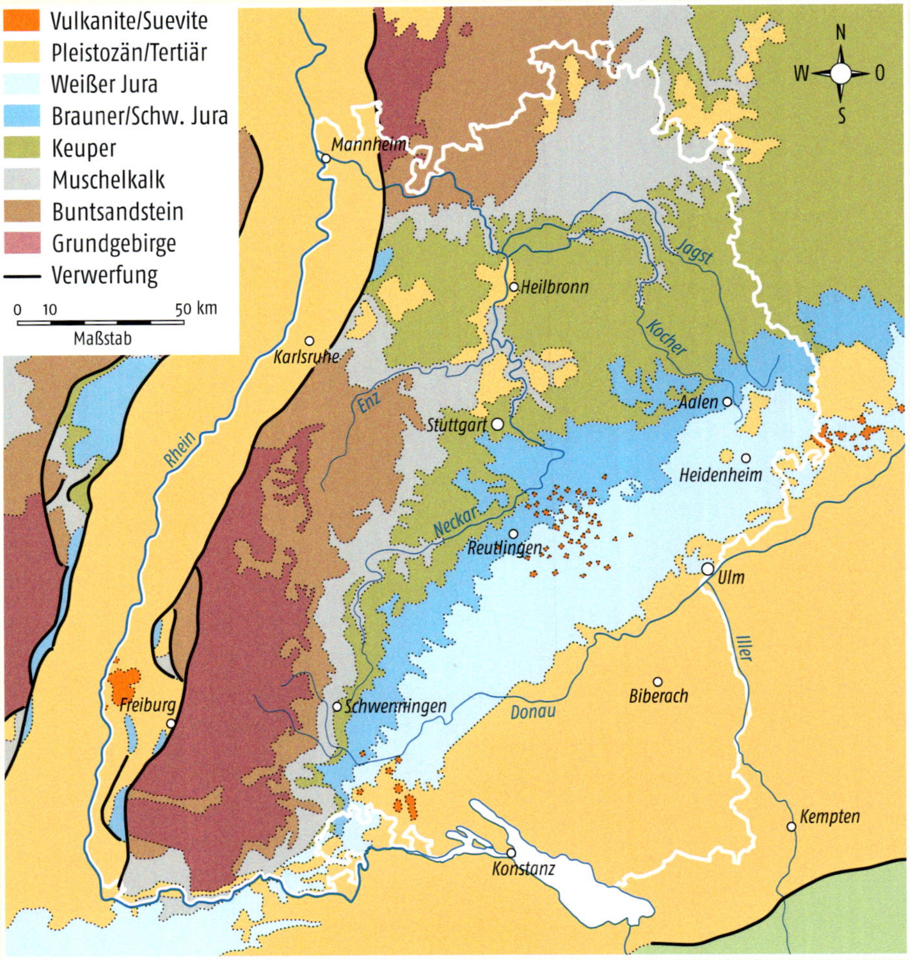

Das Süddeutsche Schichtstufenland fächert sich auf wie ein Kartenspiel. Die Bildlegende orientiert sich an der geologischen Schichtung und ist von unten nach oben angeordnet.

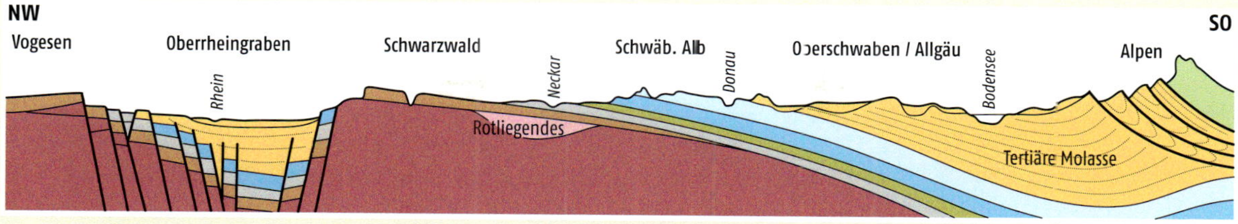

Der Querschnitt durch die Geologie Baden-Württembergs von Nordwesten nach Südosten gibt – in vereinfachter Darstellung – einen Einblick in den vielgestaltigen Untergrund.

grabens über die Hessische Senke hinweg bis in den Leinetalgraben im heutigen Niedersachsen und den Oslograben in Norwegen.

Durch den bis zu 3000 Meter tiefen Einbruch des heute bis zu 30 bis 40 Kilometer breiten Rheingrabens wurde das Gelände auf beiden Seiten extrem angehoben. So entstanden im Osten die Gebirge, die wir heute als Schwarzwald und Odenwald bezeichnen, und im Westen, auf heute französischer Seite, die Vogesen. Durch die gewaltigen Anhebungen wurden die zuvor horizontalen Schichten schräg gestellt. Dadurch waren diese Schichten der allmählichen Verwitterung ausgesetzt. Viele frühere Sedimente wurden abgetragen, und so kommt es, dass etwa im Südschwarzwald Granit und Gneis anstehen – also Gestein, das eigentlich ganz unten sein müsste –, dafür aber die früheren Deckschichten kilometertief im Oberrheingraben liegen, die später von Sedimenten wieder überdeckt wurden. Weil im Laufe von Jahrmillionen und Jahrtausenden die Erosion immer weiter voranschritt, ist das von Südwesten nach Norden und Nordosten sowie Südosten aufgefächerte Kartenspiel angefressen, als ob Mäuse daran genagt hätten. Da das Ganze geschichtet ist wie eine Schwarzwälder Torte, nennt man es Süddeutsches Schichtstufenland. Dieses wiederum ist Teil eines Stufenlandes, welches sich letztlich vom Pariser Becken bis zum Böhmerwald erstreckt.

Die Anhebung und Aufwölbung des Südschwarzwaldes mit Gneisen und Graniten schuf steile Berge mit Hängen und Schluchten, in deren Bereich es wenig fruchtbare Böden gibt; deshalb ist der später dort angesiedelte Wald weitgehend erhalten geblieben. Erst sehr spät haben Menschen den Schwarzwald besiedelt. Im Nordschwarzwald steht ebenso wie im Odenwald – und in das heutige Bundesland Hessen hinein im Spessart – Buntsandstein an. Auch dort gibt es Schluchten und wenig fruchtbare Böden, weshalb hier ebenfalls großflächige Waldgebiete vorherrschend sind.

Von der Baar (u. a. Villingen-Schwenningen), der Landschaft zwischen Schwarzwald und Schwäbischer Alb, reicht bis nach Unterfranken der Muschelkalk. Dieser bildet die Grundlage sogenannter Gäulandschaften, die durch die Eintragung von Löss während der Eiszeiten sehr fruchtbar sind. Teilweise sind die Muschelkalk-Gäulandschaften noch vom Keuper bedeckt. Dazu gehören die Keuperbergländer Schönbuch südlich von Stuttgart, Stromberg und Heuchelberg nordwestlich zwischen Stuttgart und Heilbronn sowie der Schwäbisch-Fränkische Wald nordöstlich zwischen Stuttgart und Schwäbisch Hall. Die letzte und markanteste Stufe wird durch den Jura im Bereich der Schwäbischen Alb gebildet, der sich nach Nordosten bis zur Fränkischen Alb erstreckt.

Der geologische Spielkartenfächer bekam im Laufe der Erdgeschichte Warzen, Narbenlöcher, Falten und Risse. Dafür sorgten Vulkankegel (Hegau), Vulkanschlote (Schwäbische Alb), mehrere Eiszeiten mit Gletschern (Bodensee, oberschwäbische Moränenlandschaft), Flüsse und natürlich alle Formen der Verwitterung. Weil die Flüsse an den schräg gestellten Gesteinsschichten zusammen mit Kälte und Hitze nagten, wurden die verschiedenen Schichten unterschiedlich weit abgetragen; Geologen nennen dies »Rückschreitende Erosion«. Weil unterschiedlich hartes Gestein der Witterung unterschiedlich lange trotzt, blieben einzelne Hügel und Berge teilweise auch dort erhalten, wo in der Umgebung schon die nächste, ursprünglich darunterliegende Schicht ansteht. Da quer durchs Land eine Wasserscheide verläuft, viele Flüsse über die Donau in das Schwarze Meer und dann das Mittelmeer und andere Flüsse über den Rhein in die Nordsee und den Atlantik entwässern, gibt es einen jahrtausendelangen Kampf, welches System durch »Rückschreitende Erosion« dem anderen das Wasser abzapft. In den letzten Jahrtausenden erwies sich – vereinfacht ausgedrückt – das zum Rhein gehörende Gewässersystem gegenüber dem der Donau als Sieger.

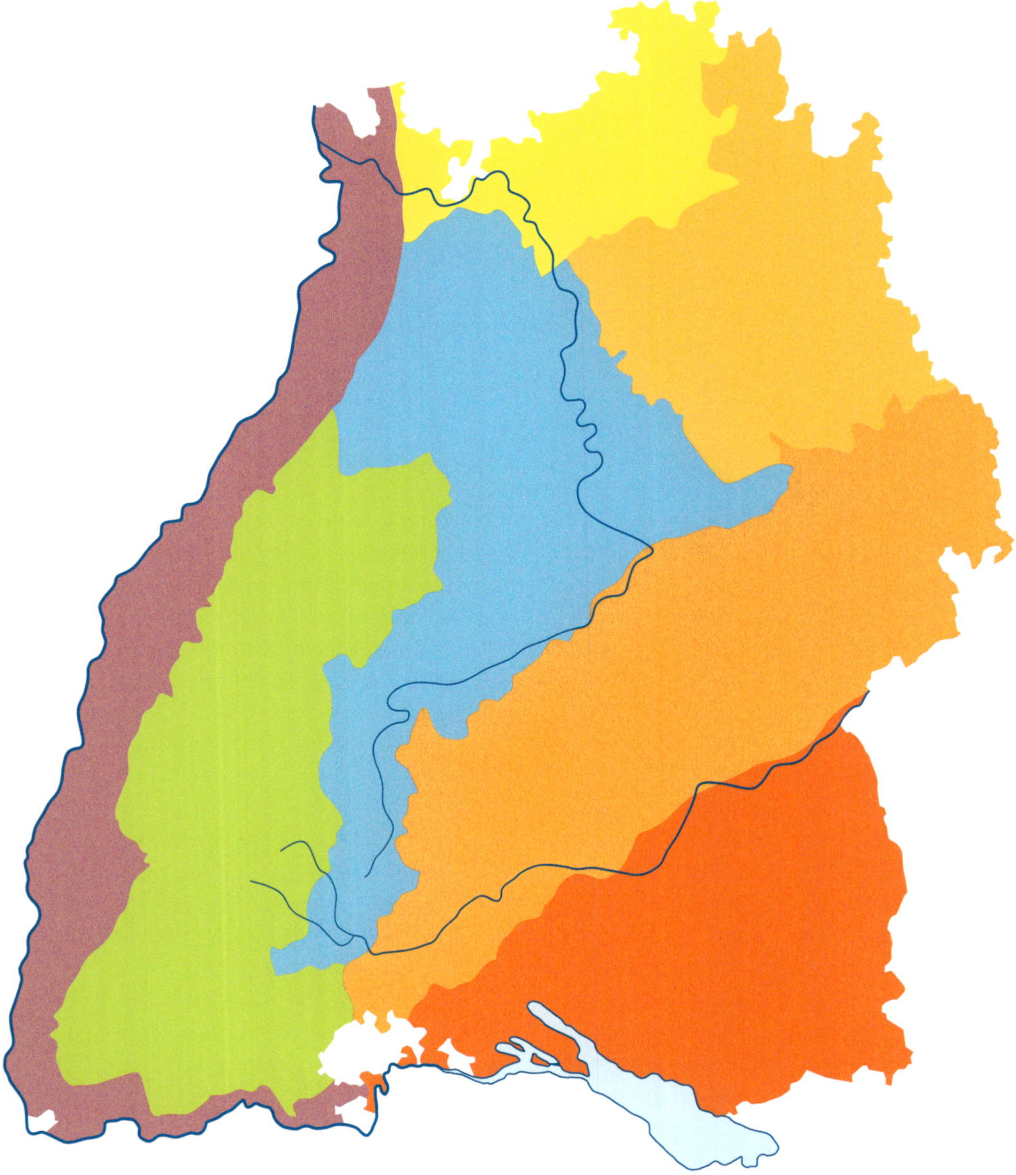

Die Naturräume Baden-Württembergs

Weitgehend bedingt durch die Geologie lassen sich für Baden-Württemberg sieben Naturräume unterscheiden. Dieses Buch stellt die sieben Großlebensräume im Uhrzeigersinn vor, beginnt ganz im Norden mit Hohenlohe und dem Schwäbisch-Fränkischen Wald, geht dann im Uhrzeigersinn weiter über die Schwäbische Alb, den Bodensee und Oberschwaben, den Schwarzwald, den Oberrhein sowie den Odenwald und das Bauland im Norden. Am Schluss steht das zentral liegende Neckarland mit den angrenzenden Gäulandschaften.

Es gibt viele Versuche und Möglichkeiten, Landschaften zu unterscheiden. Etwa nach den Gesteinen, nach Flusssystemen, nach kultureller Überprägung, nach früheren oder heutigen Herrschaftsgebieten oder nach wirtschaftlichen Verhältnissen. Doch alles hängt ja auch miteinander zusammen. Bleibt man bei der naturräumlichen Betrachtung, so ist die Betrachtung eines Bundeslandes wie Baden-Württemberg in gewisser Weise willkürlich. Denn das Allgäu ist eine Landschaftseinheit, die weit nach Bayerisch-Schwaben hineinreicht. Das Schwarzwaldgebirge findet westlich des Rheins die Fortsetzung in den Vogesen, und der Jura erstreckt sich über die Schweiz hinweg nach Frankreich im Westen und bis nach Oberfranken in Ostbayern. Ähnlich ist dies auch in kleinerem Maßstab. Weil Natur keine Grenzen, sondern vielerlei Übergangsbereiche kennt, können »Einteilungen« in Großlandschaften der Realität nie ganz gerecht werden. In diesem Buch orientieren wir uns deshalb weitgehend an geologischen, ökologischen, kulturellen und touristischen Gegebenheiten.

Bevor wir uns aufmachen, das Naturwunderland Baden-Württemberg näher kennenzulernen, starten wir zur ersten Orientierung eine schnelle Rundreise. Wir beginnen im Nordosten Baden-Württembergs. Dann geht es im Uhrzeigersinn weiter und am Schluss kommt die Landesmitte:

Hohenlohe und Schwäbisch-Fränkischer Wald: Bauernland zwischen romantischen Flusstälern, Feldern, Wäldern und Obstgärten

Am nördlichen Trauf der Keuperwaldberge, welche unter der Bezeichnung Schwäbisch-Fränkischer Wald heute besser bekannt sind, treffen zwei unterschiedlich charakterisierte Landschaften aufeinander. Einmal die fruchtbare Hohenloher Ebene, wo sich Kornfelder, Kartoffel- und Rübenäcker, Obstwiesen und traditionsreiche und geschichts-

Überall in Baden-Württemberg geben sich Natur und Kultur vielfach die Hand. Dies gilt insbesondere für Hohenlohe, wo viele Burgen und Schlösser die reichhaltige Kulturlandschaft zieren. So auch die aus der Stauferzeit stammende Burg Tierberg bei Braunsbach im Landkreis Schwäbisch Hall.

trächtige Ansiedlungen zu einem beeindruckenden Landschaftsmosaik fügen. Zum anderen der Schwäbisch-Fränkische Wald, eine Landschafts-Komposition aus langgestreckten romantischen Tälern, mit Mischwald bedeckten Keuperhügeln, Hochebenen mit waldumschlossenen Weiden, Schluchten und steilen Hängen im dunklen Wald.

Schwäbische Alb: Rau und herzlich – zwischen Höhlen und Heiden

Die Silberdistel ist fast schon ein Wahrzeichen für die typischen Wacholderheiden der Schwäbischen Alb.

Die Schwäbische Alb ist neben dem Schwarzwald eine der einheitlichsten Landschaftsräume Baden-Württembergs. Karge, landwirtschaftlich genutzte Hochflächen, artenreiche Laubwälder, Trockenrasen sowie nicht minder interessante Trockentäler prägen den wohl markantesten Teil der Südwestdeutschen Schichtstufenlandschaft.

Die Schwäbische Alb ist aber auch das größte Karstgebiet Mitteleuropas, und so gibt es zahlreiche Karsterscheinungen zu bestaunen, welche auf die Wasserlöslichkeit des Kalkes zurückzuführen sind. Dazu gehören zahlreiche Höhlen (etwa Bärenhöhle, Nebelhöhle u. a.) Dolinen, Karstquellen (wie etwa der Blautopf bei Blaubeuren), Trockentäler, Felsspalten und vieles andere mehr.

Oberschwaben und Bodensee: Eiszeitlich sanft geformte Landschaft

Zahllose Seen, Riede, Moore, Toteislöcher und Moränenwälle in Oberschwaben – dem Land zwischen Donau und Allgäu – sind Zeugen mehrerer Vergletscherungsphasen, in denen der Eispanzer zeitweise bis zur Donau reichte.
Davon zeugen u. a. Moränen – das sind die Ablagerungen der Gletscher aus einem Gemenge von Sand, Lehm, Schotter und Steinen sowie großen Gesteinsbrocken, den sogenannten Findlingen –, wie etwa an der Schussenquelle, die von Wasser und Eis transportiert, gerundet und wieder abgelagert wurden. Die Seiten- oder Endmoränen sind für das lebendige Relief der Jungmoränenlandschaft etwa zwischen Pfullendorf, Bad Schussenried und Bad Waldsee verantwortlich.

Ganz im Gegensatz hierzu steht die Altmoränenlandschaft. Die alten Moränen aus früheren Eiszeiten sind weitgehend abgetragen und eingeebnet. Das Altmoränenland ist flachwellig, die früheren Zungenbeckenseen vielfach verlandet und teilweise in Moorlandschaften übergegangen. Hier ist die Heimat vieler Lebensraumspezialisten, die an solch besondere Lebensräume angepasst sind. Dazu gehören Kreuzotter und Sonnentau.

Der Schwarzwald: Wäldermeer zum Wohlfühlen

Es ist vor allem die abwechslungsreiche Mischung aus wilder Natur und Kulturlandschaften, welche den Schwarzwald so anziehend macht. Da sind domartig wirkende Tannen- und Fichtenwälder, kleine, stille Moore und einsame Karseen. In Schluchten, Blockschutthalden und anderen während der Eiszeit geformten Landschaftsteilen des Südschwarzwaldes hat sich eine erstaunliche Vegetation erhalten: Alpenglockenblume, Alpenbärlapp und andere Pflanzen mit alpinem Charakter.

Der nördliche Schwarzwald stellt heute das größte geschlossene Waldgebiet in Baden-Württemberg dar. Prägend ist hier der Buntsandstein. Im südlichen Schwarzwald überwiegen Granite und Gneise. Besonders der südliche Schwarzwald war während der Eiszeiten vergletschert.

Weite Wälder, einsame Höhen. Der Schwarzwald bietet viele Aus- und Einblicke.

Oberrheinisches Tiefland: Landschaft voller Kontraste

Von Basel bis Mannheim und darüber hinaus mäandrierte der Rhein einst ursprünglich auf etwa 10 Kilometern Breite im tektonisch entstandenen Oberrheingraben. Doch seit Johann Gottfried Tulla ist alles anders: Der Flussbaumeister des 19. Jahrhunderts bändigte den Oberrhein, indem er begann, ihn zu begradigen und den Flusslauf von Basel bis Mannheim um 90 Kilometer zu verkürzen. Seit den 80er-Jahren des letzten Jahrhunderts wurde damit begonnen, der ursprünglichen Natur am Oberrhein wieder mehr Platz einzuräumen. Dafür wurden und werden Freiräume und Retentionsflächen geschaffen. Altwasserbereiche, Sandbänke, Kiesbänke, Ablagerungen von Geschwemmsel, Aufschüttung und Abtragung – alles Vorgänge der natürlichen Flussdynamik und typisch für den direkten Auenbereich des Rheins.

Die Wiederansiedelung von Lachsen im Rhein kann als eine Erfolgsgeschichte des Naturschutzes der letzten Jahre verbucht werden. Auch andere Rückkehrer sind wieder da: so etwa Weißstörche und Biber.

Wo sich das Rheintal noch ganz ursprünglich präsentiert: Im Naturschutzgebiet Taubergießen bei Kappel.

Typisch Odenwald und Bauland: Oasen in Wäldern und Feldern

So wie diese mit ihrem Herbstlaub dekorierte Rotbuche finden sich nicht nur im Odenwald majestätische Naturmonumente.

Bewaldete Buntsandsteinhöhen, die im Osten allmählich in landwirtschaftlich genutzte Flächen übergehen – bereits anhand von Vegetation und Nutzung lassen sich Odenwald und Bauland grob gegeneinander abgrenzen.

Der Gebirgsteil südlich des Neckars heißt Kleiner Odenwald mit dem bekannten Königstuhl bei Heidelberg. Wie von Riesenhand aufgetürmt bilden hier große, massige Blöcke ganze Blockhalden aus Buntsandstein. Urwüchsige Buchen und Eichen, vermischt mit Ahorn, Linden und Edelkastanien prägen das Bild des Odenwaldes.

Moose und Farne überziehen die Buntsandsteinklötze. Heidelbeersträucher zeigen sauren Untergrund an. Tüpfelfarn und Adlerfarn wachsen an schattigen Plätzen, und Schwarzspechte hämmern an alten Eichen.

Im Bauland östlich des Odenwaldes überlagern die Muschelkalkpakete die Buntsandsteinschichten. Die stark durch Täler durchfurchten Muschelkalkhochflächen zeigen typische Karsterscheinungen. Und im südlich des Oldenwaldes angrenzenden Kraichgau überwiegen fruchtbare Böden und malerische Obstwiesen.

Neckarland und Gäulandschaften: Schwäbisch gemütlich inmitten pulsierender Wirtschaft

Der Neckar ist nicht nur Lebensader der Landschaft, sondern auch bedeutende Wirtschaftsachse. Eine Landschaft, welche nicht nur Schiller, Hölderlin, Hegel und Mörike inspirierte. Wohl schon die Römer haben an den Hängen des Neckars einst Weinbau betrieben.

Relikte des Hoch- und Spätmittelalters sind die mit viel Mühe angelegten Steillagenweinberge zwischen Plochingen und Gundelsheim. Der Neckar und seine Seitenflüsse wie Fils, Rems, Glems, Murr, Enz, Sulm, Kocher und Jagst bilden das lebendige, fließende Rückgrat des Landes. Sie verzahnen das Neckarbecken mit den Gäulandschaften. Diese Landschaften sind schon seit Menschengedenken genutzte Ackerbaugebiete – mehr oder weniger mit fruchtbaren Lössüberlagerungen bedeckt. Als Zeugenberge der Keuperstufe überlagern Strom- und Heuchelberg im Nordwesten sowie der Schwäbisch-Fränkische Wald im Osten inselartig die Gäulandschaft. Das vielfältige Landschaftsmosaik des Heckengäus, Korngäus, Strohgäus, des Langen Feldes, Zabergäus und der Ausläufer des Kraichgaus findet seine Fortsetzung nördlich im Heilbronner Weinland und dem Weinsberger Tal.

Wo Licht ist, da ist auch Schatten

Bei aller landschaftlichen Vielfalt und vielen idyllischen Regionen gibt es im Naturerlebnisland Baden-Württemberg auch Entwicklungen, die sich weniger schön auf Landschaften und Siedlungen ausgewirkt haben. So gibt es Stadtkerne wie die in Stuttgart, Pforzheim und Heilbronn, die wegen ihrer Industriebetriebe im Zweiten Weltkrieg zerbombt wurden und fast zu 90 Prozent zerstört waren. Zentren, denen man den schnellen Wiederaufbau in Zeiten, in denen die Menschen andere Sorgen hatten und wenig Rücksicht auf das historisch-kulturelle Erbe nahmen, noch heute ansieht. Landschaften, die vor allem in den 60er- und 70er-Jahren im Rahmen einfältiger Flurbereinigungen ihrer Heckenzonen, Obstwiesen und Baumalleen beraubt wurden. Bäche und Flüsse, die behandelt wurden, als sei das Wasser der Feind des Menschen und nicht Überlebensgut Nummer eins.

Und dann sind da die vielen Straßen, Autobahnen und Wege, die Landschaften zerschneiden und für viele Tiere unüberwindbare Hindernisse bilden. Zu Recht sind die Baden-Württemberger stolz darauf, dass in Stuttgart und Mannheim das Auto erfunden wurde, dass im Land Weltfirmen wie Daimler, Porsche und Audi sowie Bosch, Würth und Fischer zu Hause sind. Aber wie überall auf der Welt hat die Errungenschaft des Autos und damit der individuellen Mobilität auch hier zwei Seiten.

Doch zum Glück hat bei vielen Menschen ein Umdenken eingesetzt. Aktives Handeln zum Nutzen und zum Schutz von Umwelt und Natur war auch bitter notwendig. Wenn heute die früher weitverbreiteten Fischarten wieder zurückgekehrt sind und die Bäche und Flüsse sowie Seen wieder sauberes Wasser aufweisen, so ist dies den Anstrengungen der Städte und Gemeinden, der Landkreise und des Landes und natürlich der Steuerzahler zu verdanken. Mit Millionenbeträgen wurden seit den 60er- und 70er-Jahren Kläranlagen gebaut; jetzt gilt es, wo überall möglich, der gebändigten Natur und der Wildnis mehr Platz einzuräumen. Das Rad der Geschichte kann man dabei natürlich nicht zurückdrehen, aber verantwortungsvoll nach vorne bewegen. Und so kümmern sich Hei-

Nur noch an wenigen Stellen ist der Neckar – den die Kelten »wilder Kerl« nannten – so naturnah erhalten geblieben wie zwischen Freiberg am Neckar, Pleidelsheim und Ingersheim. Das heutige Naturschutzgebiet hat auch nach den Kriterien der Europäischen Union internationalen Rang.

mat- und Naturschutzvereine, Wanderverbände, Obst- und Gartenbauvereine, Fischereivereine, Imker und Landfrauen mit vielen freiwilligen Helfern, zusammen mit amtlichen Naturschützern, Förstern und aufgeschlossenen Landwirten um Renaturierungen, die Vernetzung von Biotopen und den praktischen Artenschutz. Die Herausforderungen sind groß; die damit verbundenen Chancen noch größer. Ob Badener, Württemberger, Hohenzollern, Kurpfälzer oder Hohenloher Franken: Sie haben es zusammen mit Besuchern und Urlaubsgästen in der Hand, wie sich Baden-Württemberg als Naturerlebnisland mit einer nachhaltigen Entwicklung in Zukunft präsentieren wird.

Baden-Württemberg ist fast überall auch Burgenland, so wie hier im Bottwartal nördlich von Stuttgart.

Die Natur als Maler! Spätsommerstimmung in Oberschwaben.

Im Land der Schlossherren, Schweinezüchter und Schraubenkönige –

Hohenlohe und Schwäbisch-Fränkischer Wald

Schloss Langenburg liegt hoch über dem Jagsttal an einer uralten Fernhandelsstraße.

Dort, wo die Wiesen noch nach Kräutern duften und in manchen Dörfern noch Hähne krähen, liegt Hohenlohe, »eine besonders zärtlich ausgeformte Handvoll Deutschland«, wie Eduard Mörike Mitte des 19. Jahrhunderts die Gegend um Tauber, Kocher und Jagst liebevoll bezeichnete. Vielfältige Landschaftselemente greifen hier mit kulturhistorischen Besonderheiten harmonisch ineinander und vermitteln trotz Weltoffenheit und vielen anderen anzutreffenden Weltmarktführern – wie der Würth-Gruppe – einen Eindruck ruhiger Idylle.

Am nördlichen Trauf der Keuperwaldberge, welche unter der Bezeichnung Schwäbisch-Fränkischer Wald besser bekannt und heute als Naturpark geschützt sind, kommen zwei ganz unterschiedlich charakterisierte Landschaften zusammen. Die fruchtbare Hohenloher Ebene, wo sich Kornfelder, Kartoffel- und Rübenäcker, einzelne Obstwiesen und traditionsreiche und geschichtsträchtige Ansiedlungen zu einem beeindruckenden Landschaftsmosaik fügen, und der Schwäbisch-Fränkische Wald, eine Landschafts-Komposition aus langgestreckten romantischen Tälern, mit Mischwald bedeckten Keuperhügeln, Hochebenen mit satten Weiden und steilen Rutschhängen im dunklen Wald. Das Mohrenköpfle (Schwäbisch-Hällisches Landschwein) und das Bœuf de Hohenlohe (Limpurger Rind) helfen mit beim Erhalt der einmaligen Kulturlandschaft Hohenloher Ebene und der Weideflächen auf den Hochflächen des Schwäbischen Waldes und sind zudem kulinarische Besonderheiten aus der Region.

Unzählige Burgen wie in Jagsthausen, wo einst der legendäre Götz von Berlichingen wirkte, oder die Schlösser in Waldenburg, Öhringen, Neuenstein, Kirchberg, Lehrensteinsfeld, Langenburg, Kirchberg/Jagst oder Forchtenberg finden sich ebenso im Hohenloher Land, sind kulturelle i-Tüpfelchen der Landschaft. Mischwald aus Tannen, Fichten, Eichen und Buchen bedeckt Hügel, langgestreckte romantische Täler mit einzelnen Bauernhöfen und kleinen Weilern, Hochebenen mit satten Weiden, tiefe Tobel und Rutschhänge im dunklen Wald, einsame Öl-, Säge- und Mahlmühlen an klaren Bächen: Dies alles hat die Landschaft des Schwäbischen Waldes zu bieten.

Dieses Gebiet besteht aus Keuper, für Hohenlohe ist dagegen der mit fruchtbarem Löss bedeckte Muschelkalk bestimmend. Wird auch immer wieder von der Hohenloher Ebene gesprochen, so handelt es sich tatsächlich um ein Gebiet, das zwar weite Felder aufweist, aber auch tief eingeschnittene Täler. Großräumig betrachtet, gehört das Hohenloher Land zu den Gäuplatten, die das westlich angrenzende Bauland umfassen und sich dann nach Südwesten quer durch Baden-Württemberg über das Neckarbecken, den Kraichgau, die Oberen Gäue (z. B. Strohgäu, Heckengäu) zur Baar erstrecken. Besonders landschaftsbestimmend sind die Flusstäler von Tauber, Kocher und Jagst.

Starten wir eine Annäherung an Hohenlohe von Nordosten her im Taubertal.

Madonnenländchen

Die Frage, wo die Tauber entspringt, war noch in den 1970er-Jahren umstritten. Da der liebliche Fluss von zwei Zuläufen gespeist wird, gab es Meinungsverschiedenheiten zwischen Wettringen, das heute schon zu Bayern gehört und auf eine Verästelung des Tauber-Oberlaufs Anspruch erhebt, und Rot am See in Baden-Württemberg, wo der andere Zweig bei der Ansiedlung Weikersholz entspringt. Weil der sogenannte Klingenbrunnen bei Weikersholz jedoch die höher gelegene Quelle ist, gilt nun dieser Brunnen seit 1976 als Ursprung der Tauber.

Steinreiches Land. Nicht nur entlang der Tauber, sondern auch im Kocher- und Jagsttal finden sich Lesesteinwälle, die sich heute teilweise als langgestreckte Heckenzonen präsentieren. Sie wurden über Generationen hinweg von emsigen Menschen aufgelesen, um dem Boden wenigstens nutzbare Fläche abzutrotzen.

Der Fluss schlängelt sich zunächst nach Norden, dem romantischen Rothenburg ob der Tauber – das kulturgeschichtlich eigentlich Hohenlohe zuzurechnen ist – entgegen, um dann mal auf baden-württembergischer, mal auf bayerischer Seite, ab etwa Weikersheim dann endgültig auf baden-württembergischem Landesgebiet seinen Lauf zu nehmen. Zunächst geht es ziemlich genau nach Westen und ab Bad Mergentheim in nordwestliche Richtung, bis die Tauber schließlich bei Wertheim in den Main mündet. Von der 447 m ü. NN gelegenen Quelle der Tauber bis Wertheim beträgt die Länge des Flusses insgesamt 126 Kilometer.

Das liebliche Taubertal ist eine geschichtsträchtige Kulturachse voller Sehenswürdigkeiten. Das fängt schon im Kleinen an. Auch außerhalb der Orte finden sich Mariensäulen an Straßen und Wegen und andere, religiöse, oft jahrhundertealte Steinbildnisse. Ihretwegen wird die Gegend bis hinüber nach Westen zum Odenwald auch treffend Madonnenländchen genannt. Nähert man sich von Osten, so ist das mittelalterliche Rothenburg ob der Tauber das touristische Highlight. Nach 20 Kilometern gelangt man nach Creglingen, heute Teil Baden-Württembergs. Immer wieder sind an den Hängen Spuren ehemaligen Weinbaus zu entdecken. Die trockenen Hänge beherbergen heute eine orchideenreiche Trockenrasenflora. Dass diese erhalten geblieben ist und nicht überall rechts und links der oberen Tauber die Hanglagen verbuschten, ist Beweidungs- und Mähprogrammen des Naturschutzes und der Kommunen zu verdanken, die ab 1980 Strategien zum Landschaftsmanagement entwickelten. Vor allem zwischen April und Juni vermitteln sie ein besonderes Landschaftserlebnis. Leuchtend blauer Salbei, hellweiße Margeriten blühen zusammen mit gelbem Wiesenbocksbart und Wiesen-Pippau fast schon um die Wette. Dazwischen Klappertopf, Kronwicken, Glockenblumen, Skabiosen-Flockenblume und Ackerwitwenblumen. Überall ein Summen, Flattern und Krabbeln.

Der Weidenblättrige Alant – auch Weiden-Alant genannt – blüht zwischen Juni und August verstreut im Bereich der Halbtrockenrasen.

Gehören diese Trocken- und Halbtrockenrasen zu den ökologischen Highlights im Hohenloher Land, so zählen weltberühmte Kunstschätze zu den kulturellen Glanzpunkten. In der Creglinger Herrgottskirche etwa befindet sich der 1505 von Tilman Riemenschneider geschaffene Marienaltar. Um 1460 in Heiligenstadt geboren und 1531 in Würzburg gestorben, war Tilman Riemenschneider einer der bedeutendsten Bildschnitzer und Bildhauer in der Übergangszeit von der Spätgotik zur Renaissance. Die größte Sammlung seiner Werke bewahrt das Main-Fränkische Museum auf der Festung Marienberg bei Würzburg. In Creglingen befinden sich ein Bauernhaus von 1352 und nördlich davon, in rund sechs Kilometern Entfernung, die Reste des ehemaligen Zisterzienserinnen-Klosters Frauental. Dort ist auch das Museum »Vom Kloster zum Dorf« untergebracht. Wie an vielen anderen Orten Baden-Württembergs, wird in diesem Museum deutlich, wie stark unterschiedliche kulturelle Einflüsse die Kulturlandschaft geprägt haben. Von Creglingen gelangt man nordwestwärts nach Weikersheim mit dem prächtigen Schloss und den weitläufigen barocken Gartenanlagen.

Besuch bei den Kobolden

Die kleinen Kobolde scheinen jeden Besucher des Weikersheimer Schlossparks frech zu mustern. Die kunstvoll aus Stein gehauenen Figuren haben die Jahrhunderte überdauert und scheinen sich als die wahren Herren der weitläufigen Anlage zu fühlen. Sie künden von prächtigen Empfängen und anderem munteren Treiben zu Zeiten der Renaissance, des Barock und des Rokoko im Weikersheimer Schloss, das heute dem Land Baden-Württemberg gehört.

Ein Spaziergang durch den prächtigen Schlossgarten öffnet auch den Blick für anderes – allerdings mühevolleres – Treiben. Denn während die einen einst feierten, haben die anderen ringsherum an den steilen Hängen des Taubertals geschuftet. Das zeigen die riesigen, hangaufwärts verlaufenden Steinriegel. Auch wenn sie nicht so alt sind wie die berühmte Anlage im Süden Englands, die auch der Berechnung von Sonnen- und Mondkonstellationen diente, hat dieses Stonehenge des Taubertals zumindest etwas mit der Sonne zu tun. Um nämlich die letzten Quadratmeter der Hänge anfangs

Land-Art im Doppelpack: Schloss Weikersheim (oben) und gut 300 Jahre alter Steinriegel.

für Acker- und Gemüsebau, später für den Weinbau nutzen zu können, haben Bauern und Weingärtner über viele Generationen hinweg mühevoll Steine aus dem kargen Boden gelesen und sorgsam aufgeschichtet. Wer weiß, wie viel Kinderarbeit in diesen gigantischen Steinriegeln steckt? Denn früher mussten alle im Weinberg mit Hand anlegen, um die Familie durchzubringen, und so wuchsen die Kinder ganz selbstverständlich in ihre spätere Rolle als Weingärtner hinein. Heute ist es kaum noch vorstellbar, welche Anstrengungen die Menschen in früheren Zeiten auf sich nahmen, um auf diese Art und Weise Platz für Reben zu schaffen und dem Boden auch in steilen Lagen noch etwas abzutrotzen.

Manche Steinriegel sind bis zu 16 Meter breit und in der Mitte mehrere Meter mächtig. Sie ziehen sich oft von oben nach unten auf einer Länge von 150 bis 200 Metern hin und markieren – in die Breite gewachsen – auch die früheren Grundstücksgrenzen. Wollte man heute ein solches Bauwerk aus Stein errichten, wäre dies unbezahlbar, legt man die vielen, vielen tausend Arbeitsstunden zugrunde. Einige Steinriegel sind seitlich durch kunstvoll aufgeschichtete Trockensteinmauern begrenzt. Durch das Anwachsen dieser Steinwälle wurden die nutzbaren Grundstücke einst immer schmaler.

Es scheint, als würden die Saurier noch leben: die Männchen der Zauneidechse präsentieren sich im Frühjahr in leuchtendem Hellgrün.

Pink Lady der Blumenwiese: Skabiosen-Flockenblume.

An vielen Stellen im Taubertal, aber auch an Kocher, Jagst und an einigen Stellen im Neckartal sowie an der unteren Enz sind solche Stonehenge-Wälle ein einzigartiges Kulturgut. Zugleich sind sie steinerne Zeugen einer früheren, mühseligen Landbewirtschaftung. In ungünstigeren Lagen wurde der Weinbau oft schon vor 1900 wegen immenser Schäden durch die Reblaus und den Befall mit Peronospora (Falscher Mehltau) aufgegeben.

Es lohnt sich wirklich, die alten Zeugnisse aus längst vergangener Zeit einmal näher in Augenschein zu nehmen. Ähnlich wie Natursteinmauern – nur in noch viel intensiverer Weise – sind Steinriegel die Zentralheizung der Weinberge. Und das auf äußerst energieeffiziente Weise. Die Steinwälle sind nämlich ideale Wärmespeicher und geben in der Nacht die tagsüber aufgenommene Sonnenwärme an die Umgebung ab. So sorgen sie für ein ideales, ausgeglichenes Kleinklima.

Ist der Weinbau im östlichen Teil des Taubertales an vielen Stellen aufgegeben, so lebt der Weinberg auf andere Weise weiter. Grillen zirpen, Schmetterlinge gaukeln durch die Luft; auf dem langen Zweig eines uralten Heckenrosen-Strauchs lauert regungslos ein Neuntöter auf Beute, und aus der Ferne sind die Rufe einer Goldammer zu hören. Interessantes Leben auch im Kleinen: Auf dem aufgeheizten Steinwall findet sich so manches, was Spitzenköche als Zutaten für einen Salat verwenden. Dazu gehört der gelb blühende Scharfe Mauerpfeffer ebenso wie Weiße und Rote Fetthenne. Aber auch andere Zutaten wachsen hier direkt aus dem Boden oder kommen zwischen den Steinen und Ritzen hervor: Wilder Majoran und Wilder Thymian zum Beispiel. Zauneidechsen wirken von Näherem betrachtet wie

Unbekannte Bewohnerin der Lesesteinwälle – Steckbrief Schlingnatter (Coronella austriaca)

Kennzeichen/Besonderheiten: Relativ kleine Art. 60–70 Zentimeter lang. Kräftige Schlange mit spitzem, ovalem, nur wenig vom Hals abgesetzten Kopf. Runde Pupillen. Beschuppung glatt und ungekielt (heißt auch Glattnatter), langer Schwanz. Grundfärbung variiert von beigebraun bis aschgrau. Bei manchen Populationen Weibchen eher grau; Männchen mehr braun gefärbt. Zeichnung (oft auch fehlend) meist aus kleineren, dunklen, paarigen Flecken. Verschmelzen auch längs und quer zur Körperachse. Typisch ist dunkler, meist dreieckiger Fleck auf der Kopfoberseite und der dunkle Augenstreif. Bauchseite ungefleckt schwarz oder bräunlich; bei Jungtieren ziegelrot.

Lebensraum: Sonnenexponiertes offenes Gelände. Trockenrasen, Heideflächen, lichte Waldungen, warme Waldränder, Weinberge mit Steinriegeln, Trockenmauern, auch Kulturlandbiotope mit entsprechenden Biotopen werden besiedelt. Außerdem Schotterbänke entlang von Flüssen, trockene Moorränder. Sowohl im Flachland als auch im Gebirge bis ca. 2000 Meter.

Verbreitung: Von Norwegen bis Schweden im Norden bis nach Galizien und dem nördlichen Portugal im Südwesten. Im Süden bis nach Süditalien/Sizilien und im Osten bis zum nördlichen Kleinasien und zum Kaukasus.

Lebensweise/Verhalten: Tagaktive, relativ langsam kriechende Schlange. Klettert auch auf niedriges Gesträuch, jedoch meist am Boden lebend. Recht standorttreu, sucht oft dieselben Sonnenplätze auf. Nicht so kälteempfindlich wie andere Arten, deshalb wird Winterquartier oft erst Mitte/Ende Oktober aufgesucht. Verlässt sich bei Störungen auf Tarnung und bleibt zumeist liegen. Bissig, aber harmlos.

Nahrung: Vor allem Mauereidechsen, andere Eidechsen, kleinere junge Schlangen, seltener Jungvögel und junge Mäuse. Die Beute wird vor dem Verschlingen mit zwei bis drei Körperschlingen »erdrosselt« (daher der Name).

Fortpflanzung: Winterquartiere in Steinhaufen, Trockenmauern, unter Baumstümpfen, trockenen Grashaufen usw. Werden je nach Witterung im März verlassen. Paarung April/Mai. 3–15 Junge kommen im August/September vollentwickelt zur Welt (Ovoviviparie) und verlassen Eihüllen während oder kurz nach Geburt. Ca. 15 Zentimeter lang. Auch Herbstpaarungen möglich.

Feinde/Gefährdung: Fressfeinde sind Greifvögel, Marder und in Siedlungsbereichen Hauskatzen. Stark gefährdet durch direkte Verfolgung, Flurbereinigung, Lebensraumvernichtung, Pestizideinsatz in Weinbergen, Lebensraumschwund durch Sukzession nach Aufgabe extensiver Nutzungen.

Schutz/Schutzmaßnahmen: Erhaltung sämtlicher Schlingnatterhabitate, Pflegemaßnahmen nur im Winter, Kleinstrukturen wie Trockenmauern, Steinriegel usw. belassen. Trockenmauern nicht mit Mörtel verfugen. Lichte, wärmeexponierte Waldränder erhalten und bei Verbuschung pflegen. Altholzhaufen und Baumstümpfe belassen. Pestizideinsatz in Weinbaugebieten reduzieren.

Lesesteinwälle, Trockenmauern, Magerwiesen und Trockenrasen sind Lebensraum der Schlingnatter.

Saurier im Miniformat. Trotz der heißen Umgebung geben die verschiedensten Pflanzenarten den Steinriegeln fast das ganze Jahr über bunte Farbtupfer. Dazu gehören die Schwalbenwurz, die Große Fetthenne und verschiedene Königskerzen, Leinkräuter, der Natternkopf sowie Ruprechtsfarn und Stinkender Storchschnabel, aber auch Wildlaucharten und Stinkende Nieswurz gehören dazu.

Wanderer, die in Tälern mit Weinbergen oder ehemaligen Weinbergen unterwegs sind, wundern sich manchmal, dass sie oft in waldartigem Gehölz solche Steinhaufen finden. Dies sind keine Hünengräber, sondern Überbleibsel aus früheren Zeiten des dortigen Weinbaus. In solchen Fällen hat der Wind über Jahrhunderte hinweg immer wieder Laub und feinstes Erdmaterial eingetragen, das in Ritzen und Spalten der Lesesteinwälle eindrang und so die Voraussetzungen für eine Besiedlung mit verschiedenen Gehölzen bot. Solche Pionierarten sind Schlehe, Weißdorn, Hartriegel und Haselstrauch, und später dann auch Wilde Stachelbeere und Brombeere, in deren Schutz dann, bei noch stärkerem Nährstoffeintrag, Eichen, Eschen und sogar Buchen hochkommen können.

Ein vielfältiges Landschaftsmosaik

Wer sich der Region von Westen, statt von Osten her nähert, trifft auch dort auf kleine, idyllische Dörfer und ein vielfältiges Landschaftsmosaik, bestehend aus blumenbunten Trockenhängen, Weinbergen, Streuobstwiesen, Feldgehölzen und sanften, mit Wald bedeckten Kuppen. Dann folgt Bad Mergentheim, wo einst der Deutsche Orden seinen Sitz hatte. Später gaben sich im Kurstädtchen illustre Gäste ein Stelldichein, ähnlich wie in Baden-Baden, wenn auch nicht ganz so mondän. Weltkunst auch dort! Bei Bad Mergentheim befindet sich in dem heute zur Stadt gehörenden kleinen Ort Stuppach in einer unscheinbaren Kapelle die Stuppacher Madonna von Matthias Grünewald. Das zwischen 1514 und 1516 entstandene, rund 190 × 150 Zentimeter große Gemälde gehört neben dem Isenheimer Altar zu den Hauptwerken des Künstlergenies.

Überall sind im Hohenlohischen Kultur und Natur eng verzahnt. Eine Natur, die von Weingärtnern und Bauern ebenso geprägt wurde wie von den Schloss- und Burgherren sowie Klostergemeinschaften. Überhaupt legen die vielen Schlösser, Burgen und Kunstschätze sowie mancher Hinweis auf alte, bedeutende Handelsstraßen Zeugnis davon ab, dass hier einmal europäische Kulturgeschichte geschrieben wurde.

Auch in anderer Hinsicht ist die Region ein typisches Grenz- und Übergangsgebiet: vom Wein zum Bier. Der Kulturhistoriker Wilhelm Heinrich Riehl schrieb bereits im 19. Jahrhundert, dass die Wirtshäuser hier zwar die Weinberge vor den Fenstern hätten, im Innern aber »zumeist bloß Biergläser« stünden. Über den Tauberwein sagte Riehl: »Er ist entschieden kein Schwabe, sondern fränkisch-mittelrheinischer Art, durch Feuer und Blume überraschend, allein flüchtig und nicht von langer Dauer.« Was Riehl genau damit meinte, wird wohl sein Geheimnis bleiben. Tatsache ist freilich, dass die Kunde von diesem Wein kaum bis nach Heilbronn und Stuttgart drang, vom Rand in die Zentren des württembergischen Weinanbaus.

Das hat sich geändert, seit sich mehrere Winzer der Region unter dem Namen Tauber-Edition auf strenge An- und Ausbauregeln verpflichtet haben. Ziel ist es, den Wein als Naturprodukt hochzuhalten. Der Weingärtner soll im Keller so wenig eingreifen wie möglich. Die Weine der Tauber-Edition besitzen – nach dem Willen der Beteiligten – jenen spezifischen Geschmack, der Ausdruck der Landschaft, also des Bodens und des Klimas an der Tauber ist. Zum Einsatz kommen die typischen Rebsorten des Taubertals. Der Tätigkeit der Winzer obliegt es, das organische Leben im Boden zu fördern. Im Keller gelten die alten Ausbautraditionen. So entsteht dieser authentische, nicht imitierbare Wein von außergewöhnlicher Qualität und außergewöhnlichem Geschmack. Die selbst gewählten Qualitätsrichtlinien untersagen etwa jeden Einsatz von Unkrautvernichtungs-

mitteln und den Maschineneinsatz bei der Lese. Ein solcher Neuanfang gibt Hoffnung, dass der Weinbau den westlichen Teil des Taubertals und dessen Einzugsgebiete auch künftig prägen wird.

Die Geschichte des Weinbaus im Taubertal geht weit zurück. Der Beginn der Weinkultivierung dürfte wohl im 11. Jahrhundert gelegen haben. Offensichtlich wurde schon damals erkannt, dass der Muschelkalkboden hervorragende Weine liefern kann. Sicherlich waren es auch die Klosterbrüder der Umgebung – etwa die von Bronnbach –, die ihr Weinwissen weitergaben. Und so erlebte der Weinbau im Taubertal um 1800 wirtschaftlich seine Blütezeit. Die Region – einschließlich des heute zum Anbaugebiet Baden gehörenden Tauberfranken – war zu jener Zeit das größte zusammenhängende Weinanbaugebiet Deutschlands.

Heute hat sich der Weinbau – grenzübergreifend – auf etwas mehr als 550 Hektar gesundgeschrumpft. Einen großen Anteil daran haben die »Weingärtner Markelsheim«, deren Mitglieder ihrer Arbeit auch in Weikersheim, Elpersheim, Schäftersheim, Lauden-

Kulturlandschaften unterliegen der Dynamik und sind beeinflusst von Klimaschwankungen, den Nutzungsinteressen der Menschen und anderen Einflüssen. Das zeigt sich eindrucksvoll am Taubertal. Steinriegel zeigen dort – wo sich heute Waldbereiche, Heckenzonen und Wiesenland präsentieren –, dass der Weinbau einst viel weiter verbreitet war. Gerade die Mannigfaltigkeit unterschiedlicher Biotoptypen bietet vielen Tier- und Pflanzenarten einen Lebensraum.

bach, Niederstetten, Oberstetten und Vorbachzimmern nachgehen. Sie pflegen – wie auch einige Editionswinzer – die regionale Spezialität Tauberschwarz, die in einer Urkunde des Reichsklosters Fulda von 1726 erstmals erwähnt wird. Sie war beinahe schon in Vergessenheit geraten, als die Staatliche Lehr- und Versuchsanstalt in Weinsberg in den späten 70er-Jahren des 20. Jahrhunderts darauf aufmerksam wurde, die Rebsorte wieder selektionierte und der Praxis zugänglich machte.

Der Tauberschwarz war einst auch im Jagst- und im Kochertal zu Hause, der Silvaner ist es immer noch. Die beiden Flüsse ziehen mäandernd durchs Hohenlohische dem Neckar entgegen. Im Osten ist der Weinbau aufgegeben worden. Nur noch Trockenmauern und Steinriegel erinnern daran. Im Westen sprießt der Weinbau noch. Steile, landschaftlich reizvolle Lagen finden sich auch hier, beispielsweise rund um Ingelfingen im tief eingeschnittenen Kochertal.

Just hier, am Talgrund zwischen Ingelfingen und Criesbach, finden sich rötliche Tonsteinlagen, das einzig sichtbare Buntsandsteinvorkommen im Anbaugebiet Württemberg. Ursache dafür ist die sogenannte Niedernhaller Verwerfung, eine starke Verschiebung der geologischen Schichten. Allerdings ist der Buntsandstein nur an einer kleinen Stelle beim Friedhof Ingelfingen zu sehen, und die Weinberge stehen auch nicht auf Buntsandstein.

Zweistromland Jagst und Kocher

Betrachtet man ein Luftbild oder eine Landkarte des südlichen Teils von Hohenlohe, sieht man zwei nebeneinander verlaufende Flüsse von Osten nach Westen dem Neckar entgegenziehen: eine württembergische Miniausgabe des Zweistromlandes. Und irgendwie erinnert das Flusssystem von oben – mit einiger Fantasie – an einen Krebs, wobei die Oberläufe von Kocher ab Schwäbisch Hall und Jagst ab Crailsheim das Äußere der Scheren bilden, während die Flussbiegung der Jagst bei Krautheim und des Kochers bei Künzelsau den Mittelteil markieren. Der nach Südwesten abgeknickte Unterlauf der beiden Flüsse, die wieder ganz dicht nebeneinander bei Bad Friedrichshall in den Neckar münden, bildet schließlich den Krebsschwanz.

Die Jagst entspringt auf 519 m ü. NN bei Walxheim (Gemeinde Unterschneidheim), unweit von Aalen, und fließt auf einer Länge von 203 Kilometern dem Neckar zu. Auch der Kocher kommt bei Aalen aus der Erde, nämlich als Schwarzer Kocher bei Oberkochen auf 510 m ü. NN und als Weißer Kocher bei Unterkochen auf 520 m ü. NN. Der Fluss fließt ziemlich genau parallel zur Jagst und mündet nach 182 Kilometern ebenfalls bei Bad Friedrichshall – auf einer Höhe von 143 m ü. NN – in den Neckar. Die Quellen der Flüsse befinden sich im Jura der Ostalb. Jagst und Kocher durchqueren dann zunächst Keupergebiet, später durchschneiden sie die Schichten des mit Löss bedeckten Muschelkalks der Hohenloher Ebene. Dass die Hohenloher Ebene gar nicht so eben ist, dafür hat schon die erodierende Kraft dieser beiden landschaftsprägenden Flüsse mit ihren zum Teil sehr markanten Seitentälern gesorgt. Südlich von Jagsthausen, wo der berühmte Götz von Berlichingen eine Zeit lang lebte, und Sindringen kommen sich die Flüsse ganz nah: Nur 1,6 Kilometer Abstand trennt dort die Gewässer voneinander. Möglich, dass sich Jagst und Kocher irgendwann einmal zu einem einzigen Fluss vereinen – aber bis dahin fließt wohl noch viel Wasser die Flüsse hinunter.

Derweil entwickelt sich auf jeden Fall die Erlebnislandschaft im Umkreis dieser beiden zumindest noch im Unter- und Mittellauf vom Weinbau geprägten Wasserläufe.

Steile Rebhänge, auch hier stolze Burgen, stattliche Schlösser und selbstbewusste Residenzorte prägen diese einzigartigen Flusslandschaften, die vor allem dort, wo Weinbau betrieben wird, ein sehr mildes Klima aufweisen. Der Hohenlohe-Tourismus ist denn auch mittlerweile aus dem Dornröschen-Schlaf erwacht. Dazu hat zum Beispiel der Kocher-Jagst-Radweg beigetragen. Auf 330 Kilometern Länge lassen sich die unterschiedlichsten Etappen planen und miteinander kombinieren. An vieles ist dabei gedacht: Es gibt Fahrdienste und einen Rückholservice für Räder und Radler sowie zahlreiche Anlaufstellen für Fahrradverleih, Reparaturwerkstätten und natürlich etliche Einkehr- und Übernachtungsmöglichkeiten entlang der Strecke. Rund 70 Landgasthöfe, Hotels und Restaurants sind in das Netzwerk Kocher-Jagst-Radweg eingebunden. Hinzu kommen acht auf Weinproben eingerichtete Weingärtnergenossenschaften und nahezu 100 Biergärten.

Dieser farbenprächtige Schmetterling hat viele Namen. Er heißt Russischer Bär oder auch Spanische Flagge oder Spanische Fliege. Das zu den Bärenspinnern gehörende Insekt ist im Bereich felsiger Täler und Hänge und vor allem an sonnigen Hängen zu Hause.

An so mancher Stelle von Jagst und Kocher leuchten im Frühjahr sattgelbe Sumpfdotterblumen und pinkfarbene Prachtlichtnelken. Libellen schwirren umher, und ab und zu sieht man pfeilschnell einen silber-blau schillernden Eisvogel nur knapp über der Wasseroberfläche vorbeifliegen. Kein Wunder, dass es entlang dieses Württemberger Zweistromlandes eine Vielzahl von Naturschutz- und Landschaftsschutzgebieten gibt. In diese einbezogen sind auch an mehreren Stellen ehemalige Weinbaugebiete mit ihren Steinriegeln, alte Trockenmauern und Trockenrasen, die wertvolle Lebensräume für Enziane, Orchideen und andere Pflanzen sind.

Der Weinbau konzentriert sich an der Jagst heute auf die Hänge bei Herbolzheim, Neudenau, Siglingen, Möckmühl, Widdern, Bieringen und Dörzbach. Zu den wichtigsten Sehenswürdigkeiten gehört die Burgruine Herbolzheim, der mittelalterliche Marktplatz Neudenau, das Schloss Assamstadt bei Möckmühl, die Götzenburg von Jagsthausen, das ehemalige Zisterzienserkloster Schöntal und die Burg bei Krautheim, wo Götz von Berlichingen wirkte. Überhaupt gibt es nahezu keinen Ort im unteren und mittleren Jagsttal, wo nicht an Götz von Berlichingen, den Ritter mit der eisernen Faust und Erfinder des schwäbischen Grußes, erinnert wird. Auf Markung der Weinbaugemeinde Dörzbach befinden sich gleich drei Schlösser: ein ehemaliges Wasserschloss in Dörzbach selbst, das ebenfalls an eine Wasserburg erinnernde Schloss im Ortsteil Meßbach

Sumpfdotterblumen sind erste Frühlingsboten entlang von Tauber, Kocher und Jagst.

Natur trifft Technik. Der wildromantische Fluss Kocher und die nach ihm benannte Kochertalbrücke bei Geislingen, einem Ortsteil der Gemeinde Braunsbach. Die bis zu 178 Meter hohen Brückenpfeiler gelten als die höchsten aller sogenannten Balkenbrücken auf der Welt.

sowie eine recht große Burganlage über dem Ort Laibach. Besonders stolz ist man in der Gemeinde auch darauf, dass sich wieder Störche angesiedelt haben, die zwischen Dörzbach und Schöntal neuen Lebensraum finden.

Am Oberlauf der Jagst gibt es zwar keinen aktiven Weinbau mehr zu entdecken, dafür aber ökologisch wie historisch wertvolle alte Weinberglagen, weite Talwiesen, gedeckte Holzbrücken wie die bei Unterregenbach, Kapellen und noch mehr Burgen und idyllische Orte. Orte, die man aufgrund ihrer Sehenswürdigkeiten oder wegen ihrer eindrucksvollen Lage gesehen haben muss, sind etwa Langenburg, Künzelsau und Kirchberg an der Jagst.

Am oberen Kocher liegt die alte Salzsieder-Stadt Schwäbisch Hall, weithin bekannt durch die Freilichtspiele vor der mächtigen, 1156 geweihten Michaelskirche sowie das einstige Zahlungsmittel Heller, der in Hall geprägt wurde und in ganz Europa als Währung anerkannt war. Zwischen Schwäbisch Hall und Künzelsau findet man nicht nur Zeugnisse früherer Weinbergbewirtschaftung, sondern vielerlei Sehenswürdigkeiten wie das Schloss von Braunsbach und die Burg Stetten sowie – aus neuerer Zeit – die von 1976 bis 1979 erbaute Kochertalbrücke, deren lichte Höhe 185 Meter beträgt, womit die Brücke zu den höchsten der Welt gehört.

Der noch aktive Weinbau beginnt ab Künzelsau, das nicht nur wegen seiner historischen Hauptstraße mit dem markanten Rathaus, sondern wegen vielfältiger wirtschaftlicher Aktivitäten bekannt ist. Hier hat der weltweit agierende Würth-Konzern seinen Stammsitz. Sein Begründer und Kunstmäzen wurde oftmals als Schraubenkönig bezeichnet. Nicht nur die Kunsthalle Würth in Schwäbisch Hall und das Würth-Museum in Künzelsau sind lohnende Ziele, auch das alte und neue Schloss Ingelfingen, in dessen Innerer Kelter ein Muschelkalk-Museum untergebracht ist, ist sehenswert. Einen Besuch lohnen zudem das mittelalterlich wirkende Niedernhall, das Städtchen Forchtenberg, das auch Klein-Rothenburg genannt wird, und Neuenstadt am Kocher mit dem Schloss Bürg im Stadtteil Bürg und dem Wasserschloss Presteneck im Ortsteil Stein sowie das Renaissanceschloss in Gemmingen.

Hohenlohe – Der Feinkostladen

Zur Kulturlandschaft gehören auch deren Produkte. Und hier hat sich Hohenlohe seit den 80er-Jahren einen besonderen Ruf erworben. Nicht dass es in anderen Regionen keine kulinarische Kultur gäbe! Ganz Baden-Württemberg ist in den vergangenen Jahren ein Paradies für Feinschmecker geworden. In vielen Gegenden ist zudem ein neues Bewusstsein der gastronomischen Traditionen und der regionalen Spezialitäten erwacht. Doch Hohenlohe, das Land zwischen dem Taubertal im Norden und dem Schwäbisch-Fränkischen Wald im Süden, ist so etwas wie der Feinkostladen des Landes geworden.

Nicht nur Restaurants wie im Wald- und Schlosshotel Friedrichsruhe bei Öhringen, das »Alte Amtshaus« in Mulfingen oder die Hotels »Pflug« und »Der Adelshof« in Schwäbisch Hall oder das Landhaus Rössle in Bretzfeld-Brettach sind Beweis genug für die wieder erstarkte kulinarische Identität dieser Region. Landfrauen organisieren Partyservice, frühere Nebenerwerbsbauern steigen wieder in Schweine- und Rinderhaltung ein, es werden Fische aus Hohenloher Gewässern und Edelbrände aus den Früchten der Streuobstwiesen vermarktet. Solche Entwicklungen kommen nicht von alleine, sondern brauchen Impulse, brauchen Vorkämpfer. Ein Schrittmacher hierfür war und ist die Bäuerliche Erzeugergemeinschaft Schwäbisch Hall. Wenn heute die schwarz-rosa gefärbten Schwäbisch-Hällischen Schweine weit über die Grenzen Baden-Württembergs hinaus als kulinarisches Highlight wie auch als Symbol der Rückbesinnung auf traditionelle bäuerliche Werte bekannt sind, ist dies mutigen Menschen zu verdanken. Sie wollten nicht mit ansehen, wie eine alte bewährte Haustierrasse so einfach verschwindet und machten sich zusammen mit einigen wenigen Gleichgesinnten daran, die letzten Exemplare des Schwäbisch-Hällischen Schweins aufzustöbern. Gerade mal sieben Tiere der für ihr schmackhaftes Fleisch bekannten Rasse waren in einzelnen Ställen Hohenloher Bauern

Die Schwäbisch-Hällischen Schweine sind zum Symbol für einen verantwortungsvollen Umgang mit der Landschaft und eine artgerechte Landwirtschaft geworden.

Die Limpurger Rinder wären fast ausgestorben. Dabei ist das Limpurger Rind – es wurde nach der ehemaligen Grafschaft Limpurg, südlich von Schwäbisch Hall, benannt – die älteste Rinderrasse Württembergs. Heute kümmert sich unter anderem die Hohenlohe Gesellschaft um den Fortbestand der Tiere. Wo sie wieder weiden, wo die Landschaft offen gehalten wird, gibt es Wiesenblumen und Gräser. Und wo es Gräser und Blumen gibt, sind auch Schmetterlinge, Wildbienen und andere Insekten zu Hause.

übrig geblieben. 1984 wurde – von vielen anfangs milde belächelt – die Bäuerliche Erzeugergemeinschaft Schwäbisch Hall gegründet. Was als Rettungsversuch für eine vom Aussterben bedrohte Schweinerasse begann, wurde schon bald zu einer Erfolgsstory der Verknüpfung von artgerechter Landwirtschaft, Landschaftspflege und nachhaltiger Regionalentwicklung. Heute beschäftigt die Erzeugergemeinschaft etwa 300 Menschen, von der Organisation und deren Marketing profitieren mehr als 1200 bäuerliche Betriebe.

Das Fleisch eines Schwäbisch-Hällischen Landschweins ist fest und etwas dunkler. Aufgrund seiner gesunden Zellstruktur hält es den Saft sehr gut. Dank der artgerechten Tierhaltung und damit verbundener spezieller Fütterung schmeckt es auch besonders delikat. Das typische Aroma und der kräftige Geschmack sind wiederum wichtige Voraussetzungen für eine qualitätsbewusste Küche. Als Erstes entdeckten Topgastronomen die besonderen Vorzüge des Schwäbisch-Hällischen Landschweins. Grundlagen der herausragenden Fleischqualität sind Haltung, entsprechende Fütterung und die Zucht. So leben Schwäbisch-Hällische Landschweine artgerecht. Die Ställe sind hell, luftig und mit Stroheinstreu ausgestattet. Viele Betriebe gewähren den Tieren Auslauf auf der grünen Kräuterwiese. Trotz des Schlammbads sind Schweine von Natur aus sehr saubere Tiere.

Gefüttert werden die Schwäbisch-Hällischen Schweine ausschließlich vegetarisch. Nur Futter aus der Region darf hinzugekauft werden. Masthilfsstoffe sind verboten. Auch der Einsatz von pharmazeutischen Beruhigungsmitteln zu prophylaktischen oder therapeutischen Zwecken ist tabu, ebenso sind es gentechnisch manipulierte Futtermittel oder Futterbestandteile. Alle Mitgliedsbetriebe liefern ihre Schlachtschweine selbst beim Schlachthof Schwäbisch Hall an. So wird Tierleid durch zu lange Transportwege vermieden. Die Erzeugergemeinschaft und ihr Verband Ecoland haben dazu klare Vorgaben gemacht: Verladung und Transport der Tiere dürfen höchstens eine Stunde dauern. Die Schlachtung erfolgt dann ausschließlich in Eigenregie der Bäuerlichen Erzeugergemeinschaft Schwäbisch Hall. Seit 1998 ist das Schwäbisch-Hällische Qualitätsschweinefleisch eine EU-geschützte Herkunftsbezeichnung.

Wie eng bäuerliches Wirtschaften mit der Kulturlandschaft zusammenhängt, zeigt sich rings um Schwäbisch Hall an vielen Orten im Jagst-, Kocher- und Bühlertal. Viele malerische Hänge verbuschten, nachdem die Heugewinnung oder der Weidebetrieb aufgegeben worden waren. In Hohenlohe wagte man einen neuen Schritt, Landschaftspflege und Produktion wieder zusammenzubringen. Das Ergebnis: Seit einigen Jahren gibt es wieder Fleisch vom Hohenloher Weiderind. Dazu gehören bei der Schwäbisch-Hällischen Erzeugergemeinschaft Tiere vom Limpurger Rind, vom Fränkischen Gelbvieh und vom Hohenloher Fleckvieh. Mit solchen Initiativen bekommen Baumpieper, Schlingnatter und Segelfalter rund um die blütenreichen Wiesen und Weiden wieder eine Zukunft.

Mit den Initiativen Hohenloher Weiderind und Bœuf de Hohenlohe wurde nicht nur die Landschaft wiederbelebt, sondern auch eine alte Weidetradition wieder aufgegriffen und Kulturgeschichte in Erinnerung gerufen. Denn es gab im 18. und 19. Jahrhundert regelrechte Viehtrecks, bei denen die später selten gewordenen Limpurger Rinder bis nach Paris gebracht wurden. Dort wurde das Fleisch als delikates »Bœuf de Hohenlohe« verkauft. Heute kümmern sich nicht nur die Bäuerliche Erzeugergemeinschaft Schwäbisch Hall, sondern auch die regionale Vereinigung von Slow Food sowie die Hohenlohe Gesellschaft um den Fortbestand der regionalen Rinderrasse und deren qualitätsvolle Aufzucht und hilft auch dabei, Marketingstrategien zu entwickeln.

In diese Richtung geht auch eine Initiative der Umweltstiftung NatureLife-International, die eine Nachhaltigkeitspartnerschaft zwischen den Hohenloher Bauern der Bäuerlichen Erzeugergemeinschaft und der Grandl Gastronomie des Stuttgarter Hofbräu-Zeltes vermittelt hat. Und so kann man nachhaltig erzeugtes Rind- und Schweinefleisch und andere daraus hergestellte Produkte seit 2010 auch im 5800 Plätze zählenden Hofbräuzelt auf dem Cannstatter Wasen – dem zweitgrößten Volksfest der Welt – genießen. Mit dieser Aktion – für die der Fürst zu Hohenlohe-Langenburg die Schirmherrschaft übernommen hat – geht Naturschutz im wahrsten Sinne des Wortes durch den Magen.

Warum es so wichtig ist, etwa Rindfleisch aus regionaler Produktion zu konsumieren? Die Antwort ist ganz einfach: Rindvieh braucht Gras und Heu. Wo noch bunte Wiesen regelmäßig zur Futtergewinnung gemäht werden oder das Vieh an den Hängen weiden darf, gibt es vielerlei Gräser, Kräuter und andere Blütenpflanzen. Wo es diese gibt, können auch Schmetterlinge, Hummeln und andere Wildbienen sowie andere Insekten leben. Und wo es diese gibt, ist die Lebensgrundlage für Goldammer, Baumpieper und viele weitere Vogelarten gegeben.

Der Baumpieper bewohnt den Übergangsbereich zwischen sonnigen Waldrändern und angrenzendem Wiesen- und Weideland. Den Winter verbringt diese Vogelart in den weiten Savannen von West- und Ostafrika. So zeigt auch dieser kleine Vogel, dass Natur keine Grenzen kennt.

Der Schwäbisch-Fränkische Wald

Der besondere Reiz unserer südwestdeutschen Kulturlandschaften besteht ja gerade in einem Wechsel aus Wald, Ackerflächen, Hecken- und Gebüschzonen, Obstwiesen und eben Wiesen und Weiden. Letztere würde es ohne die Wiederentdeckung und Neubelebung der bäuerlichen Kultur mit artgerechter Tierhaltung weder im Hohenlohischen noch im Schwäbischen Wald geben. Überall im Schwäbisch-Fränkischen Wald, wo sich

Typisch für die Keuperlandschaft des Schwäbisch-Fränkischen Waldes sind Schluchten und kleine Wasserfälle wie hier bei Murrhardt.

Imposantes Insekt intakter Laubwälder: der Hirschkäfer.

Wiesen, Weiden und Felder auf Hochflächen befinden, ist dies auch ein Zeichen für Kultivierung. Eine Kultivierung, die erst sehr spät einsetzte. Das Keupergebirge mit teilweise vorgelagerten Zeugenbergen wurde zwar ab 100 nach Christus von den Römern als Teil der Ostgrenze der obergermanisch-rätischen Provinz gewählt und der von Rheinbrohl im Landkreis Neuwied (Rheinland-Pfalz) bis nahe Regensburg reichende Limes errichtet. Mit 550 Kilometern ist der Obergermanisch-Rätische Limes das längste Bodendenkmal nach der Chinesischen Mauer. Noch heute sind Wälle und Gräben in den Wäldern des seit 2005 als UNESCO-Weltkulturerbe ausgewiesenen Limes auszumachen. Doch nach den Römern kam lange nichts, und erst sehr spät wurden die Keuperwaldberge besiedelt. Deshalb gilt der Schwäbisch-Fränkische Wald – ähnlich wie das Keupergebiet Schurwald südlich von Stuttgart und der Stromberg/Heuchelberg zwischen Vaihingen/Enz und Heilbronn – als Spätsiedelland. Im Gebiet des Schwäbisch-Fränkischen Waldes fanden die Menschen zwar karge Böden vor, aber auch ausgedehnte Wälder und damit Holz als Energielieferanten. Energie, die unter anderem zur Erzeugung von Glas benötigt wurde. Auch der Rohstoff dafür war in Form von Kieselsandstein genügend vorhanden. Und so gehen Ortsbezeichnungen wie Glashofen, Altglashütte und andere auf einstige Zeiten der Glasherstellung zurück. Zeiten, in denen die Menschen kärglich lebten, die Holzkohlenmeiler auf Waldlichtungen dampften und das Leben beileibe nicht so idyllisch war, wie wir die Landschaft heute empfinden. An manchen Waldlichtungen sind heute noch Spuren der Köhlerei zu sehen. Etwa dort, wo Maulwürfe fast schwarze Erdhaufen aufgeworfen haben. Auch Namen wie Kohlplattenschlag, Kohlplatte und Ähnliches deuten auf die jüngere – aber auch schon wieder mehr als hundert Jahre zurückliegende – Kulturgeschichte der noch heute an vielen Stellen urtümlich anmutenden Keuperwaldberge hin.

Die Orientierung im Schwäbisch-Fränkischen Wald fällt nicht immer leicht. Derart vielfältig ist die Landschaft, Höhenrücken schiebt sich kulissenartig hinter Höhenrücken, die Straßen springen von Tal zu Tal und verästeln sich genauso stark wie die Bäche. Der Naturschützer und Heimatforscher Reinhard Wolf hat einleuchtend beschrieben, wie man dennoch die Übersicht behält. Danach ist es am einfachsten, sich stets klarzumachen, wohin das Wasser fließt: zur Murr oder zur Rems, oder – im Osten und Norden – zur Lein und damit zum Kocher oder zu anderen Zubringern des Kochers. So kann man anhand der Talsysteme eine Gliederung vornehmen und sich dann auch mittels der nach den größeren Orten benannten Teilräume zurechtfinden: Löwensteiner Berge nördlich der Murr, Mainhardter Wald und Murrhardter Wald in der Mitte, Welzheimer Wald im Süden zur Rems hin und Schurwald südlich und südwestlich der Rems.

Einige Merkmale hat der Schwäbisch-Fränkische Wald im Osten mit den Keuperbergen des Strombergs nordwestlich von Stuttgart und dem Glemswald und Schönbuch südlich der Landeshauptstadt gemeinsam: hoher Bewaldungsgrad, geringe Siedlungsdichte, offene, langgestreckte Täler. Wo Unterjura (Schwarzjura) als letzter Rest junger Gesteinsablagerungen das »Dach« bildet, sind die Höhen besiedelt und landwirtschaft-

Der Rotfuchs ist Pendler zwischen verschiedenen Welten. Er bewohnt Wälder ebenso wie Obstwiesen, Heckenzonen und Bachtäler.

Wildschweine können weite Strecken zurücklegen.

lich genutzt, ansonsten geschlossen bewaldet. Diese Gemeinsamkeiten bringen überaus reizvolle Landschaftsbilder zuwege, weshalb die Keuperberge auch beliebte Naherholungsgebiete sind.

Die Abhänge der Schwäbisch-Fränkischen Keuperwaldberge gegen die Rems und im Bereich der Löwensteiner Berge sind fast durchgehend mit Reben bestockt. Die Südhänge mit ihren roten, schweren Keupermergelböden sind mehr oder weniger durchgehend Weinberge, selbst an Ost- und Westhängen werden in einigermaßen frostsicheren Lagen Reben angepflanzt. Die Verbreitung des Weins richtet sich nach der Frostgefährdung; früher pflanzte man Reben auch an Hängen östlich von Schorndorf, im Wieslauftal und an Nordhängen. Weite Teile der heutigen Obstbaumwiesenlandschaft waren bis ins 19. Jahrhundert Weinberg. Rebkrankheiten, die um 1860 aufkamen, haben bis um 1920 die Weinanbaufläche auf einen Bruchteil schrumpfen lassen; nur zögerlich begann wieder die Ausweitung, beschränkt auf die besseren Lagen.

Fast wie im Urwald

Zartgrüne Moosteppiche bedecken die großen Felsbrocken. Umgestürzte, halb vermoderte Bäume liegen kreuz und quer. Dort, wo das Licht bis zum Waldboden durchdringt, gedeihen filigrane Farne. Wasser rieselt über Stock und Stein. Hier im Bereich der tief

Waldidylle am Ebnisee. Hier errichteten die Römer vor rund 2000 Jahren mit dem Limes ihre Grenzbefestigung über Berge und Täler hinweg.

Spuren der Flößerei

An vielen Stellen des Schwäbischen Waldes finden sich Zeugnisse der Flößerei. Zwar wurden hier keine Langholzflöße wie etwa früher aus dem Schwarzwald über Enz und Neckar und den Rhein verfrachtet, aber dennoch wurde eine Menge Holz transportiert. Es handelte sich um sogenanntes Scheiterholz, das als Brennholz verwendet wurde. Der Ebnisee bei Welzheim stammt aus dieser Flößereizeit, als große Mengen Brennholz aus dem Keuperbergland in die Städte geschafft wurden und dazu der Wassertransport der günstigste war: Das Holz wurde zur Zeit der Schneeschmelze in den Bach geworfen, dazu einer oder mehrere aufgestaute Weiher entleert, sodass das auf etwa 1,80 Meter Länge (1 Klafter) gesägte Holz mit dem Wasserschwall sein Ziel erreichte. An den Zielorten hielten aufwändige Sperren, die Holzrechen, das Holz in den Flüssen auf. In sogenannten Holzgärten wurde das geflößte Brennholz gestapelt, getrocknet und verkauft.

Das Gewerbe benötigte viele Helfer: Neben den Waldarbeitern vor allem Leute, die das Holz im richtigen Moment ins Wasser warfen, es unterwegs begleiteten, damit es nicht irgendwo hängen blieb, und es schließlich am Zielort herausholten. Unmengen von Holz wurden auf diese Weise unter anderem nach Schorndorf und über die Rems weiter nach Waiblingen und Fellbach geflößt.

Der Ebnisee an einem Wintertag.

Der Siebenschläfer bewohnt alte Spechthöhlen in Laubwäldern und Obstwiesen. Dort besiedelt er auch Nistkästen und die Dachböden von Gerätehütten. In den Dörfern und Weilern des Schwäbischen Waldes ist er im Bereich naturnaher Gärten zu Hause und findet auch in alten Scheunen der vielen Gehöfte Unterschlupf.

eingeschnittenen Klinge fühlt man sich fast wie in einem fernen Urwald. Und doch sind solche Bilder im Schwäbisch-Fränkischen Wald Realität: Noch gibt es solche Stellen, wo die ordnende Hand der Forstwirtschaft kaum eingreift und Natur noch ganz Natur sein darf.

Solche Wildnisrefugien finden sich vor allem in den scharf eingeschnittenen Klingen, den Quellbereichen zahlreicher Bäche, wo sich im wahrsten Sinne des Wortes noch Dachs, Schwarzspecht und Feuersalamander Guten Morgen sagen. Das Naturschutzgebiet »Hägeles- und Brunnenklinge« bei Kaisersbach im Welzheimer Wald etwa ist gekennzeichnet durch ein Labyrinth aus hausgroßen Felsblöcken des Stubensandsteins, die hier wie von Riesenhand hingeworfen liegen. Weißtannen und Fichten von beeindruckender Höhe überschirmen diese romantischen Klingen, durch die ein markierter Pfad führt. Die Felsen sind von Moosen und Flechten überzogen, und Farne besiedeln Stellen, wo nur ein wenig Erde am Fels hängen bleibt. An heißen Sommertagen ist es hier schattig kühl, und man fühlt sich in eine fremde Welt versetzt.

Damit solche Wunder erhalten bleiben, muss darauf geachtet werden, dass bei der forstlichen Nutzung diese Bereiche naturnah bewirtschaftet und als »letzte Paradiese« erhalten werden. So schön und wertvoll diese Naturinseln sind, so wenig ist die Tier- und Pflanzenwelt auf Besucher eingestellt. Es ist also ganz gut, dass nicht in jeden abgelegenen Waldwinkel ein Weg führt.

Die Gelbbauchunke ist Bewohnerin von Kleinstgewässern, wie etwa wassergefüllten Radspuren der Waldwege.

Steckbrief Hohenlohe und Schwäbischer Wald

Lage: Landschaft zwischen Taubertal im Norden, Remstal im Süden, Heilbronn im Westen und Rothenburg ob der Tauber sowie Dinkelsbühl im Osten.

Ausdehnung: Nord-Süd etwa 70 Kilometer, Ost-West etwa 50 Kilometer

Höchste Erhebung: »Zimmerschlag« bei Crailsheim-Goldbach 520 Meter ü. NN

Große Städte: Schwäbisch Hall, Künzelsau, Crailsheim-Goldbach, Bad Mergentheim, Öhringen

Natur-Highlights: Hohenloher Ebene, größtes Muschelkalk-Karstgebiet Deutschlands, weitflächige Trockenrasen und Heideflächen, tief eingeschnittene Täler von Tauber, Kocher, Jagst, stillen Mühltälern im Schwäbisch-Fränkischen Wald

Kulturelle Highlights: zahlreiche Schlösser wie Langenburg mit Wald-Kletterpark und Deutschem Automuseum, Weikersheim mit Barockgarten, Neuenstein, Waldenburg, Öhringen, Deutschordensschloss Bad Mergentheim, Götzenburg (Götz von Berlichingen, Jagsthausen, mit Freilichtspielen), Kloster Schöntal, UNESCO Welterbe Limes, Tilman Riemenschneider-Altar (Creglingen), Stuppacher Madonna von Matthias Grünewald (Bad Mergentheim-Stuppach), mittelalterliche Stadtkerne wie Schwäbisch Hall (mit Freilichtspielen auf der Treppe vor der Kirche St. Michael), Künzelsau, Tauberbischofsheim, Museum Würth in Künzelsau, Limesmuseum bei Welzheim, Kunsthalle Würth in Schwäbisch Hall.

Besonderheiten: Mohrenköpfle (Schwäbisch-Hällisches Landschwein), Grünkern, Hohenloher Weiderind (Limpurger Rind)

Informationen / Anlaufstellen:

Naturpark Schwäbisch-Fränkischer Wald: www.naturpark-sfw.de

Hohenloher Freilandmuseum Wackershofen: www.wackershofen.de

Schloss Langenburg: www.schloss-langenburg.de

Bäuerliche Erzeugergemeinschaft Schwäbisch Hall: www.besh.de

Touristikgemeinschaft Hohenlohe e.V.: www.hohenlohe.de

Wildpark Bad Mergentheim: www.wildtierpark.de

Umweltzentrum Kreis Schwäbisch Hall e.V.: www.umweltzentrum-schwaebisch-hall.de

Museum in Welzheim: www.museumwelzheim.de

Archäologischer Park Ostkastell, Welzheim: www.ostkastell.de

Carl-Schweizer-Museum, Murrhardt: www.carl-schweizer-museum.de

Wanderfalken, Wanderwege, Wunderhöhlen –

Naturparadies Schwäbische Alb

Wanderfalke – König der Lüfte

Dass heute wieder alle potenziellen Nistplätze der Wanderfalken – etwa an den Felswänden der Schwäbischen Alb – besiedelt sind, ist eine Erfolgsgeschichte des modernen Naturschutzes und des großen Engagements ehrenamtlicher Naturschützer. Sie bewachten in Zeiten, als die Vögel fast ausgestorben waren, die Brutplätze. Der Wanderfalke gehört zu den schnellsten heimischen Vogelarten und kann im Sturzflug Geschwindigkeiten zwischen 140 und 300 Kilometern erreichen.

Pfeilschnell stürzt schräg vor dem weiß leuchtenden Felssporn ein Vogel herab. Nur knapp verfehlt der Wanderfalke die Taube. Mit seinen superscharfen Augen hatte er sie als Beute erspäht. Aus dem nahen Buchenwald sind die Rufe eines Schwarzspechtes zu hören, während am stahlblauen Himmel zwei Rotmilane kreisen. Die Schwäbische Alb bietet viele solcher kleinen wie großen Naturschauspiele. Vom Norden her erscheint dieses Mittelgebirge wie eine blaue Mauer. Erst bei weiterer Annäherung zeigt sich, dass diese Juraformation keine geschlossene Wand darstellt, sondern vorgelagerte Berge und Hügel, Taleinschnitte und Klüfte aufweist. Die Schwäbische Alb ist neben dem Schwarzwald eine der einheitlichsten Landschaften Südwestdeutschlands. Einheitlich auf der einen Seite und vielseitig auf der anderen Seite. Ja, man kann sagen, es ist ein Mittelgebirge der Superlative. Steinernes Zeugnis der verschiedenen, Millionen Jahre zurückliegenden Zeitabschnitte des Jura mit weltbekannten Fundstätten faszinierender Fossilien. Gigantisches Geolabor mit Karsthöhlen, durch die Kräfte der Natur vielfach umgestalteten Vulkankratern, Meteoritenkratern und unterschiedlichsten Gesteinsformationen des Jura. Landschaftsmosaik von kaum erfassbarer Vielfalt. Karge Hochflächen, hallenartige Buchenwälder, schroffe Felsen, enge Täler und Klüfte, steile Hänge mit Wacholderheiden, wellige Ackerflächen und dazwischen Wälder und Wiesen. Ein Landschaftsmosaik, das mit seiner Vielfalt auch ein bedeutendes Bioreservat darstellt. Dazu gehören speziell an extreme Lebensbedingungen wie den steilen Fels angepasste Pflanzen und manche Zugvogelart wie Rot- und Schwarzmilan, Neuntöter und Rotrückenwürger, die das Gebiet als wilde Wanderer im Herbst und Frühjahr mit Lebensräumen in Südeuropa und Afrika vernetzen.

Im Gegensatz zu anderen Mittelgebirgen wurde die Alb schon sehr früh besiedelt. Nach den steinzeitlichen Jägern und Sammlern kamen die Menschen der Jungsteinzeit; später hinterließen die Kelten – etwa mit der bedeutenden Siedlung Heuneburg bei Hundersingen (Landkreis Sigmaringen) – ihre Spuren. Auch Römer, Alamannen und Franken nutzten und besiedelten das Gebiet. Später waren es Rittersleute, die mit trutzigen Burgen markante Landmarken setzten. Heute zeigen geschichtsträchtige Städtchen und Dörfer – zum Teil mit beeindruckenden Fachwerkhäusern wie in Bad Urach, Ulm, Blaubeuren und Riedlingen –, dass die Schwäbische Alb auch eine vielfältige Kulturlandschaft ist. Denn der Mensch hat die Schwäbische Alb so geprägt, wie dieses vor allem im Winter oft raue Mittelgebirge die Menschen unter oft kärglichen Bedingungen geprägt hat. Schafzucht mit Weidewirtschaft und der Anbau anspruchsloserer Pflanzen wie Linsen und Lein bestimmten in manchen Gegenden über Jahrhunderte das Landschaftsbild. Doch Kunstdünger, tiefe Ackerpflüge und Agrarsubventionen veränderten ab etwa 1960 massiv die Kulturlandschaft. Waren die alten, traditionellen Landnutzungen fast ganz den modernen Landbaumethoden gewichen, so besinnen sich seit der Jahrtausendwende wieder Bürgermeister, Landräte, Kommunalentwickler, Kulturschaffende, Naturschützer und zukunftsorientierte Landwirte ihrer Wurzeln und entdecken in alten Traditionen und Erzeugnissen neue Potenziale für die nachhaltige Fortentwicklung des Gebietes. So wurde nach einer abenteuerlichen Suche der letzten Alblinsen, die in einer Genbank in St. Petersburg aufgefunden wurden, wieder der einst über Jahrhunderte hinweg so typische Linsenanbau auf der Alb gestartet. Es gibt Albschnecken, und die Schäferei sucht zusammen mit der Gastronomie und aufgeklärten Verbrauchern nach neuen, leckeren Wegen zur Vermarktung der Lammprodukte. Ob andere, einst das Landschaftsbild prägende Nutzungen wie der Leinanbau wieder ein-

Noch präsentiert sich die Landschaft kahl, und schon sind die ersten Schafe unterwegs. Die Schäferei hat auf der Schwäbischen Alb eine lange Tradition. Sie prägte weite Teile der Juralandschaft.

kehren, ist angesichts der Konkurrenz durch Baumwolle, der günstigeren Erzeugungskosten in Asien und Afrika und des weltweiten Produktionsnetzes allerdings fraglich. Der Anbau und die Herstellung von Leinen begründete einstmals eine florierende Textilindustrie, von der nur wenige Firmen wie Boss oder Trigema übrig geblieben sind. Längst wurde Leinen durch die Baumwolle verdrängt. Was bleibt, sind viele Zeugnisse aus der Frühzeit der Industrialisierung, insbesondere dort, wo einst Wasserkraft Energie für die unterschiedlichsten Mühlen und deren Mechanik und später für die Erzeugung von Elektrizität lieferte.

Ein besonderes Kulturerbe ist – neben der weit verbreiteten Schäferei, die alle zwei Jahre Ausdruck im Uracher Schäferlauf findet –, das Haupt- und Landgestüt Marbach bei Gomadingen (Landkreis Reutlingen) mit seiner weltbekannten Pferdezucht. 1491 vom legendären Württemberger Graf Eberhard im Bart gegründet, ist das dem Land Baden-Württemberg gehörende Gestüt das älteste deutsche Staatsgestüt. Mit rund 1000 Hektar Land und drei Gestütshöfen in Marbach, St. Johann und Offenhausen für über 500 Pferde trägt die weit über die Landesgrenzen hinaus bekannte Einrichtung dazu bei, dass Wiesen und Weideland erhalten und damit ein wichtiges Element der Kulturlandschaft für die Zukunft gesichert bleibt. Zu den Zuchttieren gehören Vollblutaraber, Alt-Württemberger und Schwarzwälder Kaltblüter. Bei einem Besuch der Gestütshöfe ist der vielerorts verloren gegangene Gleichklang von Natur und Kultur in entschleunigter und überaus idyllischer Atmosphäre zu erleben.

Die Schwäbische Alb – Das Burgenland im Süden

Das ist vielleicht anstrengend! So steil hat der Weg zur Burg von unten gar nicht ausgesehen. Doch schon nach dem ersten Tor der mittelalterlichen Befestigungsanlage steigt das Gelände stark an. Da ist es gut, dass wir rutschfeste Schuhe tragen, denn das uralte Kopfsteinpflaster ist richtig glatt geschliffen. Da mögen sie hinauf und hinab gegangen sein, die Ritter, Edelleute, Knappen, Tagelöhner, Gefangene, Freigelassene, Schutz und Hilfe suchende Bauern. Ochsen, Pferde, Maultiere und Esel mussten schwere Lasten hochziehen – das sieht man stellenweise noch heute an den Rinnen, welche die mit Eisen beschlagenen Holzräder über Jahrhunderte hinweg in die Pflastersteine eintieften.

Auf sagenumwobenen, romantischen oder einfach nur geschichtsträchtigen Pfaden des Mittelalters wandern – nirgendwo ist dies in einer solchen Mannigfaltigkeit möglich wie im Bereich der Schwäbischen Alb. Ist Baden-Württemberg innerhalb Deutschlands schon das Burgenland schlechthin, so trifft diese Bezeichnung auf die Schwäbische Alb in besonderer Weise zu. Über 400 Burgen, Schlösser, Befestigungsanlagen und Burgruinen gibt es. Die meisten finden sich am Nordrand des Mittelgebirges, entlang des Albtraufes und den dazugehörenden, vorgelagerten Bergen und Hügeln sowie entlang der Hangschultern der tief eingeschnittenen Täler. So finden sich im Großen Lautertal zwischen Buttenhausen (Landkreis Reutlingen) und Rechtenstein (Landkreis Alb-Donau-Kreis) auf einer rund 18 Kilometer langen Strecke allein 14 Burgruinen oder Burgstellen – so werden die Orte genannt, an denen noch letzte Überbleibsel alter Befestigungsanlagen erkennbar sind. Festungen, die längst abgetragen wurden und von denen neben der einen oder anderen Mauer nur noch geschichtliche Überlieferungen oder Sagen künden. Viele Anlagen wurden im 11. und 12. Jahrhundert – also im Hochmittelalter – errichtet. Das war auch die Zeit, als sich die Staufer – deren Name sich von der Burg Hohenstaufen auf dem gleichnamigen Berg bei Göppingen (Landkreis Göppingen) ablei-

tet – dazu aufmachten, zunächst als schwäbische Herzöge, dann als römisch-deutsche Könige und später Kaiser fast ganz Europa politisch und kulturell zu beeinflussen. Kaiser Friedrich I. – besser bekannt als Barbarossa – gehört ebenso dazu wie Heinrich VI. und der legendäre Friedrich II. Eine zweite Phase des Burgenbaus gab es im 13. Jahrhundert. Doch viele Befestigungsanlagen wurden in späteren Jahrhunderten, als sie mit dem Aufkommen von Kanonen und anderen Feuerwaffen keinen Schutz mehr bieten konnten, aufgegeben und als bequeme Steinbrüche benutzt. Andere Burgen wurden erweitert, ausgebaut und oft viel, viel später völlig neu gestaltet. Dazu gehört die Burg Hohenzollern, Stammsitz des Preußischen Königshauses und der Fürsten von Hohenzollern zwischen Bisingen und Hechingen (Landkreis Zollernalbkreis). Auf der Basis einer auf das Jahr 1000 zurückgehenden und dann mehrfach zerstörten bzw. aufgegebenen Befestigungsanlage wurde dort ab 1850 im neugotischen Stil eine der imposantesten Burganlagen Deutschlands errichtet.

Die Burg Hohen Neuffen oberhalb der Gemeinden Beuren und Neuffen (Landkreis Esslingen) am Rand der Schwäbischen Alb wurde in der Zeit zwischen 1100 und 1120 errichtet und im 15. Jahrhundert zur Landesfestung erweitert. Charakteristisch für die weitläufige Landschaft des Albtraufs ist der Übergang naturnaher Laubwälder in ausgedehnte Obstwiesengürtel.

Besichtigt man solche Schloss- oder Burganlagen, so drängt sich die Frage auf, was die Steine wohl alles erzählen würden, wenn sie denn nur könnten. Etwa davon, wie sie einst in Steinbrüchen der Umgebung herausgearbeitet oder – als Füllmaterial – irgendwo aufgelesen wurden. Dann musste das Material auf Bergkegel und Felssporne geschafft und mithilfe von Gerüsten, Holzkränen, Flaschenzügen und Muskelkraft von Tier und Mensch vermauert werden. Was ist dagegen eine Wanderung, etwa an einem heißen Sommertag? Überhaupt dann, wenn zwischen den Mauern und Turmresten bewirtschafteter Ruinen wie etwa auf dem Hohen Neuffen bei Beuren (Landkreis Esslingen) oder der vom Schwäbischen Albverein unterhaltenen Burgruine Teck (bei Owen/Teck, Landkreis Esslingen) eine kühle Erfrischung, ein leckeres Vesper oder ein mehrgängiges Menü warten. Auch andere Ruinen wurden wiederbelebt und beherbergen in neu hinzugekommenen Gebäuden gastronomische Highlights; so etwa die Burg Staufeneck oberhalb von Salach im Landkreis Göppingen.

Überlebenskünstler zwischen Mauer und Fels

Doch machen wir uns einmal auf zu einer solchen Burg. Oft geht es über schattige Waldwege zwischen Jurafelsbrocken hinauf. Oben angekommen lohnt es sich, mit dem Fotoapparat einmal die alten Wehrmauern entlangzulaufen. Vielleicht erwischt man ja eine der flinken Eidechsen beim Sonnenbad. Im Sommer sind die Steinquader der Wehrmauer richtig aufgeheizt. Bei genauer Betrachtung zeigt sich, dass sich im Bereich von Burgruinen und Wehranlagen Natur und Kultur regelrecht die Hand geben. In einer bröseligen Mauerritze etwa hängt ein scheinbar vollkommen ausgetrocknetes Pflänzchen. Ein Mini-Farn vielleicht? Aber Farne wachsen doch in feuchten Wäldern? Und dennoch: Es ist der Braune Streifenfarn, eine hoch spezialisierte, an extreme Umgebungstemperaturen angepasste Pflanze. Da bei Temperaturen über 50 °C der Zellinhalt höherer Pflanzen gerinnt und damit die Pflanze abstirbt, ist dieser Farn mit einem Schutzmechanismus ausgestattet: Bei starker Sonneneinstrahlung werden die kleinen Blättchen ganz eng zusammengerollt, womit die Austrocknung vermieden wird.

Der Natternkopf – im Volksmund auch »Blauer Heinrich« genannt – blüht zwischen Mai und Oktober. Man findet ihn unter anderem im Ruinengelände der vielen Albburgen im Bereich von Mauern und Steinhaufen.

Der Streifenfarn ist nicht der einzige Überlebenskünstler an der Burgmauer. In den alten Ruinen der Alb auf Natur-Entdeckungstour zu gehen, ist für alle, die sich auch den Blick für das scheinbar Kleine am Wegesrand bewahrt haben, immer spannend. Gerade die Mauervegetation hat viele Überraschungen parat. Botaniker nennen das pflanzliche Leben zwischen den lose aufgesetzten oder nur mit einem Kalkmörtel verfugten Steinen »Mauergesellschaft«. Zu dieser gehören Arten wie die zierliche Mauerraute, das feingliedrige Zimbelkraut, der Polster bildende Mauerpfeffer sowie zahlreiche Flechten oder Moose, die als Indikatoren der Luftverschmutzung große Bedeutung erlangt haben.

Manche Pflanzenarten waren einst ausschließlich Felsbewohner. Sie sind als Kulturfolger von ihren natürlichen Lebensräumen – den Kalk-Felsbändern und Geröllhalden – in die vom Menschen geschaffenen »Kunstfelsstrukturen« eingewandert. Aber auch Tiere wie Mörtelbiene und Eidechse gehören dazu. Unwissenheit und übertriebener Ordnungssinn sind die Ursache dafür, dass es um die verborgene und oft unbekannte Lebensgemeinschaft der Steinmauern oft schlecht bestellt ist. Bei unzähligen Sanierungs- und Neubaumaßnahmen wurden alte Mauern abgerissen und die heute unbezahlbaren Natursteine achtlos auf die nächste Müllkippe gekarrt.

Kleine Stauferlöwen im Sand – Der Ameisenlöwe

Unscheinbar, bestens getarnt und doch ernsthafter Gegner für Ameisen: Der Ameisenlöwe. Es ist die Larve der Ameisenjungfer, ein Insekt, das an kleine Libellen erinnert.

Unmittelbar an einer sehr trockenen Mauerstelle, wo die Reste des einstigen Wehrgangs den Regen fernhalten und an einem Großteil des Tages Sonne an den Mauerfuß gelangt, haben Pflanzen im trockenen sandigen Bereich keine Chancen. Genauer betrachtet, sehen solche Stellen aus wie eine Mini-Wüste. Mitunter fallen etwa zwei bis vier Zentimeter breite Löcher auf. Schaut man genau hin, stellt man fest, dass sich die Vertiefungen nach unten verjüngen und einen richtigen Trichter bilden. Mit viel Geduld und einer guten Lupe sind am Grund solcher Trichter zwei kleine, krumme »Stäbchen« erkennbar: die geöffneten Fangkiefer des Ameisenlöwen. Der Rest des nur knapp einen Zentimeter großen Tieres ist im lockeren Substrat eingegraben. Dort lauert der Ameisenlöwe perfekt getarnt auf Beute. Wenn kleine Insekten – vor allem Ameisen – an den Rand des Trichters kommen, rutschen sie in die Falle. Je mehr sie der Falle zu entkommen versuchen, umso mehr rutscht Sand nach. Es gibt kein Entrinnen; die Ameisen werden von den gezähnten Saugzangen des Ameisenlöwen ergriffen. Nachdem er das Opfer mit einem Biss gelähmt hat, saugt er die Beute aus. Wollen die überlisteten Ameisen wieder aus dem Trichter klettern, bevor der Wegelagerer zuschlagen konnte, schleudert der Ameisenlöwe gezielt Sandkörnchen auf seine Opfer, die sie wieder in den Fangtrichter reißen. Damit er von kräftigeren Insekten, die versehentlich in den Trichter fallen, nicht herausgezogen wird, verankert sich der Ameisenlöwe fest im Boden und versucht sich dann noch tiefer einzugraben, um so die unerwartet große Beute festhalten zu können.

Der Trichter wird stets sauber gehalten, indem der Ameisenlöwe die Reste der ausgesaugten Beutetiere mit den Zangen hinauswirft. Diese Zangen dienen dem Ameisenlöwen auch als Wurfschaufel für den nachrutschenden Sand. Ameisenlöwen sind keine »fertigen« Tiere, sondern Larven, die sich oft erst nach drei Jahren verpuppen. Aus der Puppe schlüpft dann ein Insekt, das man leicht für eine Libelle halten könnte – die Ameisenjungfer. Auch sie lebt räuberisch und fängt kleine Insekten. Ameisenjungfern sieht man jedoch recht selten, weil sie vorwiegend in der Dämmerung aktiv sind und sich tagsüber regungslos in niedrigem Gebüsch verstecken.

So wie den Ameisenlöwen gibt es im Bereich der alten Burgmauern noch andere kleine Überlebensspezialisten. Dazu gehören Wildbienen, Schlupf- und Grabwespen. Die meisten Arten leben als richtige Einsiedler und beziehen oft die Hohlräume zwischen den Mauersteinen. Manchmal werden in erdgefüllten Mauerfugen auch kleine Brutkammern gegraben, die nach dem Eintragen von Futter und der Eiablage sorgfältig verschlossen werden. Als Baumaterial dienen Sandkörner oder kleine Lehm- und Pflanzenteilchen. Viele Wildbienen sind wieder auf ganz bestimmte Pflanzenarten spezialisiert und tragen somit zur Bestäubung bei. Zwischen den Mauerbewohnern und ihrer Umgebung gibt es also viele ökologische Verflechtungen. Das wird bei den Ruinengemäuern wegen der größeren und oft vielfältiger gestalteten Mauerflächen noch deutlicher. Die vielen Fugen, Vorsprünge, Nischen und Höhlungen bieten neben Fledermäusen auch etlichen Vogelarten ökologische Nischen. Dazu gehören Turmfalke, Mauersegler, Dohle und Hausrotschwanz. Und so sind die Ruinenareale oftmals letzte Zufluchtsstätten für mauerbewohnende Tiere und Pflanzen. Keineswegs müssen es immer Wärme liebende Arten sein; man denke nur an die dunkelgrünen Efeu-Vorhänge an schattigen und etwas feuchteren Mauerflächen.

Die Küchenschellen gehören zu den Charakterarten der Heiden und Trockenrasen auf der Schwäbischen Alb. Das Hahnenfußgewächs blüht im März und April, ist streng geschützt und hat überhaupt nichts mit der Küche zu tun. Der Name geht vielmehr auf die Verkleinerung von Kuh – nämlich Kühchen – zurück. Deshalb wird sie in anderen Gegenden Deutschlands und Österreichs auch als Kuhschelle bezeichnet.

Heute gehen verantwortliche Denkmalschützer behutsamer mit dem Kulturerbe um und beziehen auch die Natur und die Naturschützer bei Sanierungen in die Konzepte ein. Deshalb ist jetzt auch auf einer etwas niedriger gelegenen Mauerkrone der bläulich blühende Natternkopf zu bewundern. Diese Pflanze ist ganz typisch für trockene, steinige Stellen und gedeiht deshalb gerade im Bereich von Mauern und Ruinen, aber auch am Rande des Jurakalkschotter von Bahndämmen, Wegen sowie auf alten Steinriegeln besonders gut. Das Überdauern an solchen auf den ersten Blick doch recht lebensfeindlichen Wuchsorten ist der Pflanze nur möglich, weil die Wurzeln mehr als zwei Meter tief in Spalten und Ritzen vordringen können – ein Bereich, der dem Gewächs entsprechende Feuchtigkeit und Nährsalze bietet. Der Name »Natternkopf« bezieht sich auf den Griffel der Blüte. Dieser ist nämlich gespalten und ragt weit – wie eine Schlangenzunge – aus der blauen Blüte heraus. Für zahlreiche Insekten ist diese Pflanze eine wichtige »Nahrungstankstelle«.

Originelle Strategien der Arterhaltung

Die Menschen, die einst den Pflanzen ihre Volksnamen gaben, müssen wohl über eine reiche Fantasie und auch viel Zeit zum Beobachten verfügt haben. Wie auch immer, mit jedem Blick in die kleine Steinwelt der Burgmauern ist Neues zu entdecken. Die Eidechsen scheinen regelrechte Jagdspiele zu veranstalten. Gerade so, als ob sie sich bewusst wären, dass hier in der Umgebung einst wackere Rittersleute Kampfspiele veranstalteten. Eine Stelle der Mauer scheint mit einer lebenden hellgrünen Matte bedeckt zu sein, die kleine bläuliche Tupfen aufweist. Das Zimbelkraut – ein charakteristischer Mauerbewohner – verfügt über eine spezielle Strategie zur Verbreitung seiner Samen. Nachdem die Blüten befruchtet sind, wächst der heranreifende Fruchtstand vom Licht weg und neigt sich in Richtung Mauerspalten. Damit ist gewährleistet, dass ein Großteil der Samen in die Spalten fällt und dort günstige Keimbedingungen findet. Ursprünglich stammt das Zimbelkraut aus dem Mittelmeergebiet und wurde von dort wohl als Zierpflanze nach Mitteleuropa gebracht.

Auch andere Pflanzen sind besonders einfallsreich, um das Überleben der Art sicherzustellen. Sie lassen ihre Samen von Ameisen transportieren. Verschiedene Pflanzensamen besitzen nämlich fett- oder stärkehaltige Anhängsel, die von diesen emsigen Insekten als Abwechslung auf ihrem Speiseplan sehr geschätzt werden. Mit den Anhängseln aber verschleppen die Ameisen auch die Samen – etwa von Schöllkraut, Ackerhornkraut oder Schafgarbe – in Spalten und Ritzen von Mauern. Dort bleiben die abgefressenen Samen liegen oder können bei günstigen Bedingungen auskeimen.

Den Albschäfern auf der Spur

Viele Schmetterlinge – wie die große Familie der Bläulinge – sind auf die blumenbunte Vielfalt von Wiesen, Weiden und anderem Grünland angewiesen.

Während sich an den schattigen Talflanken die Natur noch winterlich präsentiert, hat oberhalb des waldbedeckten Hangs schon teilweise der Frühling begonnen. Ist der Boden hier auch noch so karg, so wird die Böschung doch von der Sonne verwöhnt. Und sie hat Ende März zwischen den fahlen, abgestorbenen Gras- und Kräuterstängeln vom Vorjahr bereits die ersten Blumen hervorgelockt. Mit ihren glockenförmigen, blauvioletten Blüten scheinen die Küchenschellen den Frühling einzuläuten. Vor allem aber ziehen sie die ersten Insekten des Trockenrasens an.

Zehn Wochen später bietet sich ein ganz anderes Bild: Jetzt scheint die Sonne gnadenlos auf den Hang. Trotzdem oder gerade deshalb entfaltet sich die Welt des Trockenrasens besonders prächtig. Während über den Tälern die Hitze lastet und das Leben träge macht, herrscht auf der Kalk-Magerweide des Hangs emsiges Treiben. Schmetterlinge gaukeln im Sonnenlicht, skurril anmutende Käfergestalten sind ebenso unterwegs wie gelbschwarze Schwebfliegen, Wildbienen und Wespen. Für all die Kleinlebewesen sind die unzähligen Blüten farbenprächtige Nektar- und Pollentankstellen. Zwar sind die Küchenschellen längst verschwunden; doch jetzt blühen Sonnenröschen, Kronwicke, Wundklee, Flockenblume, Orchideen und viele andere Blumen nur so um die Wette. Die schlanken Wacholderbüsche und der aromatische Duft von Thymian und wildem Majoran erinnern an die Provence. Hier im Bereich der Wacholderheide lässt sich Natur mit allen Sinnen erleben. Eine Zauneidechse huscht

Weitläufige Heidelandschaft im Eselsburger Tal, unweit von Herbrechtigen im Landkreis Heidenheim auf der Ostalb.

vorbei. Auf dem dünnen Zweig eines wohl uralten Wildrosenstrauchs sitzt eine Goldammer und trällert ihre abgehackten Liedstrophen. Eine Heidelerche steigt in den blauen Himmel auf und lässt im Sinkflug ihre schmetternden, unvollständigen Strophen, die irgendwie an die bekanntere Feldlerche erinnern, hören.

Und von der Ferne ist das Gebimmel der Messingglocken der Leithammel zu hören; ab und zu bellt ein Hirtenhund. Die Schafherden sind wieder unterwegs, zum Segen für diese artenreiche Landschaft. Denn durch die jahrhundertelange Schafbeweidung sind die Wacholderheiden der Schwäbischen Alb quasi als Produkt der Kulturlandschaft erst entstanden. Mit der Weidewirtschaft konnten sich die Menschen vor allem an den steilen Hängen und Bereichen mit nur dünner Bodenauflage über dem Juragestein auch karge, scheinbar wertlose Flächen nutzbar machen. »Schafe sind wählerische Feinschmecker«, erzählt uns der Schäfer, »sie suchen sich nur die besten Kräuter und Gräser aus.« Und weil die Schafe nicht alles fressen, wachsen hier auch die stacheligen Silber- und Golddisteln sowie all die Wacholderbüsche. Die Wacholderheiden sind eigenartige Lebensräume, nicht so recht Wiese, aber auch nicht Wald. Das Ganze erinnert eher an eine parkartige Landschaft. Man findet mit Wacholder bestandene Kalkmagerrasen nicht nur auf der Schwäbischen Alb. Es gibt sie auch im Gebiet der Frankenalb, im Schweizer Jura, an den Muschelkalkhängen der Rhön, aber auch an den Hangschultern von Neckar, Kocher und Jagst, Tauber und Main. Aber besonders ausgeprägt und typisch sind sie jedenfalls auf der Schwäbischen Alb und entlang des Albtraufs. Im Bereich des früheren Truppenübungsplatzes Münsingen blieben nicht nur Wacholderheiden erhalten, sondern es präsentiert sich komplett eine Landschaft, die sich fast so darstellt wie vor 200 Jahren. Die Landschaft rund um den Truppenübungsplatz wurde im Jahr 2009 durch das UNESCO-Programm *Man and the Biosphere* (MAB) geadelt. Die sogenannte Biosphären-Gebietskulisse – wie es in den offiziellen Beschreibungen heißt – umfasst eine 40 Kilometer lange Nord-Süd ausgedehnte Landschaft und erstreckt sich damit vom Albvorland mit dem steil aufsteigenden Albtrauf über die sogenannte Albhochfläche hinweg bis zur Donau im Süden. Die Regierungsbezirke Stuttgart und Tübingen haben ebenso Anteil wie die Landkreise Reutlingen, Esslingen und Alb-Donau-Kreis (Ulm). Beteiligt sind auch 29 Städte und Gemeinden, die sich frühzeitig für die Ausweisung des Biosphärengebiets – die im Jahr 2008 erfolgte – einsetzten. Heute ist der ehemalige Truppenübungsplatz Münsingen das Herzstück dieses Schutzgebiets, das mit seinen rund 85 300 Hektar einen wichtigen ökologischen Baustein Baden-Württembergs im globalen Netzwerk von über 620 Biosphärenreservaten in 117 Ländern darstellt. Mit dem Biosphärenzentrum Schwäbische Alb im ehemaligen Alten Lager des Truppenübungsplatzes, dem Naturschutzzentrum Schopflocher Alb, dem Freilichtmuseum Beuren und zahlreichen anderen Einrichtungen hat das Biosphärengebiet ein dichtes Netz von Informations- und Besucherzentren wie selten eine Gegend. Diese kümmern sich unter anderem auch um die Bewahrung der althergebrachten Weidelandschaft.

Im Bereich des ehemaligen Truppenübungsplatzes hat sich durch die langjährige militärische Nutzung und die damit verbundene Abschottung des Gebietes auch die alte Schäferwelt erhalten. Heute ist sie Teil des UNESCO-Biosphärenreservates Schwäbische Alb. Ein einmaliges Natur- und Kulturerbe!

Natur-Erlebnistipp – Insekten unter der Lupe

Wie artenreich die Welt der Wacholderheide und anderer Trockenrasen der Schwäbischen Alb in der Zeit von Mai bis Juli ist, kann man leicht selbst testen. Bei einer Natur-Erlebnistour führt man im Rucksack ein weißes Tuch (mindestens 1 x 1 Meter) mit. Dieses wird auf dem Boden neben der Magerwiese ausgebreitet. Anschließend streicht man zwei- bis dreimal über die Pflanzen in Richtung Tuch. Jetzt ist eine Fülle oft skurril anmutender Lebewesen – vor allem Insekten und deren Larven – zu sehen. Wer eine Becherlupe oder ein Vergrößerungsglas dabeihat, kann das eine oder andere Getier näher betrachten, ohne die Natur zu stören.

Zur Erhaltung der Schäferei hat das Land Baden-Württemberg zusammen mit Kreisen und Gemeinden verschiedene Programme aufgelegt, durch die fast in letzter Minute viele Wacholderheideflächen auch außerhalb des Truppenübungsplatzes gerettet werden konnten. Ab Mitte der 80er-Jahre des letzten Jahrhunderts gelang es, koordiniert von der Naturschutzverwaltung des Landes Baden-Württemberg, auch abgelegene, meist sehr steile und längst für die moderne Schäferei uninteressant gewordene Wacholderheiden, die vielfach verbuscht und von Wald überzogen waren, wieder freizulegen und im Rahmen eines Beweidungsmanagements den traditionellen Nutzungen zuzuführen. Für die Wacholderheiden haben sich gerade auch die Natur-, Umweltschutz-, Heimat- und Wanderverbände stark gemacht. Und einer der größten davon – der Schwäbische Albverein – hatte schon früh zum Ziel, gerade solche Kulturlandschaftselemente zu erhalten und zu pflegen.

Da die Flächen mit der Zeit wieder verbuschen würden, stechen die Schäfer wie einst mit ihrer Schippe Jungpflanzen aus und tragen gemeinsam mit ihren Herden so zum charakteristischen Landschaftsbild der Wacholderheiden bei. Über Jahrhunderte hinweg führten nämlich die Weidetiere – oft werden auf den Wacholderheiden auch Ziegen mit-

Wo die Alb ganz typisch ist – Steckbrief Wacholderheide

Kennzeichen: Oft als »Heide« (z. B. in Süddeutschland) bezeichnete Gebiete mit kurzrasiger, lückiger Vegetation; in der Regel mit deutlichen Grenzlinien, etwa Böschungen oder Hecken, gegen Äcker, Wiesen und Wald abgegrenzt. Häufig hainartig mit Wacholdersträuchern durchsetzt.

Standortmerkmale: Meist ehemalige oder wieder aktivierte Schafweiden auf Kalkboden mit nur geringer Bodenauflage und relativ kargen Standortverhältnissen. Oft nur geringe, von Gesteinsscherben durchsetzte Hangschuttdecke auf dem wenige Dezimeter unter der Oberfläche anstehenden Kalkgestein. Bodentypen sind feine Braunerde (Kalkverwitterungsprodukt), vermischt mit scherbigen Kalksteinbrocken.

Charakteristische Pflanzen: Silberdistel, Golddistel, Küchenschelle, Astige Graslilie, Kartäuser-Nelke, Wacholder, Schwarzdorn (Schlehe), Frühlings-Fingerkraut, Gefranster Enzian, Dornige Hauhechel, Gemeines Zittergras, Wiesenlein.

Nutzung: Entstanden im Allgemeinen durch Schafbeweidung. Nach Aufgabe der Beweidung bleiben Kalkmagerrasen einige Jahre relativ stabil, werden dann aber durch fehlenden Biomasseentzug allmählich (vor allem in beschatteten Partien) wüchsiger und gehen innerhalb weniger Jahrzehnte in Pionierwald über.

Ökologische Bedeutung: Einzigartiger Lebensraum für eine Vielzahl von Licht und Wärme liebenden Insektenarten, z. B. für Schmetterlingshaft, Segelfalter, Schwalbenschwanz und Blutströpfchen. Ideales Brut- und Nahrungsgebiet für Vögel, z. B. die Grasmückenarten. Lebensraum von Schlingnatter und Zauneidechse.

Schutz und Pflege: Da Wacholderheiden und die sie kennzeichnenden Kalkmagerrasen letztlich durch Nutzung entstanden sind, kann dieser wertvolle Lebensraum nur durch entsprechende Nutzung langfristig gesichert werden. Naturschutzverwaltungen, Umweltorganisationen und Tourismusverbände fördern die Wiederaufnahme der traditionellen Schafbeweidung. Ganz im Sinne des Mottos »schützen durch nützen«.

Abermillionen von Baumblüten verwandeln den Albtrauf im Frühjahr in eine paradiesisch anmutende Landschaft.

geführt – mit ihrem ständigen Verbiss von Gehölz-Jungwuchs einen Kampf gegen das Wiedervordringen des Waldes, welcher an solchen Stellen normalerweise gedeihen würde. Da dornige und stachelige Sträucher von Schafen und Ziegen gemieden werden, entwickeln sich auf den Trockenrasen der Wacholderheide vor allem Gebüsche aus Wacholder, Wildrosen, Schlehen und Weißdorn. In deren Schutz können dann Hasel, Esche, Hainbuche und letztlich auch Buche aufkommen. Dann aber ist es für die Landschaftsform der Wacholderheide bereits zu spät.

Mangelndes Interesse an Schaffleisch und der Verfall der Wollpreise führten dazu, dass viele Wacholderheiden nicht mehr beweidet wurden und allmählich verwilderten. Damit war nicht nur der Lebensraum für Schwalbenschwanz, Schlingnatter und Baumpieper gefährdet, sondern auch ein unersetzliches kulturelles und ökologisches Erbe. Zu diesem ökologischen Erbe gehört nicht nur die Wacholderheide selbst, sondern auch die Wanderschäferei. Noch heute bringen manche Schäfer ihre Tiere vor Anbruch der kalten Jahreszeit in die klimatisch günstigeren Täler von Neckar, Rhein und den Seitengewässern. Jeder Besucher der Schwäbischen Alb kann zum Fortbestand der Wacholderheiden beitragen, indem er etwa nach Lammgerichten fragt, die es – auch dank Marketing-Initiativen wie dem Alblamm und den Biosphärengastgebern – seit einigen Jahren wieder vermehrt in gemütlichen Gasthöfen und regional orientierten Restaurants und Feinschmeckerlokalen gibt.

Lebensraum Obstbaum – Eine Welt für sich

In den Baumhöhlen der alten Birnen- und Apfelbäume findet nicht nur der Waldkauz einen Nistplatz. Hier sind auch Steinkauz, Steinmarder, Wiesel, Siebenschläfer und Hornissen zu Hause.

Ob knorrig verwachsen, vom Wind zerzaust, gerade oder schräg gewachsen: Alte Obstbäume sind eigene »Persönlichkeiten« der Natur. Alle haben eines gemeinsam: Betrachtet man einen Obstbaum genauer, etwa einen alten Mostbirnbaum, wie man sie am Albtrauf noch finden kann, so ist schon bald zu erkennen, dass dieser einer Vielzahl von Tieren Wohnraum bietet. Im Bereich der Wurzeln leben die Feld- und Spitzmäuse, und dort versteckt sich auch der Igel. Das ist besonders dort der Fall, wo etwa Holzstangen als Baumstützen bis zur nächsten Ernteperiode an den Stamm gelehnt sind. Am Stamm bohren Käfer und Holzwespen, und der Baumläufer sucht seine Nahrung. Dort beginnen auch die Spechte mit dem Bau ihrer Höhlen. Diese werden später von Fledermäusen und Hornissen bezogen; eventuell nistet in großen Astlöchern ein Steinkauz oder Wendehals. Am Stamm wachsen auch Algen und Baumflechten, die zum Teil von Schnecken und Milben abgeweidet werden. Im weit verzweigten Geäst bauen verschiedene Vogelarten Nester.

Hier lebt auch der Siebenschläfer und jagt der Steinmarder. Die Blätter und Triebe sind Nahrung und Wohnort zugleich. Viele Insektenlarven schneiden Stücke heraus; Wanzen, Zikaden und Milben stechen hinein und saugen Säfte. Diese Kleintiere sind wiederum Nahrungsgrundlage für andere Arten. Die Blüten öffnen sich für Bienen, Hummeln und Nektar saugende Schmetterlinge. Die Früchte dienen vielen großen und kleinen Tieren als Nahrung.

Daneben gibt es noch eine ganze Reihe von »Untermietern«. Es sind die Larven von Schlupfwespen, die in anderen Insekten groß werden, diese von innen her auffressen und damit für eine natürliche Schädlingsregulierung sorgen. Viele der in Streuobstgebieten vorkommenden Tierarten sind heute sehr stark gefährdet oder bereits vom Aussterben bedroht.

Der Albrand – Ein Blütenparadies

Abermillionen von weißen und weißrosa Blüten verwandeln knorrige Birnbäume, weit ausladende Apfelbäume, hoch aufgeschossene Kirschbäume und struppige Pflaumenbäume in üppige, strahlend weiße, gigantische Blumengebinde. Zwar gibt es in Baden-Württemberg zum Glück noch an vielen Stellen Obstgärten mit hochstämmigen Bäumen, aber nirgendwo präsentiert sich Opas und Omas Früchte-, Most-, Saft- und Destillateparadies so prächtig, so geschlossen und so ausgedehnt wie entlang des Albtraufs. Wie durch ein Wunder sind weite Bereiche der Obstgärten, die sich nicht nur entlang der Hänge erstrecken, sondern teilweise in das Albvorland hineinziehen, der landwirtschaftlichen Intensivierung und Überbauung entgangen. Die Streuobstwiesen, wie die Obstgärten wegen ihrer Bestückung mit unterschiedlichen Obstarten und -sorten auch wenig klangvoll bezeichnet werden, ermöglichten einst auf landwirtschaftlich weniger günstigen und deshalb kaum ackerfähigen Böden mehrfachen Nutzen. Das Schnittholz des Winters lieferte, zusammen mit den Stämmen abgängiger Bäume, Brennmaterial, die Wiese unter den Bäumen kräuterreiches Gras und Heu als Futter für Kühe, Schafe und Ziegen. Die Bäume selbst Tafelobst, Mostobst, Äpfel, Birnen, Zwetschgen, Mirabellen, Kirschen und Walnüsse zum Essen, Backen, Saften oder Einkochen. Die Früchte der Obstwiesen waren auch Zutaten für Marmelade oder Dörrobst und bildeten die Grundlage für feine Brände.

Doch seit es Waren aus aller Welt zu jeder Zeit in den Supermärkten gibt, ist das Interesse an der Nutzung der Obstgärten immer mehr zurückgegangen. Zumal der Ar-

Auf über 26 000 Hektar gibt es am Albtrauf und entlang des Albvorlandes über 1,5 Millionen Obstbäume. Zur Erhaltung dieser größten, zusammenhängenden Obstlandschaft Europas haben die Landkreise Böblingen, Esslingen, Göppingen, Reutlingen, Tübingen und der Zollernalbkreis die Initiative »Das schwäbische Streuobstparadies« ins Leben gerufen.

Der Rotkopfwürger gehört mittlerweile zu den seltensten heimischen Vogelarten Mitteleuropas. Die Obstwiesenlandschaft entlang der Schwäbischen Alb ist letztes Rückzugsgebiet der streng geschützten Art, die schon Ende Juli, Anfang August in die afrikanischen Überwinterungsgebiete aufbricht.

beitsaufwand groß und das Interesse der heutigen, jüngeren Besitzer klein ist, Opas Früchteparadies zu erhalten. Während sich die Erben für viel Geld in den Fitnessstudios schinden, vergammelt das Obst auf den Baumwiesen. Doch jetzt hat man erkannt, dass der grüne Obstbaumgürtel der Schwäbischen Alb (und nicht nur dieser) ein lebendiges Kulturerbe und einen wichtigen Lebensraum vieler Tier- und Pflanzenarten darstellt, und darüber hinaus einen wichtigen Teil der Erlebnislandschaft ausmacht. Genau darauf aber ist auch der wirtschaftlich bedeutsame Tourismus angewiesen. Dass heute wieder viele Grundstücke gepflegt werden, ist Initiativen wie etwa des Landkreises Reutlingen und seiner Projektpartner zu verdanken. Die Förderung der alten Obstwiesen durch Bereitstellung junger, hochstämmiger Obstbäume, Beratung der Besitzer, Marketingstrategien für Säfte, Wettbewerbe für Most und Destillate haben bei so manchem das Interesse am eigenen Grundstück wieder geweckt. Gerade auch die Obst- und Gartenbauvereine spielen dabei eine wichtige Rolle und geben fachkundigen Rat ebenso weiter wie altes Wissen und moderne Erkenntnisse. Und so bestehen gute Chancen, dass auch künftig von den Felsen und Burgen des Albtraufs aus oder bei einer Wanderung am Hangfuß das Blütenwunder im Frühjahr und das Früchteparadies im Spätsommer und Herbst bestaunt und erlebt werden können.

Besonders eindrucksvoll ist das Zusammenspiel der Obstwiesen als Grüngürtel von Siedlungen im Freilichtmuseum Beuren (Landkreis Esslingen). Aber es lohnt sich auch, anderenorts der Natur der Obstwiesen näher zu kommen, gerade an einem Frühlingstag.

Hochsaison in der Obstwiese

Die auffällig monotonen Rufe des Wendehalses sind wieder zu hören. Mitte April sind die zur Familie der Spechte gehörenden Vögel aus ihren Winterquartieren in den Savannen- und Trockenzonen West- und Zentralafrikas zurückgekehrt. Da der Wendehals mit seinem grau-bräunlich gemusterten Gefieder bestens an die Borken der Bäume angepasst ist, lässt er sich nur sehr schwer auffinden. Wo mag der Vogel wohl den Winter verbracht haben? Was hat er in Afrika erlebt? Viele Antworten auf solche Fragen sind noch offen. Auch andere Frühlingsboten sind zurück, und so gibt es jetzt vielstimmige Vogelkonzerte. Mönchsgrasmücken, Grünfinken und ein Zilpzalp sind zu hören. Erregt rufen Amseln und Wacholderdrosseln, als eine Elster, deren Nest sich wohl oben im alten Birnbaum befindet, auf dem Grasweg landet. Ein Gartenrotschwanz markiert sein Revier, Kohl- und Blaumeisen machen dasselbe. Nicht nur in den Wipfeln der Obstbäume herrscht Hochbetrieb, auch die Wiese selbst hat sich »herausgeputzt«: Margeriten,

Salbei, Klappertopf, Glockenblumen und Wiesenpippau bringen farbenprächtige Tupfer in das Naturgemälde.

Zu dieser Zeit zeigt sich besonders deutlich, dass die Obstgärten überaus artenreich sind. Nicht nur Blumen und Gräser gehören dazu. Zwischen 2500 und 3000 Tierarten leben im Biotop Streuobstwiese, wobei Insekten wie Käfer, Hautflügler oder Wanzen den Hauptanteil ausmachen. Außerdem brüten hier 35 verschiedene Vogelarten. Dazu gehören auch Goldammer, Neuntöter, Stieglitz, Singdrossel, Gartenrotschwanz oder der Grünspecht. Ornithologische Kostbarkeiten sind am Albtrauf Rotkopfwürger und Halsbandschnäpper.

Eine Meereswanderung auf der Alb

Die Meeresschildkröte hatte keine Chance. Rasend schnell schießt der Ichthyosaurier herbei, packt das Tier mit seinen kräftigen, dolchartigen Zähnen und zermalmt den Panzer des Reptils. Dann schleudert er die Hornplatten zur Seite, um an die Weichteile zu gelangen, die mit wenigen Bissen verschlungen werden. Und schon verschwindet der 13 Meter lange Temnodontosaurus in den weiten Wassern des Jurameeres, um weiter Jagd auf andere Fischechsen, Meereskrokodile und vor allem Tintenfische zu machen.

Der Blick in das Killertal zeigt eine abwechslungsreiche Landschaft von Laubwäldern, Wacholderheiden, Wiesen und Weiden.

Das Blutströpfchen – wegen der Fühler auch Widderchen genannt – ist ein Nachtfalter, der am Tage aktiv ist. Es gehört zu den auffälligsten Insekten der sonnenbeschienenen Heideflächen und anderer Trockenrasen.

Solche Szenen haben sich dort, wo sich heute die Schwäbische Alb als vielgestaltige Natur- und Kulturlandschaft präsentiert, vor mehr als 178 Millionen Jahren abgespielt. Und wer heute über die Schwäbische Alb wandert, Wacholderheiden und Buchenwälder bestaunt, kulturelle Schätze wie trutzige Burgruinen oder das Kloster Zwiefalten bewundert, macht im Grunde genommen eine Wanderung über das Meer. Na ja, eigentlich sind es gleich mehrere Meere, die sich im Laufe eines schier unvorstellbaren Zeitraums von vor 200 Millionen Jahren bis vor rund 142 Millionen Jahren dort befanden. Und so ist die Schwäbische Alb auch ein zu Stein gewordenes, bis zu 1000 Meter mächtiges »Urmeer«. Ganz unten, für Besucher der Alb nur an wenigen Stellen – etwa im Bereich von Steinbrüchen am Albaufstieg wie bei Holzmaden (Landkreis Esslingen) – einsehbar, sind die bis zu 80 Meter mächtigen Reste des Schwarzjurameeres zusammengebacken. Das Gestein, das wir heute als Schwarzjura bezeichnen, besteht aus Ablagerungen erdgeschichtlicher Zeiten, während denen der einstige Superkontinent Pangäa langsam zerfiel und durch die Kontinentaldrift Nordamerika von Südamerika und Afrika sowie von Eurasien abgetrennt wurde. Allmählich sank die Erdkruste im Bereich des heutigen Süddeutschlands ab, und das Gebiet wurde überflutet. Weil das Wasser in diesem lange, lange Zeiten zurückliegenden, bis zu 150 Meter tiefen Schelfmeer durch unterschiedliche Strömungen geschichtet war, ergaben sich ideale Bedingungen, die zur Konservierung eines Teils des Lebens in diesem Urmeer beitrugen. Denn die Wasserschichten mit unterschiedlichem Salzgehalt und unterschiedlicher Temperatur wurden nur wenig durchmischt. Da aber am Meeresboden durch biologische Abbauprozesse des organischen Materials Bakterien Sauerstoff verbrauchten und es keinen oder nur wenig Zustrom von sauerstoffreichem Oberflächenwasser gab, bildeten sich am Meeresboden Fäulniszonen mit giftigem Schwefelwasserstoff. In einer solchen Todeszone war so gut wie kein Leben möglich. Dies ist der Grund, weshalb zum Meeresboden abgesunkene Kadaver – wie etwa der gefräßige Temnodontosaurus – nicht von Aasfressern zerkleinert wurden und so über die Jahrmillionen hinweg erhalten geblieben sind.

Eigentlich könnte man einen Spaziergang in dieses Urmeer gleich in der Landeshauptstadt beginnen, obwohl zwischen Stuttgart und dem Albtrauf auch bei kürzester Distanz immerhin rund 40 Kilometer liegen. Wie das geht? Das Staatliche Museum für Naturkunde Stuttgart präsentiert im Museum am Löwentor faszinierende Funde aus der Zeit des Schwarzjuras. Zahlreiche Ichthyosaurier sind ebenso dabei wie Meereskrokodile, Haie, Ammoniten und Seelilien. Letztere sind ebenso wie mächtige Ichthyosaurier auch eindrucksvoll in der Eingangshalle des Baden-Württembergischen Landtags, mitten im Schlossgarten – nur wenige Meter vom Hauptbahnhof entfernt – zu bewundern. Eine der bedeutendsten Sammlungen von Versteinerungen aus der Jurazeit, unter anderem aus dem Schwarzjura, findet sich im Urweltmuseum Hauff in Holzmaden (Landkreis Esslingen). Dort in der Nähe gibt es auch Steinbrüche, wo Besucher ebenso wie in Dotternhausen (Zollernalbkreis) im Bereich speziell ausgewiesener Klopfplätze nach Fossilien suchen können.

Eine geologische Albwanderung kann man schon mitten in Stuttgart – im Museum am Löwentor – beginnen. Dort gibt es spektakuläre Funde, nicht nur von der Schwäbischen Alb, zu bestaunen.

In den genannten Museen werden auch Zeugnisse aus anderen Abschnitten der faszinierenden Geologie der Schwäbischen Alb präsentiert. Denn über dem Schwarzjura befinden sich die bis zu 280 Meter mächtigen Schichten des von 178 bis 157 Millionen

Jahren abgelagerten Braunen Jura. Allerdings sind die Funde aus dieser geologischen Epoche nicht ganz so zahlreich, da sich das Meer zu dieser Zeit erweitert hatte und sauerstoffreicheres Wasser für den Abbau von organischen Materialien sorgte.

Besser bekannt als der Schwarze und der Braune Jura ist den Besuchern der Schwäbischen Alb der Weißjura; eine geologische Schicht von rund 400 Meter Mächtigkeit, die vor 157 bis 142 Millionen Jahren abgelagert wurde. Es ist die markante Schicht, die sich dort, wo rückschreitende Erosion den blanken Fels freigelegt hat, entlang des Albtraufs immer wieder als schroffe, weithin weißgelblich in die Landschaft leuchtende Albfelsen präsentiert. Das meiste davon – also auch das Weißjuragestein unter der Albhochfläche – ist letztlich ebenfalls aus den Resten von Lebewesen aufgebaut. Es sind nämlich die Kalkgerüste von Algen, Schwämmen und Korallen, die einst auf dem Meeresgrund bzw. am Rande des flachen Jurameeres lebten.

Doch ein Spaziergang auf dem steinernen Meer namens Schwäbische Alb kann noch andere Einblicke in geologische Zeitalter öffnen. Denn vor rund 25 Millionen Jahren wurde das Gebiet erneut überflutet; übrig blieb als Zeugnis der nordwestlichen Küste dieses Meeres eine Klifflinie, die sich von Tuttlingen (Landkreis Tuttlingen) ausgehend über Heldenfingen (Landkreis Heidenheim) bis nach Donauwörth (Landkreis Donau-Ries) erstreckt und deutlich in der Landschaft erkennbar ist. Diese Klifflinie gilt als Gliederung der Albhochfläche in die nördliche Kuppenalb mit ihrem hügeligen Charakter

Kalkfelsgebilde kennzeichnen das Eselsburger Tal auf der Ostalb.

und die südliche, mehr eingeebnete Flächenalb. Die Schwäbische Alb ist letztlich das Herzstück einer Juraformation, welche vom Französischen und Schweizer Jura im Südwesten bis hin zur Fränkischen Alb im Nordosten reicht. Während Schwarzer und Brauner Jura eher unauffällige Stufen mit flachwelligen Feldern und Obstwiesen an den Hängen bilden, erscheint der Weißjura als eigentlicher Stufenbildner, mit einer Höhe von 400 m ü. NN im Nordosten und rund 600 m ü. NN im Südwesten.

Im Donautal hat sich der Fluss tief durch die Formation des Weißjura gegraben und so mächtige Felswände hinterlassen. Hier brüten Uhu und Wanderfalke.

Der schwäbische Vulkan

Die Schwäbische Alb ist steinernes Zeugnis einstiger Urmeere und einer der größten echten Jurassic Parks der Erde. Ein Mittelgebirge, das unter anderem durch Verkarstung, durch Oberflächenerosion, durch rückschreitende Erosion und andere Ereignisse überformt wurde. Zu diesen Überformungen gehören aber auch vulkanische Aktivitäten vor etwa 15 Millionen Jahren. Es waren keine klassischen Vulkane wie Vesuv oder Ätna in Italien oder der Merapi in Indonesien. Der sogenannte schwäbische Vulkan war wohl bescheidener, aber in der Auswirkung dennoch gewaltig. Er sorgte dafür, dass die Erdkruste der Alb an rund 350 Stellen aufbrach. Der größte dieser Tuffschlote ist das Randecker Maar mit rund 1200 Meter Durchmesser auf der Gemarkung Ochsenwang von Bissingen an der Teck (Landkreis Esslingen).

Lange Zeit ebenfalls als Ergebnis vulkanischer Tätigkeiten gedeutet, sind zwei große Krater der Alb – nämlich das Nördlinger Ries mit 23 Kilometer Durchmesser und das Steinheimer Becken mit rund 3,5 Kilometer Durchmesser – jedoch das Ergebnis gewaltiger Meteoriteneinschläge. Erst um 1960 haben Wissenschaftler herausgefunden, dass der Meteorit, welcher das Nördlinger Ries durch seinen Einschlag vor rund 14,6 Millionen Jahren hervorbrachte, wohl einen Durchmesser von rund 1,5 Kilometern hatte. Die beim Einschlag freigesetzten Kräfte entsprachen mehreren hunderttausend Hiroshima-Bomben. Etwas kleiner, aber nicht weniger durchschlagend war das Geschoss, welches den Meteoritenkrater bei Steinheim am Albuch westlich von Heidenheim hervorbrachte. Der »Himmelskörper« wird auf 90 bis 200 Meter Durchmesser geschätzt. Wie gut, dass zu diesen Zeiten noch keine Menschen lebten.

Löchrig wie Schweizer Käse

Stille! Nur der Aufschlag eines Wassertropfens, der wie Millionen andere vor ihm nach langen Minuten von der Decke fällt, unterbricht das Höhlenreich der Ruhe. Für das bloße Auge unsichtbar, werden kleinste Mengen Kalk abgelagert. Sie werden durch das Wasser aus dem Juragestein der über der Höhle liegenden Schichten herausgelöst. Tropfen für Tropfen entstanden so über Jahrtausende hinweg die jetzt auch von uns bewunderten bizarren Tropfsteine. Stalaktiten an der Decke und Stalagmiten am Boden: alle möglichen Figuren lassen sich hineininterpretieren und begeistern die Höhlenbesucher immer wieder aufs Neue. Auch die Höhle selbst ist durch Kalkauslösung und die damit verbundene Verkarstung vor Jahrmillionen entstanden, wurde weiter ausgewaschen durch unterirdische Höhlenbäche und -flüsse, die es längst nicht mehr gibt. Die Schwäbische Alb ist das größte Karstgebiet Mitteleuropas und hat viele Tropfsteinhöhlen aufzuweisen – die schönsten und interessantesten sind als Schauhöhlen erschlossen. Doch auch die Höhlen ohne Tropfsteine können Spektakuläres bergen. So fanden die Archäologen der Universität Tübingen 2008 im »Hohle Fels« bei Schelklingen mit der nur sechs Zentimeter großen Venus aus Mammutelfenbein die mit fast 40000 Jahren älteste bekannte Menschenfigur der Welt. Sie fügt sich zusammen mit anderen Funden der Eiszeit aus verschiedenen Höhlen – darunter ein Elfenbeinmammut, kleine Pferdchen- und Löwendarstellungen sowie der 37000 Jahre alte Löwenmensch aus dem Hohlenstein-Stadel im Lonetal – zu einem einzigartigen Blick in die Siedlungsgeschichte des deutschen Südwesten. Denn während der letzten Eiszeit suchten die Vorfahren des heutigen, modernen Menschen aus den sogenannten Aurignacien-Kulturen Schutz im Bereich ver-

Die Schwäbische Alb ist löchrig wie ein Schweizer Käse. Die vielen Höhlen – wie hier die Schillerhöhle unweit des Stadtteils Wittlingen von Bad Urach – boten den eiszeitlichen Jägern und Sammlern der Altsteinzeit eine Zuflucht. Doch sie lebten gefährlich; denn oft beanspruchten solche Plätze auch die später ausgestorbenen Höhlenbären.

schiedener Albhöhlen. Und auch Neandertaler scheinen das Gebiet auf der Suche nach Beute wie Rentieren, Wildpferden, Hirschen und Mammut durchstreift und bewohnt zu haben. Forscher nehmen an, dass zu dieser Zeit gerade einmal fünf bis zehn Gruppen von maximal 20 Personen in dem weitläufigen Gebiet existierten. Sie hatten nicht nur gegen extremes Wetter zu kämpfen, sondern auch gegen Gefahren wie Säbelzahntiger und Höhlenbär – Tiere der Urzeit, von denen man bei Ausgrabungen ebenfalls Überreste gefunden hat.

Durch die Verkarstung ist die Albhochfläche ein weitgehend trockenes Gebiet, dessen Trockentäler nur bei gefrorenem Untergrund oder bei Tauwetter Wasser aufweisen. Viele Höhlen sind zeitweise und vor allem nach Tauwetter durchflossen, wie etwa die Falkensteiner Höhle bei Bad Urach (Landkreis Reutlingen). Eine geologische wie gewässerkundliche Besonderheit ist die Wimsener Höhle bei Zwiefalten (Landkreis Reutlingen). Sie ist die einzige mit einem Boot befahrbare Wasserhöhle in Deutschland und gilt als Ursprung der Zwiefalter Aach. Noch eindrucksvoller ist natürlich der Blautopf, eine der größten Karstquellen (Alb-Donau-Kreis) in Deutschland. Ein mystischer Ort, der schon den Dichter Eduard Mörike begeisterte und heute Ziel von Höhlenforschern ist, die Stück für Stück die geheimnisvolle Unterwelt des schwäbischen Jurassic Park erkunden. Sie entdeckten bei gefährlichen Tauchgängen durch unterirdische Seen, Spalten und schlammige Klüfte fantastische Tropfsteinhallen und sind mit ihrer Forschungstätigkeit noch lange nicht am Ende. Farbversuche mit Markierungen der Urblau zeigten, dass das Labyrinth wohl 18 Kilometer weit reicht. Doch dies ist nur ein Teil einer vermutlich noch weit größeren Höhlenwelt. Mehrere Kilometer wurden erkundet, kartografiert und fotografisch wie filmisch festgehalten. Dabei wurde auch eine domartige Halle von 50 Meter Länge entdeckt – von den Forschern »Apokalypse« getauft. Sie fanden immer wieder neue Höhlenwunder im Bereich des Blausystems. Doch einige Höhlenforscher bezahlten ihren Forscherdrang mit dem Leben.

Nicht alle Höhlen sind so gefährlich und spektakulär, und trotzdem stellen sie einzigartige Naturphänomene dar. Kein Wunder, dass weite Teile der Schwäbischen Alb als Geopark ausgewiesen sind. So manche Höhle ist wichtiger Ruhe- und Überwinterungsraum für Fledermäuse. Deshalb ist der Zugang für einen Teil des Jahres zu Recht gesperrt.

Letztlich sind die mächtigen Kalksteine der Schwäbischen Alb durchlöchert wie ein Schweizer Käse, denn das eindringende Wasser löst in einem jahrtausendelangen Vorgang den Kalk. Es ist deshalb sehr unwahrscheinlich, dass das wahre Ausmaß der Höhlenlabyrinthe, Klüfte und Spalten der Schwäbischen Alb jemals vollständig erforscht werden kann.

Weil die Hochfläche der Schwäbischen Alb durch die Verkarstung so wasserarm ist, mussten sich die Menschen früh zu helfen wissen. Sie legten ihre Dörfer dort an, wo im Bereich von Dolinen (Erdfällen), die mit Lehm abgedichtet waren, Regenwasser aufgefangen werden konnte. Hüle oder Hülbe nennt man diese kleinen Teiche, die einst der Wasserversorgung ebenso dienten wie als Waschplatz, Viehtränke, Enten- und Gänsegarten und vielem mehr. Ja, so wasserarm waren die Menschen auf der Alb, dass in manche Dörfer auf der Hochfläche das Wasser mit Holzfässern auf den Wagen von Ochsen- und Pferdegespannen transportiert werden musste. Mit dem Aufkommen moderner Wasserleitungen wurden viele Hülen oder Hülben verfüllt. In den vergangenen Jahren haben sich die Älbler ihrer eigenen Natur- und Kulturgeschichte besonnen und so manche Wasserstelle wieder angelegt. So kommt Natur wieder ins Dorf.

Höhlen, Klüfte und Spalten des Weißjura sind Zufluchtsort vieler Fledermausarten.

Der Blautopf bei Blaubeuren ist nach dem Aachtopf bei Aach im Landkreis Konstanz die zweitwasserreichste Karstquelle Deutschlands.

Wenn sich im Herbst das Laub einzeln stehender Eichen bunt verfärbt, bekommen so manche Heideflächen der Schwäbischen Alb ihren ganz besonderen Reiz.

Wälder von internationaler Bedeutung – Biosphärengebiet Schwäbische Alb

Vom hellen, zarten Frühlingsgrün über das dunkelgrüne Sommerlaub bis hin zum leuchtendgelben, rotbraunen und braunen Blätterspiel im Herbst bieten die Kalkbuchenwälder der Schwäbischen Alb und insbesondere des Albtraufs faszinierende Naturschauspiele. Ursprünglich überzogen Buchenwälder mit eingestreuten Bergahorn-, Linden- und Eschenbäumen fast die ganze Schwäbische Alb. Mit dem Ausbau der Weidewirtschaft und später dem Ackerbau wurde diese Waldformation weitgehend zurückgedrängt und beschränkt sich hauptsächlich auf die oft steilen und unzugänglichen Bereiche des Albtraufs. Dieses sich den gesamten Albtrauf von Südwesten bis Nordosten hinziehende grüne Band ist heute in weiten Teilen als Lebensraum von internationaler Bedeutung geschützt, und zwar nach der sogenannten Fauna-Flora-Habitat-Richtlinie; diese ist quasi das internationale Naturschutzgesetz der Europäischen Union.

Natürlich ist dieser Wald nicht uniform, sondern weist ganz unterschiedliche Ausprägungen auf: vom schattigen Hangwald, bei dem das mangelnde Licht nur eine spärliche Strauchschicht aufkommen lässt, bis zu sonnigen Buchen-Tannenwäldern auf steinigen, flachgründigen Böden an sonnigen Partien des Albtraufs. Typische Pflanzen dieser Buchenwälder sind im Frühjahr Waldschlüsselblume, Buschwindröschen, Gelbes Windröschen und Gefleckter Aronstab. Blaue Farbtupfer bringen Echtes Lungenkraut und Zweiblättriger Blaustern (Scilla) zwischen die Buchen. Weiß blüht der Bärlauch, während der Hohle Lerchensporn sowohl weiße wie auch violette Blüten hervorbringt. All diese Arten sind sogenannte Frühblüher, deren jahreszeitliche Vegetationsperiode abgeschlossen ist, wenn sich das Laubdach schließt. Andere Pflanzen der Kalkbuchenwälder gedeihen an lichten Stellen oder am Waldrand; dazu gehören Weißes Waldvögelein und Rotes Waldvögelein zwischen Mai und Juli sowie die botanische Kostbarkeit Türkenbundlilie, die zwischen Juni und September blüht.

Die Sumpf-Stendelwurz besiedelt lichte, sickernasse Hänge.

Das Schwäbische Albvorland

Nicht mehr Alb und noch nicht Keuperbergland: Das Albvorland ist eine Übergangslandschaft von ungefähr 80 Kilometer Länge und ca. 30 Kilometer Breite und »begleitet« sozusagen den Albaufstieg. Und dennoch ist es eine Landschaft mit eigenständigen Charakterzügen: weite Ackerfluren – im Nahbereich von Stuttgart mehr und mehr verbaut –, in Hanglagen unübersehbare Wälder von Obstbäumen. Hügelige Täler, die selten schroff eingeschnitten, sondern eher muldenförmig ausgeprägt sind. Der Bewaldungsgrad ist gering, dafür sind die Böden viel zu gut; Landwirtschaft überwiegt. Wald gibt es meistens dort, wo Reste von Braunjura-Schichten vorhanden sind. Sie weisen schwere Böden auf,

Buschwindröschen. Diese auch Waldanemonen genannten Pflanzen bilden während des Vorfrühlings – noch bevor sich das Laubdach der Buchen- und Eichenwälder schließt – oft dichte Blütenteppiche.

Der Buntspecht bewohnt sowohl lichte Wälder wie weitläufige Obstwiesen, naturnahe Parks und Gärten.

welche überwiegend wasserstauende Eigenschaften haben und deshalb bei Landwirten auch keinen guten Ruf genießen. Gegen den Albtrauf zu wird der Bewaldungsgrad höher und das Gewässernetz dichter; hier ist der Einfluss alter Hangrutschungen und Erosionsreste des Mitteljura unverkennbar.

Der Anstieg vom Albvorland zur Schwäbischen Alb nimmt sozusagen Anlauf: Unmerklich steigt die Ebene der Filder im Albvorland an, die Bäche, die vom Albtrauf herkommen, sind tiefer eingeschnitten als auf der Filderebene. Hier ist Ackerbau kaum möglich, und Grünlandwirtschaft lohnt sich aus ökonomischer Sicht nicht. So haben die Menschen vor rund 100 Jahren auf den Obstbau gesetzt: Millionen von Obstbäumen – nahezu alles hochstämmige Gewächse – ziehen sich hier die Abhänge hin, unterbrochen nur hie und da von einer Rinder- oder Schafweide. Der Waldrand, der sich am Albtrauf in etwa einem Drittel Höhe entlangzieht, markiert ungefähr die Schichtgrenze zwischen Braun- und Weißjura.

Steckbrief Schwäbische Alb

Ausdehnung: Südwest bis Nordost etwa 250 Kilometer, Südost bis Nordwest etwa 40 Kilometer.

Geologie: Aufgebaut aus Schwarzjura (bis 120 Meter mächtig – abgelagert vor ca. 198 bis 178 Millionen Jahren), Braunem Jura (bis 200 Meter mächtig – abgelagert vor ca. 178 bis 157 Millionen Jahren) und Weißem Jura (zwischen 400 und maximal 600 Meter mächtig – abgelagert vor 157 bis 142 Millionen Jahren).

Höchste Erhebung: Lemberg bei Gosheim, Landkreis Tuttlingen. 1015 m ü. NN

Natur-Highlights: UNESCO-Biosphärenreservat Schwäbische Alb, Blautopf, Bären-, Nebel-, Charlotten-, Wimsener-, Falkensteiner Höhle, Laichinger Höhle und andere Höhlen, ausgedehnte Kalkbuchenwälder und Obstwiesen, insbesondere am Albtrauf, Wacholderheiden mit Schafbeweidung in jahrhundertealter Tradition.

Kulturelle Highlights: Burg Hohenzollern, Burgruinen Hohen Neuffen, Reußenstein, Hohenstaufen, Hohenrechberg und zahlreiche andere Ruinen, Ulmer Münster, Kloster Zwiefalten.

Größere Städte: Aalen, Albstadt, Bad Urach, Göppingen, Heidenheim, Reutlingen, Ulm.

Besonderheiten: Venus vom Hohle Fels (bei Schelklingen, Alb-Donau-Kreis), rund 40 000 Jahre alte Menschenfigur; Mammut aus Mammut-Elfenbein aus der Vogelherdhöhle (Landkreis Heidenheim), ca. 36 000 Jahre alt; älteste Musikinstrumente der Welt, Flöten aus Schwanen- und Geierknochen.

Informationen / Anlaufstellen:

Biosphärenzentrum Schwäbische Alb: www.biosphaerenzentrum-alb.de

Biosphärengebiet Schwäbische Alb: www.biosphaerengebiet-alb.de

BUND-Umweltzentrum Ulm: www.bund-bawue.de/?id=2042

Naturschutzzentrum Obere Donau / Haus der Natur: www.nazoberedonau.de

NABU-Vogelschutzzentrum Mössingen: www.vogelschutzzentrum.de

Naturschutzzentrum Schopflocher Alb: www.naturschutzzentrum-schopfloch.de

Akademie-Natur-Umwelt-Hütte und Walderlebnispfad Donzdorf: www.um.baden-wuerttemberg.de/servlet/is/1858/

Umweltbildungszentrum Listhof: www.listhof-reutlingen.de

GeoPark Schwäbische Alb e.V.: www.geopark-alb.de

Botanischer Garten der Universität Tübingen: www.uni-tuebingen.de/einrichtungen/zentrale-einrichtungen/botanischer-garten/besucher-info.html

Freilichtmuseum Beuren: www.freilichtmuseum-beuren.de

Alb Guides Touristik Information Münsingen: www.muensingen.de/servlet/PB/menu/1202406_l1/index.html
www.alb-guides.de

Urweltmuseum Holzmaden: www.urweltmuseum.de

Münsingen Bahnhof, Zentrum für Natur, Umwelt und Tourismus: www.muensingen.de/servlet/PB/menu/1202438_l1/index.html

Naturkundemuseum Reutlingen: www.reutlingen.de/1223

Urgeschichtliches Museum Blaubeuren (am Blautopf): www.urmu.de

Urgeschichtliches Museum Blaubeuren (Lonetal): www.h-age.net

Museum der Brotkultur, Ulm: www.museum-brotkultur.de

Meteorkrater-Museum mit GeoPark-Infostelle, Steinheim am Albuch - Sontheim im Stubental: www.steinheim-am-albuch.de/index.php/tourismus-a-freizeit/meteorkrater-museum

Rieskratermuseum, Nördlingen: www.rieskrater-museum.de

Von der Eiszeit geformt –

Bodensee und Oberschwaben

Moore, Weiher und Teiche, Strudellöcher und enge, regelrecht ausgehobelte Schluchten, hier auch Tobel oder Klamm genannt, massive Felsbrocken und ein schotteriger Untergrund, dazu einige Almen auf mittlerer Höhe – rund um das Städtchen Isny im äußersten Südosten Baden-Württembergs merken selbst Laien, dass sich die landschaftlichen und geologischen Gegebenheiten deutlich von denen in anderen Regionen im Land unterscheiden. Es liegt nicht nur daran, dass vom Gipfel des Schwarzen Grats, der mit 1118 Metern höchsten Bergspitze Württembergs, die Alpen zum Greifen nah liegen, die Nagelfluhkette, Hochvogel oder Mädelegabel in den Allgäuer Alpen, aber auch die Gipfel von Silvretta oder Lechtaler Alpen.

Die Landschaft Oberschwabens ist durch die Eiszeit geprägt.

Tatsächlich ist dieser südöstliche Zipfel mit dem heute stark bewaldeten Gebirgszug der Adelegg so etwas wie der alpine Außen- und Vorposten Baden-Württembergs. Die Adelegg als Nordausläufer der Alpen ist freilich nicht die einzige verbindende Brücke zu

dem großen mitteleuropäischen Gebirgszug, der sich von Nizza bis nach Wien erstreckt. Wilde Natur-Zeugen der gemeinsamen Geschichte sind auch die von den Alpen und ihren Ausläufern wesentlich weiter entfernt liegenden Moore und Riede Oberschwabens sowie – als Zungenbeckensee – das Schwäbische Meer, der Bodensee.

Das kleine, eigenständige Mittelgebirge der Adelegg zwischen Kempten im Osten und Isny im Westen war früher weniger dicht bewaldet als heute, diente in großen Teilen der Alm- und Weidewirtschaft. In den vergangenen 100 bis 150 Jahren sorgte der Holzhunger für eine regelmäßige Aufforstung. So kann man sich heute kaum noch vorstellen, dass rund um den höchsten Berg im ehemaligen Königreich Württemberg einst auch Ski gefahren wurde. Hierher führen die Spuren der ersten Holzbretter, von Skiclubs und dem ersten Schneeschuh-Wanderverein weit und breit. Nur im Nordschwarzwald nahe Baiersbronn ragt Württemberg noch ein paar Meter höher empor, beim Dreifürstenstein, jedoch nicht mit einem die Umgebung überragenden Gipfel wie dem Schwarzen Grat.

Die letzten Meter, von Süden oder von Westen aus erklommen, steigen steil an. Der Steig führt zuerst über Almen, dann durch den Wald. Schließlich taucht eine Lichtung auf mit dem dunklen Holzturm in der Mitte. Erst von der Plattform des 28 Meter hohen Aussichtsturmes aus eröffnet sich der Blick auf die teils offene, teils bewaldete Voralpenlandschaft, auf die leicht gewellte Weite Oberschwabens, die schroffen Berge des Allgäus und weiter südlich.

Der dichte Bewuchs der Adelegg verdeckt die Schroffheit dieser ziemlich jungen Landschaft, die erst vor etwas mehr als 10000 Jahren geformt wurde: Weit in das Allgäu hinein und nach Oberschwaben erstreckten sich in der letzten Eiszeit die Gletscher. Davon übrig geblieben sind zum einen Strudellöcher, Moränenwälle und Felswände. Die Alpengletscher, hier besonders der gewaltige Rheingletscher, schliffen und hobelten die Landschaft, formten Hügel und Senken. In den Mulden wo das Eis erst allmählich abtaute, sammelte sich Schmelzwasser zu Seen. Diese verlandeten allmählich und es entstanden und entstehen noch immer Moore. Wo die Verlandung noch nicht im Wege der Sukzession beendet ist, finden wir heute Seen und Sümpfe. Allesamt sind sie Produkte der Eiszeit. Der größte davon – der Bodensee – wird schon wegen seiner Tiefe von 250 Metern noch lange, lange Zeit erhalten bleiben.

Doch bleiben wir bei Adelegg. Auch gewaltige Gesteinsblöcke und rauschende Gebirgsbäche prägen diese Landschaft rund um die Adelegg und deren höchsten Gipfel auf westlicher Seite, den Schwarzen Grat. Eine Landschaft, die den Menschen, die einst versuchten, hier ein Auskommen zu finden, sehr viel abverlangte. Und so sind die letzten Bergbauern Anfang der 70er-Jahre des vorigen Jahrhunderts ins Tal gezogen, als sich die Almwirtschaft nicht mehr lohnte.

Während die Allgäuer Alpen wie die Alpen insgesamt erdgeschichtlich schon recht »alt« sind, jedenfalls viele Millionen Jahre auf dem Buckel haben, ist das Alpenvorland, gerade auch im baden-württembergischen Teil, eine sehr junge Landschaft, geformt ungefähr in der Zeit vor 10000 bis 20000 Jahren. Das weniger schroffe als vielmehr weiche Hügel- und Bergland birgt unter seinem satten Grün vielfach Moränen, Schuttablagerungen der Alpengletscher. Das Eis der Gletscher führte Massen von Material in unterschiedlicher Dicke und Körnungsgröße mit und lagerte es ab – und zog sich mit der Erwärmung nach der Würm-Eiszeit allmählich zurück. Ausgerechnet die Adelegg, von wo sich das eiszeitlich geformte Alpenvorland so gut überblicken lässt, nimmt eine Sonderstellung ein: Sie überragte den Alpengletscher ein Stück weit. Den Untergrund bilden Molasseschichten des viel älteren Tertiär.

Der einst viel größere Federsee bei Bad Buchau im Kreis Biberach wie auch das Pfrunger-Burgweiler Ried in den Landkreisen Ravensburg und Sigmaringen sind ebenfalls nichts anderes als Überbleibsel früherer Gletscher. Die Riedgebiete entstanden aus nacheiszeitlichen Seen, die sich nach Abschmelzen der Gletscher allmählich mit Sedimenten und mineralischen Einlagerungen füllten und zum Teil verlandeten. Beim Federsee wurde der Verlandungsprozess durch menschliche Eingriffe im Rahmen von Absenkungen zur Landgewinnung noch beschleunigt. Trotz der Eingriffe in früheren Jahrhunderten bildet der Federsee mit den ihn umgebenden Moorzonen heute das größte zusammenhängende Moorgebiet im deutschen Südwesten. Früh hat man die Bedeutung des Areals für die Naturbewahrung erkannt und schon 1939 eine rund 1400 Hektar umfassende Fläche als Naturschutzgebiet ausgewiesen. Ein Steg führt durch endlos scheinende, mit Schilf, Rohrkolben, Mädesüß, Seggen und anderen Sumpfpflanzen bestandene Röhrichtflächen. Diese Gebiete sind Heimat von Sumpf- und Teichrohrsänger, Rohrammer sowie der seltenen Bartmeise und der Rohrweihe und anderen selten gewordenen Vogelarten. Es dauert gut eine halbe Stunde, bis man an das heutige Seeufer gelangt. Doch der Weg lohnt sich. Wer sich auf dem Steg in das Ried aufmacht, begibt sich sogleich auf eine Zeitreise. Er muss sich nur gedanklich darauf einlassen. Im Pfahlbaumuseum von Bad Buchau wird anschaulich demonstriert, dass hier schon steinzeitliche Siedler Fischfang betrieben. Die im feuchten, moorigen Untergrund von Archäologen entdeckten Räder gehören zu den ältesten der Menschheit. Und wer weiß, vielleicht

Der Schilfrohrsänger ist Charaktervogel der Weidenriedgebiete im Bereich des Federsees, des Wurzacher Rieds, des Pfrungener/Burgweiler Rieds und anderer Feuchtgebiete.

Seit den Achtzigerjahren des letzten Jahrhunderts haben sich die Storchenbestände Oberschwabens wieder erholt.

wurde ja in Baden-Württemberg nicht nur das Automobil, sondern auch das Rad erfunden.

Auch in anderen Regionen der oberschwäbischen Seenplatte kann man auf Naturerkundungstour gehen. So etwa im Wurzacher Ried bei Bad Wurzach im Landkreis Ravensburg. Dieses Moorgebiet umfasst heute noch eine Fläche von etwa 18 Quadratkilometern und schließt die größte noch intakte Hochmoorlandschaft Mitteleuropas ein. Freie Hochmoorflächen wechseln sich ab mit Bergkieferwäldern, offenen Wasserflächen und Niedermoorbereichen. Kalkreiches Wasser, das kleinen Quellseen entspringt, sorgt für botanische Besonderheiten. Ob Traunsteiners Knabenkraut, Schwalbenwurzenzian, fleischfressendes Fettkraut und echte Sumpfwurz: allesamt sind die pflanzlichen Überlebenskünstler des Moors ein unschätzbares Naturerbe. Darüber wacht unter anderem das Naturschutzzentrum Wurzacher Ried. Ähnlich wie beim Naturschutzzentrum Federsee oder dem Naturschutzzentrum Pfrunger-Burgweiler Ried werden von hier aus nicht nur Führungen organisiert, sondern im Verbund mit den jeweiligen Kommunen, Landkreisen und staatlichen Naturschutzstellen Managementpläne für die empfindsame Natur erstellt und umgesetzt. Machen wir uns doch einmal auf in eines der oberschwäbischen Moor- und Riedgebiete. Sie sind ökologische Glanzlichter der Landschaft und einmaliges Erbe der Eiszeit, in denen man in weiser Voraussicht den Torfabbau gestoppt und die Weichen für die Bewahrung der Urnatur gestellt hat.

Wasser, Schilf und anderes Röhricht. Nirgends gibt es so viel davon in Baden-Württemberg wie in Oberschwaben.

Im Reich von Moorfrosch und Kreuzotter

Im zeitigen Frühjahr quellen die Fruchtstände des Rohrkolbens zu dicken »Watteknäueln« auf. Später werden Tausende von Flugsamen durch die lauen Frühlingswinde weggetragen.

Dicke Nebelschwaden hängen schwer über dem morastig riechenden Boden; der Nebel verleiht der Gegend etwas Geheimnisvolles und zugleich Unheimliches. Nur ein paar Meter reicht die Sicht, und so sind nur schemenhaft einige verkrüppelte Birken auszumachen. Ein falscher Schritt, und es kann gefährlich werden. Doch auf den dicken Eichenbalken des Moor-Lehrpfades fühlen wir uns sicher. Auch wenn wir heute wissen, dass Moore unersetzliche Naturlandschaften sind und mehr der Mensch dem Moor gefährlich werden kann als umgekehrt, kommt an solchen Tagen doch ein leicht unbehagliches Gefühl auf. Die Urangst steckt wohl seit Urzeiten tief in unserem Inneren. Gut können wir in solchen Momenten die Ängste der Menschen nachvollziehen, die einst in den damals abgelegenen, weitläufigen Mooren unterwegs waren. Wir alle haben es ja mehr oder weniger gerne auswendig gelernt, das Gedicht vom Erlkönig. Ohne es direkt beim Namen zu nennen, beschreibt Goethe das beklemmende Gefühl, das viele Menschen Mooren und Sümpfen über Jahrhunderte hinweg entgegenbrachten. Noch bis Anfang des 20. Jahrhunderts waren diese Landschaften vielerorts allgegenwärtig. Die feuchten und nassen Niederungen wurden weiträumig umfahren, um nicht unvermittelt darin stecken zu bleiben. Überall blühten Ried- und Wollgräser, sangen Sumpf- und Watvögel ihre melodischen Frühjahrslieder, und das Konzert der Frösche war in lauen Sommernächten kilometerweit zu hören. Heute können wir vielerorts trockenen Fußes durch diese zumeist als Intensivgrünland oder als Ackerland genutzten Landschaften wandern. Lebende Sümpfe und Moore sind längst zu echten Raritäten geworden. Heutzutage kommt deshalb ein Besuch im Moor und Ried einer ökologischen Entdeckungstour gleich.

Der Nebel will sich gar nicht lichten, und so können wir nicht erkennen, ob der Hüpfer, der da gerade zwischen dem Moos verschwindet, tatsächlich ein Moorfrosch ist, denn schließlich wohnen in solch sumpfigen Gegenden auch Gras- und Wasserfrosch. Nein, bei diesem Wetter werden wir heute mit Sicherheit auch keine Kreuzotter zu Gesicht bekommen. Sind Moore noch intakt, so hat man nämlich durchaus bei wärmerer Witterung die Chance, eine dieser rund 60 Zentimeter langen Schlangen auf einem Moospolster oder einem abgestorbenen Baumstamm beim Sonnen zu beobachten. Neben der seltenen, nur im äußersten Südwesten Deutschlands in den sonnigen, dem Rheingraben zulaufenden Tälern sowie in der Schweiz, Frankreich und Italien verbreiteten Aspisviper ist die Kreuzotter die einzige giftige heimische Schlange. Auch wenn Bisse so gut wie nie tödlich enden, sollten wir uns von dem Reptil fernhalten, schon um die Tiere nicht zu stören. Es versteht sich ja von selbst, dass diese absoluten Schutz genießen.

Dort, wo wir nahe am Bohlenweg schon einmal eine junge Kreuzotter beobachtet hatten, sind jetzt im Juni einige der weißlichen Blüten des Fieberklees zu sehen. Er ist an den hohen Grundwasserstand im Moor angepasst.

Die Natur überrascht immer wieder durch vielerlei Phänomene und Spielarten. So färben sich die Männchen der Moorfrösche zur Laichzeit blau.

Wie entsteht eigentlich Torf?

Torfe entstehen in lebenden Mooren immer dann, wenn abgestorbene organische Pflanzensubstanzen in einer von Wasser gesättigten Umgebung unter Sauerstoffmangel nur unvollständig abgebaut wurden. Torf ist also eine teilhumifizierte organische Pflanzenmasse. Je nach Vegetationszusammensetzung von Mooren bleiben nur bestimmte Pflanzenarten, -organe oder -organanteile wie Früchte, Samen, Fasern, Blattscheiden, Rhizome und Wurzeln als Torf erhalten. Während Humus eine amorphe, schwarze Substanz ist, kann man im Torf je nach Zersetzungsgrad die Strukturen der – vorwiegend – pflanzlichen Ausgangssubstanz entweder mit dem bloßen Auge oder unter dem Mikroskop erkennen. Wenn wir eine Handvoll Torf betrachten, haben wir also unter Umständen Pflanzenreste vor uns, die – je nachdem aus welcher Tiefe des Moores sie stammen – schon viele tausend Jahre alt sein können. Pflanzenreste, an denen, als sie noch nicht abgebrochen waren, vielleicht ein jungsteinzeitlicher Fischer vorbeigelaufen ist.

Blütengrüße aus der Eiszeit

Überhaupt ist es das Wasser, welches den Lebensraum Moor und Ried prägt und die Entstehung dieses Biotops überhaupt ermöglichte. Vor etwa 10 000 Jahren bildeten sich mit dem Ende der letzten Eiszeit sehr viele Seen in den durch die Gletscher ausgeformten Mulden und Senken. Doch diese Gewässer bestanden, gerade wenn sie nicht allzu tief waren, nicht sehr lange, denn vom Ufer her wurden sie zunehmend von Schilf und Schwimmpflanzen erobert. Ständig absterbende Röhricht-, Schwimmblatt- und Unterwasserpflanzen lagern sich im See ab, der immer flacher wird, bis das Gewässer verlandet ist. Dann siedeln sich Riedgräser an, denen der Untergrund vorher zu nass war. Bei der Seenverlandung begünstigten Torfmoose das Torfwachstum und ließen zunächst auch noch Holzgewächse wie Weiden, Erlen, Kreuzdorn, Faulbaum, Birke, Kiefer oder Fichte emporkommen. Mit der Zeit waren die Bakterien im Gewässer der Überproduktion der Pflanzen nicht mehr gewachsen. Auf diese Weise eroberte der Verlandungsgürtel allmäh-

Sibirische Schwertlilie – eine Pflanze der Riedgebiete und Streuwiesen. Die Streuwiesen entstanden im Bodenseeraum und in anderen Gebieten Oberschwabens – wo kein Getreide angebaut werden konnte – zur Gewinnung von Einstreumaterial für die Ställe. Dazu wurden Schilf, Rohrkolben, Seggen und andere Röhrichtgräser regelmäßig gemäht, getrocknet und als Strohersatz verwendet. Heute werden diese Streuwiesen im Rahmen von Naturschutzprogrammen – etwa im Bereich des Eriskircher Riedes – gepflegt.

lich den ganzen See und verwandelte ihn im Laufe von Jahrtausenden in ein Flachmoor oder auch in einen Bruchwald. Solche Moore, in denen das Grundwasser sehr hoch ansteht, werden Grundwassermoore genannt. Es gibt noch eine andere, überaus interessante Moorbildung, nämlich dort, wo das Grundwassermoor allmählich in die Höhe wuchs. Wachsen nämlich bestimmte Pflanzen, vor allem Torfmoose, in niederschlagsreichem kühlem Klima auf nährstoffarmen Grundwassermoorflächen so über ihre unmittelbare Umgebung auf, dass die von ihnen gebildeten Torfschichten nicht mehr vom mineralstoffreichen Grundwasser, sondern nur noch vom nährstoffarmen Regenwasser durchdrungen werden, so entstehen die sogenannten Regenwassermoore, auch Hochmoore genannt, wie etwa im Zentrum des Wurzacher Rieds. In einem solchen Lebensraum sind die Pflanzen ausschließlich vom Regenwasser abhängig. Mit dem aufwachsenden Regenwassermoor wird nämlich der mooreigene Wasserspiegel so angehoben, dass er über dem Grundwasserspiegel der umgebenden Landschaft liegt. Das mineralstoffreichere Grundwasser kann dann das äußerst mineralstoffarme Niederschlagswasser im aufgewölbten Regenwassermoor nicht mehr verdrängen.

Torfmoose – Wachsen aus dem Nichts

Die Entstehung solcher Regenwassermoore ist an das Vorkommen und Wachstum bestimmter Torfmoose gebunden. Je nach geografischer Lage sind verschiedene Arten daran beteiligt. Sie sind allesamt Lebensraumspezialisten, brauchen jedoch ein kühl-feuchtes Klima, in dem die Summe der Niederschläge größer ist als die Verdunstung und der Wasserabfluss. Das Geheimnis des Wachsens aus dem Nichts liegt quasi in der Luft. Denn die Torfmoose können ausschließlich von dem leben, was vom Regenwasser eingetragen wird. Außerdem besitzen diese Pflanzen ein fast unglaubliches Wasserhaltevermögen. Ein Kilogramm trockener Moosrasen vermag 16 Liter Wasser zu speichern; gewöhnliche Waldmoose bringen es gerade mal auf knapp fünf Liter. Im schwäbischen Alpenvorland bietet die relativ hohe Luftfeuchtigkeit den Torfmoosen gute Lebensbedingungen. Sie lagern das Wasser in abgestorbene Zellen ein, während nur die oberen Pflanzenteile leben und gedeihen. In dem Maße, wie die unteren Abschnitte absterben, wachsen die oberen jährlich nur wenige Millimeter in die Höhe. Da das Torfmoos Mineralstoffe an sich binden kann und dafür Wasserstoff-Ionen freigibt, säuert es das Moos an. Dadurch verdrängt es eine Vielzahl anderer Arten und beherrscht zuletzt oft große Flächen.

Das Moor hebt sich jedoch nicht gleichmäßig. Da es in der Mitte am wenigsten Wasser verliert, wächst es hier am schnellsten. Es wölbt sich also wie ein riesiges Uhrglas bis zu einer Höhe von drei, manchmal auch 5 Metern aus der Umgebung empor. Innerhalb von 10 bis 20 Jahren wächst es nur etwa einen Zentimeter. Moore haben daher generell ein hohes Alter von mehreren Jahrtausenden. Und wo man sie lässt, wie in den Moorschutzgebieten Oberschwabens, wachsen sie noch heute.

Vegetarier mit Lust auf Fleisch

In solch einer lediglich auf das Niederschlagswasser angewiesenen Umgebung können wirklich nur angepasste Spezialisten überleben. Der Moorboden ist so karg, dass nur ganz wenige Arten von Blütenpflanzen mit den harten Lebensbedingungen zurechtkommen. Konkurrenz unter den Pflanzen gibt es somit kaum; die Torfmoose allerdings geben den Ton an. Der Sonnentau etwa lässt sich von den Moosen nicht verdrängen. Er hat sich bei seiner Ernährung auf fleischige Happen spezialisiert. Sein Appetit auf Fliegen wird leicht verständlich, wenn man weiß, dass die Huminsäure des Moores die Ansiedlung der für Pflanzen wichtigen Nitritbakterien verhindert. Stickstoffmangel im Boden ist die Folge, und nur diese Bakterien können die organischen Nährstoffe des Bodens in eine für Pflanzen aufspaltbare Form verwandeln. Der Sonnentau holt sich deshalb vom nährstoffreichen »Fleisch« der Insekten, was ihm der Boden vorenthält. Die Sonnentau-Arten mit ihren bis zu 20 Zentimeter hohen Blütenstängeln fangen, töten und verdauen winzige Fliegen. Sie besitzen viele kleine Fangorgane, an deren Enden klebrige, glänzende Tropfen austreten. Bleibt etwas daran hängen, so vermag der Sonnentau Essbares und Ungenießbares – wie etwa Holzstücke – zu unterscheiden. Sobald nun ein Insekt den Tropfen auf den Leim geht, kommt Bewegung in die Pflanze. Im Laufe einer Stunde neigen sich die gereizten Tentakel zur Blattmitte hin. Nach einer weiteren Stunde beginnt sich das ganze Blatt einzurollen. Gleichzeitig scheidet der Sonnentau eine Verdauungsflüssigkeit aus, welche einerseits die Innereien der Beute zerlegt und andererseits das Fleisch konserviert. Letzteres bewerkstelligt die enthaltene Ameisensäure. Nach zehn bis zwölf Stunden ist das Blatt schneckenförmig eingerollt. Über die Fangorgane nimmt der Sonnentau das chemisch zerlegte Insekt auf. Nach etwa zehn Tagen ist die Verdauung beendet, das Blatt entrollt sich und die Fanghaare scheiden wieder klebrige Tropfen aus. Bis zu viermal fängt ein Blatt fliegende Beute, dann stirbt es ab. Von den insgesamt 500 Insekten fressenden Pflanzenarten, die man weltweit kennt, wendet das Fettkraut eine ähnliche Fangmethode an. Die am Boden flach aufliegenden, gelbgrünen Blätter besitzen auf der Oberseite klebrige Drüsen. An ihnen bleiben kleine Insekten haften, die über die Blätter laufen. Das Blatt rollt sich dann ein. Ansonsten »speist« das Fettkraut wie sein Verwandter. Allerdings bewohnt es vor allem die Bereiche von Grundwassermooren. An diese karge Landschaft sind auch einige wenige Vogelarten angepasst. Dazu gehören unter anderem Zwergrohrdommel, Bekassine und Brachvogel.

Der Brachvogel gehört zu den gefiederten Highlights der Feuchtgebiete.

Manchmal ein Kreuz auf dem Kopf – Steckbrief Kreuzotter

Die giftige Kreuzotter ist selbst viel mehr gefährdet, als dass sie dem Menschen gefährlich werden könnte. Wer bei Wanderungen in Mooren und Heidegebieten Tiere, die er entdeckt, nicht anfasst und auch nicht unter Baumstümpfe greift, wo sich vielleicht eine Schlange verstecken könnte, braucht wirklich nichts zu befürchten.

Beschreibung: Kleine, robust wirkende Giftschlange mit max. 50–60 Zentimeter Länge in Gebirgsregionen und bis ca. 70 Zentimeter im Tiefland (Weibchen in seltenen Fällen bis 80 Zentimeter). Ovaler, nur wenig abgesetzter Kopf mit nicht aufgeworfener Schnauzenspitze, ist jedoch deutlich abgesetzt im Vergleich zu anderen heimischen Arten wie etwa Schlingnatter. Rötliche Augen mit senkrecht geschlitzten Pupillen. Gekielte Schuppen und kurzer Schwanz. Männchen mit grauer Oberseite und schwarzem Zickzackband. Weibchen mit dunkelbrauner Zeichnung auf bräunlichem Grund. Auf den Flanken eine Reihe dunkler Flecken. Auf dem Hinterkopf ein nach vorne ausgerichtetes V oder X (»Kreuz«; Name). An den Kopfseiten dunkle Längsstreifen. Unterseite dunkelgrau bis schwärzlich und verschwommen hell gefleckt. Gelbliche Schwanzspitze. Sowohl Albinos möglich als auch Schwärzlinge (Letzteres speziell im Alpengebiet). Nominatart Vipera berus berus in Mitteleuropa; im Südosten Unterart Vipera berus bosniensis.

Verbreitung: Schlangenart mit dem weltweit größten Verbreitungsgebiet. Von Frankreich und Großbritannien im Westen quer durch Europa bis nach Sibirien und zur pazifischen Insel Sachalin im Osten. Im Norden sogar Polarkreis überschreitend. Im Süden bis zum Norden Griechenlands. Gebiete mit genügend Sonneneinstrahlung und beträchtlichen Tag/Nacht-Temperaturschwankungen, die eine erhöhte Boden-Luftfeuchtigkeit aufweisen. Sowohl im Tiefland als auch im Hügelland und in subalpinen Bereichen zwischen 1500 und 2300 Meter. Seltener in höheren Lagen, Heide- und Moorgebiete, sonnige Waldränder, Kahlschläge, feuchtere Wiesen, Auwälder; oft ähnlicher Lebensraum wie Waldeidechse. In Baden-Württemberg vor allem in Oberschwaben, im Schwarzwald sowie im Bereich der mittleren Albhochfläche.

Fortpflanzung: Nach dem Winterschlaf suchen geschlechtsreife Männchen sonnige und windgeschützte Paarungsplätze auf, wo die paarungsbereiten Weibchen Duftspuren im Gelände hinterlassen haben. Paarungszeit bis Ende Mai. Männchen liefern sich unblutige, tanzähnliche Kommentkämpfe und umschlingen sich dabei teilweise aufgerichtet. Von September bis Oktober werden 4–12 (Tiefland) bzw. 4–6 Junge (Bergland) geboren. Die ca. 18 Zentimeter langen Jungtiere sind bereits im Besitz ihrer Giftzähne. In Nordeuropa sowie im Bergland oberhalb von 1500 Meter bringen die Weibchen nur alle 2–3 Jahre Junge zur Welt.

Lebensweise: Sowohl tag- als auch dämmerungsaktiv, in Sommermonaten auch nachts. Überwintern oft in Schlafplatzgemeinschaften. In Nordeuropa finden sich oftmals mehrere Hundert Exemplare zusammen. Recht ortstreu. Neben der Aspisviper langsamste der mitteleuropäischen Schlangenarten; daher stets ausreichend Deckung nötig. Für Jungtiere bilden – je nach Lebensraum – Waldeidechsen neben Kleinsäugern die Hauptnahrung. Alttiere fressen vor allem Mäuse, mitunter Frösche, am Boden brütende Vögel und je nach Habitat auch andere Reptilien. Die Beute wird mithilfe des gut ausgeprägten Geruchssinns aufgespürt und vor dem Verschlingen durch Giftbiss getötet. Kreuzottern werden bis 20 Jahre alt.

Gefährdung: Die Kreuzotter hat kaum natürliche Feinde, außer – bei Jungtieren – Kolkrabe und andere Rabenvögel sowie Reiher und Marder. Sehr stark gefährdet durch Vernichtung von Mooren, direkte Verfolgung und hysterische Überreaktionen von Wanderern bei Begegnungen.

Die Landschaft Oberschwabens und der Bodensee – Wo Eiszeitnatur und Barockkultur zusammenkommen

Neben den großen und kleinen Riedgebieten sind es gerade die Seen, Weiher, Teiche und Tümpel, die als blaugrüne Augen der Landschaft das Bild Oberschwabens bestimmen. Über 2000 Stillgewässer gibt es im Bereich der Region Bodensee/Oberschwaben. Sind viele – heute teilweise in Verlandung befindliche – Gewässer Ergebnis der letzten Eiszeit, so sind andere von Menschenhand geschaffen worden. Es waren vor allem Klostergemeinschaften und Burg- und Schlossherren, die Weiher und Seen – meist zur Fischzucht – anlegen ließen. Und so kommen letzte aus der Eiszeit stammende Gewässer mit solchen aus den Zeiten des Barock zusammen. Alle zusammen bilden einen ökologisch bedeutsamen Feuchtbiotop-Verbund, der Oberschwaben kennzeichnet.

Das Oberschwäbische und das Westallgäuer Hügelland bilden auf einer Länge von mehr als 60 Kilometern den »Natur-Rahmen« für den Bodensee. Im Osten gliedert ein innerer Moränenkranz ein größeres Becken in mehrere kleine Becken, die vermoort sind oder Restseen enthalten. Im Westen prägen Deckenschotter die Landschaft, die durch breite sumpfige Talungen durchbrochen wird. Im Westen, dort wo die Niederschläge geringer ausfallen, überwiegen Acker- und Weinbau. Das nördliche Bodenseeufer wird von Rebterrassen und Obstplantagen, vor allem Apfelbäumen, beherrscht.

Wer den Hohentwiel bei Singen erkundet, erlebt wunderbare Ausblicke in die Landschaft des Hegau.

Viele Menschen wissen heute nicht mehr, dass aus den Samenständen des Wollgrases die Menschen in Notzeiten den Docht für ihre selbstgemachten Kerzen gezwirbelt haben.

Wieder da – Steckbrief Biber

Lange Zeit war er in Südwestdeutschland ausgestorben; dabei gab der Biber etwa der idyllischen oberschwäbischen Stadt Biberach den Namen. Nachdem die letzten Biber Baden-Württembergs 1834 im Bereich der Donau und der Iller bei Ulm erlegt waren, setzte ein Umdenken ein und »schon« rund 100 Jahre später, nämlich zu Anfang des 20. Jahrhunderts, wurden diese Nager in verschiedenen Regionen Europas unter Schutz gestellt. Es ist eine Erfolgsgeschichte des modernen Naturschutzes, dass die Biber nach Oberschwaben und in andere einstige Biberlebensräume Baden-Württembergs zurückgekehrt sind. Heute leben im wilden Biber-Süden wieder einige Hundert dieses größten Nagetiers Europas. Eingewandert sind sie unter anderem entlang der Donau bis Donaueschingen und über die Iller in den Bereich der Wurzacher Ach. Andere Biber kamen über den Hochrhein aus der Schweiz und besiedeln heute Gebiete zwischen Basel und dem Bodensee. Von diesen Refugien aus haben sie sich auch in den südlichen Schwarzwald aufgemacht. Andere Populationen wanderten aus Bayerisch-Franken Richtung Fichtenau im Hohenlohischen, von wo aus sie neue Gebiete besiedeln. Ähnlich werden es die Biber des Taubergießengebietes am Oberrhein machen, die vom Elsass hierher den Weg in ihre ehemaligen und künftigen Lebensräume gefunden haben.

Beschreibung: Größtes europäisches Nagetier, ca. 80–100 Zentimeter Kopf-Rumpf-Länge (Schwanz etwa 35 Zentimeter lang); 12,5–35 Kilogramm schwer. Die Unterscheidung zum Bisam ist recht einfach: Biber sind wesentlich größer; der Schwanz ist kellenartig verbreitert und mit Schuppen bedeckt.

Verbreitung: Skandinavien, Osteuropa, in Deutschland mittlerweile wieder zahlreicher in Nord- und Ostdeutschland sowie in Bayern und Baden-Württemberg. Auch in Südfrankreich.

Fortpflanzung: Meist kommen zwei bis drei Junge in der Biberburg zur Welt. Acht Wochen werden die Jungen gesäugt, dann sind sie selbstständig. Sie bleiben aber noch bis zum Alter von drei Jahren bei den Alttieren.

Lebensweise: Bevorzugt lichte Auwälder an stehenden, langsam fließenden Gewässern. Vorwiegend dämmerungs- und nachtaktiv, meist recht scheu. Ausgezeichneter Schwimmer, der bis zu zehn Minuten lang tauchen kann. Die in Familienverbänden lebenden Biber sind durch die Anlage von Dämmen und Burgen regelrechte »Wasserbauer«. Durch die Aufstauung von Fließgewässern, die oft verlanden und so zur Ausbildung echter Naturwiesen führen, sorgen sie für eine natürliche Dynamik. Biber ernähren sich von Wasserpflanzen sowie Bast und Rinde selbst gefällter bzw. abgenagter Bäume (vor allem Weiden).

Die Insel Reichenau ist dank des milden (Mikro-)Klimas Deutschlands Gemüseinsel Nummer eins, wo etwa auch Tomaten und Paprika gedeihen. Im Osten des Bodenseebeckens, wo im Stau der Berge höhere Niederschläge verzeichnet werden, überwiegt Grünland, dazwischen immer wieder Stillgewässer. Dieser Eindruck eines satten Grüns vor alpiner Kulisse prägt das Bild Oberschwabens bis heute. Zu diesem Grün gesellt sich das Weiß und Hellgelb der Kirchen und Klöster, das nicht selten barocke Pracht birgt und gewissermaßen auf den katholischen Markenkern Oberschwabens verweist.

Aber auch das größte deutsche Binnengewässer, der in seiner Ausdehnung drittgrößte See Europas, ist von seiner Entstehung her nichts anderes als ein Gletscherrandsee, ausgeschürft durch das sich bewegende Eis der Gletscherzunge und zum Teil eingefasst durch End- und Seitenmoränen. Auch wenn man ihnen das heute nicht mehr ansieht, bilden sie einen natürlichen Beckenrand bzw. Damm. Der einzige landschaftliche und geologische Sonderfall in dieser weithin eiszeitlich geformten Landschaft ist der am Westende des Bodensees gelegene Hegau, eine tektonische Beckenlandschaft mit den Resten ehemaliger Vulkanschlote wie Hohentwiel, Hohenstoffeln oder Hohenhewen. Am Hohentwiel befinden sich die höchstgelegenen deutschen Weinberge (bis ca. 560 Meter). Auf dem weithin einzigartigen Gestein, Phonolith und Deckentuff, herrscht eine ungewöhnliche Vegetation vor. Auf Trockenrasen und nacktem Fels wachsen und gedeihen seltene Pflanzen, darunter manche Steppenkräuter. Und die Weine von dem mächtigen Vulkankegel geraten auf diesem Boden besonders finessenreich und filigran.

Seen im See

Nicht zufällig haben Teile des Bodensees unterschiedliche Namen. Auch ein Blick auf die Landkarte macht klar: Der See zerfällt in durchaus unterschiedliche Teile. Da ist zunächst der dickbauchige Obersee, der im schmalen Überlinger See seine natürliche Fortsetzung in nordwestlicher Richtung findet. Davon deutlich abgetrennt ist der sehr viel flachere Untersee. Zwischen diese beiden Seen schiebt sich die Stadt Konstanz; die Wasser-Brücke bildet der Seerhein. Von der Form her ist der Untersee dem gesamten Bodensee nicht unähnlich. Während sich in diesen der zum Teil bewaldete, zum Teil land-

Der Bodensee ist einer der größten natürlichen Trinkwasserspeicher Europas.

wirtschaftlich genutzte Bodanrück hineinschiebt, wird der Untersee im Westen durch die Halbinsel Mettnau bei Radolfzell unterteilt. Zwischen der Mettnau, Markelfingen und der Insel Reichenau im Osten liegt der Gnadensee. Zwischen Mettnau und der Halbinsel Höri spricht man vom Zeller See. Und den südlichen Rest nennt man gemeinhin tatsächlich Rheinsee, der bei Stein am Rhein denn auch wieder zum Rhein wird.

In den meisten Sprachen heißt der See nach seiner größten und historisch so bedeutenden Stadt, nach Konstanz: Lake Constance auf Englisch, Lac de Constance in Französisch und Lago di Costanza in Italienisch. Das im deutschsprachigen Raum seit mehr als 1000 Jahren gebräuchliche Wort Bodensee, im Mittelalter auch bodmense, geht wohl auf Bodman zurück, den kleinen Ort am Nordwestende des Sees. Dort befand sich eine karolingische Königspfalz (Potamico, später Potamann). Im 9. Jahrhundert weilten hier, in einer burgähnlichen Palastanlage, Herrscher wie Ludwig der Deutsche oder Karl der Dicke. Die heutige Ruine Altbodman geht auf eine staufische Burg, errichtet im 14. Jahrhundert, zurück. Doch hat auch der Bodensee wie seine kleinen Seenverwandten in anderen Gebieten Oberschwabens eine viel ältere Siedlungsgeschichte.

Das zeigt sich immer wieder in trockenen Sommern mit ungewöhnlich niedrigem Wasserstand und darauffolgenden recht niederschlagsarmen Wintern. Dann liegen die Flachwasserzonen des Bodensees in großen Bereichen trocken und bringen Erstaunliches hervor: Aus dem trockengefallenen Seegrund ragen in Reihen angeordnete Pfahlstümpfe. Immer wieder werden so Beweise früher Siedlungstätigkeit des Menschen am Bodensee – ebenso wie an anderen Seen – gefunden. Bodendenkmalpfleger des baden-württembergischen Landesdenkmalamtes fanden sogar mit Lehm verkleidete und mit Zierelementen versehene Flechtwände der jungsteinzeitlichen Pfahlbauten-Siedler: Die Funde zeigen, dass der auf den ersten Blick vielleicht Länder, Landschaften und Menschen trennende riesige Bodensee in Wirklichkeit seit alters her ein verbindendes Element darstellt. Hier siedelten nicht nur Menschen der Jungsteinzeit; der Bodensee war und ist Zentrum im alemannischen Sprachraum, Kristallisationspunkt für viel Gemeinsames der drei Anliegerstaaten Deutschland, Schweiz und Österreich. Dies war früher natürlich noch viel stärker ausgeprägt, als die politischen Grenzen noch nicht so starr waren. Vor allem wegen der sehr schlechten Verkehrsinfrastruktur auf dem Lande waren die Gewässer oft Hauptverkehrsadern. Die wirtschaftlichen Beziehungen Oberschwabens zur Nordostschweiz waren deshalb sehr viel intensiver als etwa zum schwäbischen Unterland jenseits des Gebirges der Schwäbischen Alb.

Der im Graben dreigeteilte Bodensee hat eine Fläche von insgesamt 536 Quadratkilometern. Das große Becken des Obersees ist maximal 254 Meter tief, der Gnadensee bei der Insel Reichenau nur maximal 22 Meter. Die Uferlänge beträgt 273 Kilometer, das Volumen 48 Kubikkilometer, die theoretische Erneuerungszeit 4,3 Jahre. Schon vor den Eiszeiten hatte sich bei der Alpenauffaltung ein Becken gebildet, das dann später von den mächtigen Gletschern ausgeschürft und ausgestaltet wurde. Der Bodensee ist also vom Typus her ein Zungenbeckensee wie die meisten Seen im Alpenraum. Den Großteil des Wassers erhält er aus den Alpen bzw. vom Alpenrhein, dessen Einzugsgebiet bis zum Alpenhauptkamm reicht. Die Wasserführung und die Wasserspiegelhöhe ist also abhängig vom Niederschlags- und Abflussregime der Alpen. Das heißt, dass die Zuflüsse und damit der Seespiegel am niedrigsten im Januar/Februar sind, wenn das Wasser als Schnee und Eis konserviert ist, und der See die höchsten Zuflüsse im Juni/Juli, zur Zeit der Schneeschmelze, erhält. Dieses natürliche Abflussgeschehen ist jedoch heute verändert – oder besser: gestört – durch Speicherwirtschaft und Überleitungen aus anderen Einzugsgebieten. Dennoch schwankt der Wasserspiegel im Mittel um 1,6 Meter.

Lange war der Bodensee ein ausgesprochenes Sorgenkind, weil er sehr stark mit Phosphor belastet worden war. Jahrzehntelang hatte man bedenkenlos Abwasser eingeleitet. Ein Übriges taten die phosphorbefrachteten Zuflüsse dazu. Die Algendichte, ein Maß für die Produktivität (Thropie) des Sees, steigerte sich auf das 25-Fache! Milliarden von Euro, Franken und Schillingen wurden in Sanierungsvorhaben und Kläranlagenbau gesteckt. Erste Erfolge sind sichtbar: Seit etwa 1980 sinken die Phosphor-Gehalte wieder und sind mittlerweile so niedrig wie Anfang des 20. Jahrhunderts. Der Trend zum Besseren lässt sich unter anderem auch an der Wasserpflanzenflora nachvollziehen. Einige der nährstoffliebenden Pflanzen wie Teichfaden und Kammlaichkraut gehen stark zurück, das empfindliche Nixenkraut hingegen breitet sich wieder aus. Die gewaltige Rettungsaktion für das Bodenseewasser kam und kommt auch den fast fünf Millionen Menschen zugute, die bei der täglichen Dusche indirekt im Bodensee baden. Der See, der sich aus dem Alpenrhein und damit aus den Bergen der Schweiz und Österreichs speist, beliefert allein über die größte Anlage der Bodensee-Wasserversorgung in Sipplingen mehrere Millionen Menschen in 320 Städten und Gemeinden entlang eines 1700 Kilometer langen Leitungsnetzes mit Trinkwasser. Das Rohrnetz reicht bis in die Landeshauptstadt sowie in den Odenwald.

Claude Monet, der auf wunderbare Weise Seerosen in seinen Gemälden verewigte, hätte in Oberschwaben viele Motive gefunden.

Eine ebenso große Herausforderung wie die Wasserreinhaltung ist die ökologische Sanierung der Ufer. Denn viele Bereiche des Bodenseeufers sind vom natürlichen Zustand weit entfernt. Das Land Baden-Württemberg hat deshalb zusammen mit Städten, Gemeinden und Landkreisen, begleitet vom renommierten Seeforschungsinstitut, das seinen Sitz in Langenargen hat, ein Ufer-Sanierungsprogramm aufgelegt. Verschiedene Bereiche präsentieren sich deshalb heute wieder naturnah; andere gilt es wieder in einen natürlichen Zustand zurückzuversetzen. All diese Beispiele zeigen, dass es letztlich viel teurer ist, Eingriffe in natürliche Systeme wieder auszugleichen, als mit der Natur zu arbeiten.

Felchen, Barsch und Seeforelle – Die Bodensee-Fische

In Zeiten, da regionale Spezialitäten hoch im Kurs stehen, sind Felchen, Barsch oder Seeforelle in den Gasthäusern und Restaurants rund um den Bodensee höchst begehrt. Ein heimischer Fisch auf dem Teller, dazu einen Müller-Thurgau – etwa aus Hagnau oder Meersburg – der nirgendwo so aromatisch und fruchtig zu werden scheint wie eben hier am Seeufer, oder einen Weiß- bzw. Grauburgunder – und die Harmonie bei Tisch ist vollendet.

Fachleute zählen im See heute mehr als 30 relevante Fischarten. Fangbeschränkungen, der Einbau von Fischtreppen an den Zuflüssen und künstliche Besatzmaßnahmen haben manche Art gerettet. Vor allem die Seeforelle hat davon profitiert, weil sie zum Ablaichen wieder besser in die Zuflüsse aufsteigen kann. Gleichwohl beklagen Bodenseefischer mitunter die sinkenden Fangmengen. Dass Barsch, hier auch Kretzer und auf der Schweizer Seite Egli genannt, oder Felchen, im Bayerisch-Österreichischen als Renke bekannt, heute kleiner ausfallen, hat allerdings auch sein Gutes: Der Bodensee ist heute wieder viel sauberer als vor 30, 40 Jahren. In den 70er- und 80er-Jahren war ja das Wasser dank Nährstoffeintrag und Überdüngung nährstoffreicher, aber auch weniger sauber.

Die faszinierende Natur des Bodensees lässt sich am besten bei einer Schifffahrt erleben. Die Schiffe legen in allen größeren Ansiedlungen des Sees – wie auch hier in Meersburg – an.

Mancher Zeitgenosse mag sich noch ganz gut an üble Gerüche oder extremes Algenwachstum erinnern. Fische wuchsen früher indes schneller und brachten auch mehr Gewicht auf die Waage. Die Zahl der Berufsfischer hat dementsprechend abgenommen. Hinzu kommt, dass sich der beliebte Felchen im Unterschied zur Forelle noch nicht in Zuchtanlagen großziehen lässt. Nicht jedes Bedürfnis, jeder Wunsch der Menschen am See und ihrer Gäste wird sich also in Zukunft erfüllen lassen – was den Wert eines Bodenseefischs noch steigern dürfte.

Zum Schwimmen macht klares Wasser allerdings auch viel mehr Spaß als eine brackig trübe Brühe. Dennoch muss das Gleichgewicht zwischen Nutzung und Schutz am See auch heute immer wieder neu austariert und bewahrt werden. Der Bodensee ist ein sehr beliebtes Freizeitrevier und Urlaubsparadies. Hierher zieht es Wassersportfans aus den Seeanrainerregionen aus Baden-Württemberg, Bayern, Österreich, der Schweiz und ganz Deutschland. In jüngerer Zeit landen freilich auch immer mehr ausländische Gäste an. Nicht nur Schweizer, die wegen des günstigen Preis-Leistungsverhältnisses über die Grenze kommen, sondern auch Franzosen, Italiener, Spanier oder Niederländer. An schönen Tagen teilen sich zigtausende Sonnenbadende, Radfahrer, Bootskapitäne, Segler, Taucher, Spazier- und Müßiggänger den See und den oft schmalen Uferstreifen. Im Wasser selbst scheint der Platz dann schon mal eng zu werden angesichts so vieler Ausflugsschiffe und Boote. Immerhin ist der Sportbootverkehr streng reglementiert. Die Zahl der Boote bleibt seit langer Zeit relativ konstant: So wurden vor etwa zehn Jahren ungefähr 57 000 »Vergnügungsfahrzeuge« registriert. Die Zahl der Wasserliegeplätze soll dennoch tendenziell eher verringert, als ausgeweitet werden.

Die Möglichkeiten für Urlauber, sich etwas Gutes zu tun, sind rund um den See glücklicherweise vielfältiger als anderswo. Denn neben der Landschaft und dem Wasser verlocken auch Städte und Kulturgüter zu einem Besuch. Die vielen neu entstandenen oder komplett renovierten Thermen lassen Schlechtwettertage gut überbrücken. Schließlich ist auch das Hinterland in der Vier-Länder-Region vielseitig und attraktiv. Österreich, die Schweiz und Liechtenstein sind ganz nah, aus baden-württembergischer Sicht natürlich auch der bayerische Zipfel um Lindau. Im Bregenzer Wald kann man wandern, im Alpstein südlich von St. Gallen klettern, in Bregenz die Festspiele an der Seebühne aufsuchen, in Schaffhausen den Rheinfall besichtigen. Und von Konstanz nach Zürich sind es ebenfalls nur 70 Kilometer, noch dazu auf einer gut ausgebauten Autobahn.

Burgunderland– Weinanbau am Bodensee

Der Weinbau fristete am Bodensee lange Zeit ein Schattendasein. Das ist insofern erstaunlich, als die Rebstöcke manchenorts am Seeufer die Landschaft prägen und Wein sich gerade in Urlaubsregionen gewöhnlich besonderer Wertschätzung erfreut. Viele Gäste nehmen sich nur allzu gern einen oder mehrere Erinnerungsfläschchen mit nach Hause. Erst später als in anderen Weinregionen Deutschlands besann man sich auf höhere Qualität und Ertragsreduzierung. Heute werden Genießer edler Weine sehr viel leichter fündig als früher. Sie stellen dennoch manchen Unterschied zu anderen Weinbauregionen fest. So zum Beispiel, dass der Müller-Thurgau, der etwa am Oberrhein vielfach zum belanglosen Massenträger verkommen war, hier besonders fruchtig ausfällt und mit einem herrlichen Aromenspiel trumpft. Kurios, dass diesen Wein ein Herr Müller aus dem Thurgau, ein Schweizer Rebforscher im hessischen Geisenheim, züchtete, der Wein allerdings in dessen Schweizer Heimat einen anderen Namen trägt: Riesling x Silvaner.

Der Bodensee ist seit der Jungsteinzeit eine kulturelle Drehscheibe zwischen Süddeutschland, dem Alpenraum und Südeuropa. Obwohl hoch gelegen, gedeihen hier – wie beim Schloss Meersburg – vorzügliche Weine.

Die Sorte stellt an Boden und Klima relativ niedrige Ansprüche. Dennoch ist es gut möglich, dass sie eben in der Höhe des Bodensees schöner ausreift und aromatischer wird als andernorts. Schließlich sind die Rebhänge hier auch höher – der See liegt knapp unter 400 Meter, und die bestockten Flächen reichen bis gut 560 Meter hinauf, was zumindest in Deutschland weinbaulich einen Höhenrekord darstellt. Von diesem leichteren weißen Bukettwein abgesehen ist der Bodensee Burgunderland wie andere badische Anbaugebiete auch: Es dominieren Weiß- und Grau- sowie Spätburgunder bei den Roten. Als sommerlicher Terrassenwein bietet sich, am besten mit Blick auf den See, ein Weißherbst oder ein anderer Roséwein an.

Der größte Teil der Rebflächen zwischen Bodman-Ludwigshafen, Meersburg und Hagnau gehört zum Weinbaugebiet Baden. Östlich davon liegen die Bereiche Württembergischer Bodensee rund um Kressbronn und Bayerischer Bodensee – eine weitere Kuriosität – des Weinbaugebiets Württemberg. Bayern besitzt zwar eigene Weinbaugebiete – in Franken. Doch scheint es, als würden sich die bayerischen Bodensee-Weingärtner von Wasserburg, Lindau oder Nonnenhorn bei den Württemberger Kollegen besser aufgehoben fühlen. Und das, obwohl auch die nächsten Württemberger Reben, jedenfalls in nennenswertem Umfang, erst wieder nördlich der Schwäbischen Alb zwischen Metzingen und Esslingen anzutreffen sind.

Ein besonders beliebter und traditionsreicher Weinort am See ist Hagnau. Der dortige Winzerverein ist die älteste Winzergenossenschaft Badens und die größte am Bodensee. Gegründet wurde sie von keinem Geringeren als dem Volksschriftsteller und damaligen Pfarrer Heinrich Hansjakob in Zeiten wirtschaftlicher Not, als ein Zusammenschluss segensreich erschien. In Haslach im Schwarzwald geboren und ebendort gestorben, lebte und wirkte er die meiste Zeit zwar in seiner engeren Heimat, die Jahre zwischen 1869 und 1883 brachte er indes als katholischer Seelsorger am See zu. Er verfasste Romane, Erzählungen und Reiseberichte, befasste sich zugleich intensiv mit der Lokal-, Regional- und Mentalitätsgeschichte im Südwesten. Dass ausgerechnet dieser Universalgelehrte, der sich im Übrigen immer wieder wegen Politiker-Beleidigung vor Gericht verantworten musste, Hand an die Weinbaustrukturen am Bodensee legte, ist gleichfalls verwunderlich.

Der Seewein, nicht nur derjenige aus Hagnau, ist der südlichste Rebensaft Deutschlands. Der Wärmespeicher See prägt ihn und schmeichelt ihm. Die gigantische Wassermenge des größten deutschen Binnengewässers wirkt ausgleichend, balanciert die Temperaturschwankungen zwischen Tag und Nacht sowie auch zwischen Winter und Sommer aus, sorgt für ein gemäßigtes, beinahe mediterranes Klima. Überdies reflektiert die Wasseroberfläche die Sonnenstrahlen, lenkt sie auch in die Weinberge und heizt damit den Boden zusätzlich auf. Auch Terroir und geologische Beschaffenheit sind außergewöhnlich: Direkt am See befinden sich eiszeitliche Verwitterungsböden, die dem Wein einen eigenen Charakter verleihen. Auf weichem Sandsteinfels, der sogenannten Süßwassermolasse, liegt eine unterschiedlich dicke Schicht von Moränenschotter, der vom eiszeitlichen Alpengletscher stammt. Diese Böden erwärmen sich recht rasch und bieten damit eben den Burgundersorten ideale Bedingungen.

Obwohl schon ein ganzes Stück vom Bodensee entfernt, zählen zu dieser Anbauregion auch einige Orte und Betriebe am Hochrhein, etwa in Gailingen, Lottstetten-Nack oder Hohentengen, sowie am Hohentwiel, der lange Zeit, gewissermaßen als exterritoriales Gebiet, zu Württemberg gehörte. Die westliche Nachbargemeinde von Gailingen wiederum ist quasi exterritoriales deutsches Gebiet, umschlossen von der Schweiz: Büsingen, ebenfalls am Hochrhein gelegen.

Hotspots des Naturschutzes

Dass Deutschlands Naturschützer am Bodensee einen wichtigen Ankerplatz und viele Wasservögel ein bedeutendes Refugium haben, ist kein Zufall und hat sogar ursächlich miteinander zu tun. Für mitunter eine Viertelmillion Vögel sind der See und sein Umfeld bedeutendes Überwinterungsgebiet, darunter für Singschwan, Großer Brachvogel, verschiedene Seetaucher, Enten, Gänse- und Mittelsäger sowie Möwen. Während des Vogelzuges kommt dem See große Bedeutung als Rastplatz zu. Im Frühjahr wiederum sind Teile des Sees wichtige Brutplätze. Davon abgesehen ist der Bodensee mit seinen Naturschutzgebieten wie dem Wollmatinger Ried oder der Halbinsel Mettnau nahe Radolfzell Heimat zahlreicher, anderswo auch rar gewordener Vogelarten.

Die Anfänge des Naturschutzes in Deutschland sind eng verknüpft mit dem Vogelschutz im heutigen Baden-Württemberg. Die Gründungsmutter des Naturschutzbundes Deutschland (NABU) war die schwäbische Fabrikantengattin Lina Hähnle. Ende des 19. Jahrhunderts gründete sie in Stuttgart den Bund für Vogelschutz. Ziel war es, die einheimische Vogelwelt zu schützen und die Bevölkerung aufzuklären. So sagten die Mitglieder etwa den damals weit verbreiteten Federhüten den Kampf an. Lina Hähnle selbst ging es schon früh darum, über den Vogelschutz hinaus für die gesamte Natur Sorge zu tragen. Heute haben am Bodensee und besonders in Radolfzell etliche Naturschutzorganisationen ihren Sitz. Hier finden auch Anfang des Jahres regelmäßig die Naturschutztage statt, eine inzwischen traditionsreiche Veranstaltung von NABU und BUND mit großer Strahlkraft. Es ist die Jahreszeit, in der sich am See zu den einheimischen Vögeln wie Enten, Schwänen oder Haubentauchern viele Gäste gesellen. Sie kommen aus dem hohen Norden, finden hier im Süden Baden-Württembergs eine zumeist weitgehend eis-

Gäste aus dem hohen Norden: so wie für diese Singschwäne ist der Bodensee für viele Zugvogelarten Winterparadies.

Immer wieder zeigt sich die Natur – hier im Wol matinger Ried bei Konstanz – in Pastelltönen.

Während manche der heimischen Vogelarten über den Winter nach Süden ziehen, sind die Flachwasserzonen des Bodensees Überwinterungsgebiet von Kolbenenten, die sogar aus südlichen Gefilden einfliegen.

freie Fläche und reichlich Nahrung. Ornithologen finden besonders zwischen Rheindelta und Wollmatinger Ried sowohl auf dem Wasser wie auch im Schilf reiche Beobachtungsbeute, beispielsweise Berg-, Eider- und Eisente, Sterntaucher, Zwergsäger. Für die Singschwäne ist der Bodensee wichtigstes Überwinterungsgebiet in Süddeutschland. Pflanzen und Muschelbänke geben jeden Winter Zehntausenden Vögeln ausreichend Gelegenheit zum Schnabulieren und Fressen.

Die Naturschutzgebiete rund um den See garantieren vielen Arten Sicherheit und Rückzugsraum, dienen aber auch als Bollwerk gegen eine weitere Bebauung. Das größte Schutzgebiet liegt außerhalb des Landes am Südostrand des Sees. Es umfasst das Rheindelta und den Alten Rhein, reicht bis zur Mündung der Dornbirner Ach. Das nächste größere Schutzgebiet liegt in der Wasserburger Bucht mit ihrem dichten Schilfgürtel. Unter Schutz steht auch das Gebiet zwischen Zusammenfluss von Oberer und Unterer Argen, die beide aus dem Allgäu kommen, und der Mündung in den See. Im Nordwesten schließt sich das Eriskircher Ried an, das größte Naturschutzgebiet am Nordufer, gelegen zwischen Schussenmündung bei Eriskirch und Rotachmündung bei Friedrichshafen. Hier nisten vor allem Haubentaucher und Kolbenente. Weitere Schutzgebiete folgen zwischen Fischbach und Immenstaad, an der Seefelder Aachmündung bei Unteruhldingen, bei Sipplingen, an der Stockacher Aachmündung, nahe Bodman-Ludwigshafen sowie am Südufer des Überlinger Sees in verschiedenen Teilstücken zwischen Wallhausen und der weit über die Grenzen Baden-Württembergs hinaus bekannten Insel Mainau. Am Untersee sticht das Naturschutzgebiet Wollmatinger Ried heraus, das seit 1973 sogenanntes Europareservat und seit 1976 auch Feuchtgebiet von internationaler Bedeutung ist. Kleinere Schutzgebiete befinden sich nahe Konstanz, bei Horn sowie um Gaienhofen, Wangen und Öhningen. Eine wichtige Brutzone für Enten liegt im Naturschutzgebiet Mettnau und an der Mündung der Radolfzeller Aach.

Kulturraum Bodensee – Internationale Drehscheibe für Wasservögel

Das Geschrei der Lachmöwen gehört zur Natur des Bodensees wie Grauburgunder und leckere Bodenseefelchen zu den Gasthäusern.

Für viele Individuen zahlreicher Vogelarten ist der Bodensee bedeutender als die Flughäfen in Frankfurt oder London-Heathrow für die Geschäfts- und Urlaubsreisenden. Und das seit ein paar Tausend Jahren! Ob es in weiteren Tausend Jahren noch Flughäfen gibt? Jedenfalls ist der Bodenseeraum insbesondere für Wasser- und Watvögel ein internationaler Umschlagplatz, an dem Arten aus ganz unterschiedlichen Regionen wie Skandinavien und Sibirien zusammenkommen. Ein Besuch am Bodensee ist für Naturfreunde deshalb nicht nur im Sommer, sondern gerade auch in der Herbst- und Winterzeit ein besonderes Erlebnis.

Ein Wintertag am See: Nach dem wochenlangen Schmuddelwetter ist es endlich richtig kalt geworden. Nichts wie hinaus. Die kalte, trockene Luft tut richtig gut. Der Raureif hat über Nacht die Schilfstängel und Riedgräser in kleine Kristall-Kunstwerke der Natur verwandelt. Die fahle, tief stehende Morgensonne kann ihnen jetzt noch nichts anhaben. Auch die Pfützen auf dem Weg, der zum See führt, sind zu bizarren Gebilden erstarrt. Nur das Rufen einer Rabenkrähe, die vom alten Birnbaum am Horizont auffliegt, durchbricht die winterliche Stille.

Irgendwie wirkt die ganze Gegend wie ausgestorben. An dieser Stimmung kann auch der Graureiher nichts ändern, der gerade lauthals mit kräftigen Flügelschlägen von der Wiese am Seeufer auffliegt. Dort, wo im Sommer der schwätzende Gesang von Sumpf- und Teichrohrsänger aus dem Röhricht erklang, wo der Kuckuck seine Eier in fremde Nester legte, wo See- und Wasserfrösche in das Wasser »plumpsten«, Libellen schwirrten und sich Ringelnattern behände durch das Wasser schlängelten, stehen jetzt nur noch fahle Schilfstängel.

Der Laubfrosch – früher Allerweltstier – gehört heute zu den am meisten gefährdeten Amphibienarten.

Der Lebensraum See hat das ganze Jahr über viele Gesichter. Während wir am Seeufer entlanggehen, knirscht der Raureif unter den Wanderschuhen. Der See scheint in der kalten Luft regelrecht zu dampfen. An der großen Bucht wird der Schilfgürtel allmählich schmaler und geht dann in ein fast vegetationsfreies Ufer über. Hier, wo man einen guten Ausblick auf die freie Wasserfläche hat, bietet sich ein grandioses Bild: Hunderte von Enten und Blesshühnern schwimmen auf dem See. Oder sind es gar Tausende? Da ist zunächst die große Schar von Tafelenten. Mit ihrem rotbraunen Kopf und dem silbergrauen Rücken sind vor allem die Männchen eigentlich unverwechselbar. Im Gegensatz zu den etwas größeren und vor allem während des Sommers häufiger zu beobachtenden Stockenten ist diese Art eine Tauchente, die nur ganz selten – wie Stockenten gründelnd – nach Nahrung sucht. Diese ursprünglich eher in Südskandinavien und Osteuropa beheimatete Entenart hat sich seit etwa 130 Jahren immer mehr nach Westen und Norden ausgebreitet. Erste Brutnachweise für den Bodensee gab es Mitte der 60er-Jahre. Von woher die einzelnen Wasservögel wohl alle kommen? Das fragen wir uns auch angesichts der großen Zahl auffälliger schwarzweißer Entenvögel mit dem vom Kopf herabhängenden Federbusch. Es sind Reiherenten, ebenfalls eine Taucherentenart, die ihr Verbreitungsareal von Ost- und Mitteleuropa seit gut 120 Jahren beständig nach Westen ausgedehnt hat. Immer wieder tauchen die kleinen Enten für 15 oder 20 Sekunden ab, um ganz in der Nähe wieder auf der Wasseroberfläche zu erscheinen. Durch jahrelange Beringungsaktionen haben Wissenschaftler herausgefunden, dass etwa die im Bereich des Bodensees überwinternden Reiherenten aus einem Einzugsbereich stammen, der von Finnland bis weit ins östliche Sibirien hinein reicht. Während also viele »unserer« heimischen Wasservögel in südlichere Gefilde ziehen, ist Baden-Württemberg für diese Reiherente bereits schon »der Süden«. Nur bei langen Kälteperioden weichen sie nach Südeuropa aus.

Die Geschichte von den Wandermuscheln

Plötzlich waren sie da: Um 1970 vermehrten sich die für den Bodensee eigentlich nicht heimischen Dreikantmuscheln – auch Wandermuscheln genannt – explosionsartig. Fachleute befürchteten gar, es könne zu Verstopfungen der Trinkwasser-Ansaugrohre durch die Schalentiere in 40–60 Zentimeter Tiefe kommen.

Traf dies zum Glück auch nicht ein, so bildeten die Muscheln jedoch bis in rund zehn Meter Wassertiefe große, mächtige Bänke. Während anfangs noch die unterschiedlichsten Bekämpfungsmaßnahmen diskutiert wurden, reagierte die Natur auf ihre eigene Weise. Die Zahl der Wintergäste unter den Wasservögeln stieg nämlich rasch an. Ornithologen stellten fest, dass sich etwa die Zahl der überwinternden Tafel- und Reiherenten von früher maximal 4000 Individuen auf rund 20 000 Tafelenten und 40 000 Reiherenten erhöht hatte. Hinzu kamen 50 000 Blesshühner und noch weitere Individuen anderer Arten. Im November mancher Winter wurden sogar rund 120 000 Reiherenten und 65 000 Tafelenten gezählt. Das Erstaunliche und doch Naheliegende: Die Tauchplätze der Wasservögel deckten sich ganz genau mit den Muschelbänken. Untersuchungen ergaben, dass die Vögel während des Winters über 90 Prozent der Dreikantmuscheln »abweideten« und so deren Bestand »in Schach hielten«.

Mit dem Fernglas sind weitere Entenarten auszumachen, die auf den ersten Blick im Gewirr aus Reiher-, Tafelenten und Blesshühnern gar nicht auffallen. Neben Pfeif-, Knäk- und Krickenten sind auch einige Spießenten dabei. Sie sind durch ihre namengebenden langen Schwanzfedern unverkennbar. Diese Gründelenten brüten ausschließlich im nördlichen Teil Eurasiens und kommen nur als Durchzügler und Wintergäste an die Binnenseen in Deutschland, Österreich und der Schweiz. Neben all diesen Entenarten und den vielen Blesshühnern erscheint uns ein einzelner Vogel wie eine Hochseeyacht inmitten zahlreicher Ruderboote. Es ist eine Eiderente, die mit dem keilförmigen, hoch ansetzenden Schnabel und der schrägen Stirn ebenfalls unverwechselbar ist. Während des Sommers brüten Eiderenten zwar auch an den Nord- und Ostseeküsten. Das Hauptverbreitungsgebiet zur Brutzeit sind jedoch die Küstengebiete des Nordatlantiks, Nordost-Sibiriens sowie Skandinaviens. Während des Winters wird durch diese gefiederten Gäste am Bodensee deutlich erlebbar, dass die Natur keine Grenzen kennt und unsere Gewässer mit den unterschiedlichsten Lebensräumen anderer Regionen vernetzt sind. Dies zeigt uns auch der Prachttaucher, der mit dem Fernglas weit draußen auf dem See zu entdecken ist. Diese Art brütet im Bereich größerer, stehender Binnengewässer in den Tundren- und Hochmoorgebieten des Nordens. Immer wieder verschwindet der Vogel kopfüber im Wasser, um nach Fischen zu tauchen. Wir wollen genau wissen, wie lange er es unter der Oberfläche aushält, und nehmen die digitale Stoppuhr unseres Smartphones zur Hilfe. Bis zu 50 Sekunden dauert der längste Tauchgang, und manchmal kommt der prächtige Vogel gut und gerne 30 Meter von der Eintauchstelle entfernt wieder zum Vorschein. Nicht ganz so lange verschwinden die etwas kleineren Haubentaucher im Wasser. Zwischen all diesen Wasservögeln nehmen sich die kleinen Zwergtaucher von Weitem aus wie putzige, ferngesteuerte Federbälle. Während Enten-, Bless- und Teichhühner sowie die verschiedenen Taucherarten bestens an das Element Wasser angepasst sind, müssen die Kormorane immer wieder ihre Flügel trocknen, um nicht sang- und klanglos unterzugehen. Unweit des Ufers, wo ein alter Weidenstamm ins Wasser ragt, trocknen sich mehrere Exemplare dieser schwärzlichen Vögel. Sie haben ihre Flügel ausgebreitet, als ob sie die aufsteigende Sonne um schnelle Hilfe anbetteln wollten. Zu keiner anderen Jahreszeit können im Binnenland so viele unterschiedliche Wasservogelarten aus den entlegensten Brutgebieten beobachtet werden wie an solch kalten Wintertagen.

Der Bodensee – Kulturbrücke zwischen Nord und Süd

Der Bodensee und weite Teile Oberschwabens gehören seit 2011 zum UNESCO-Welterbe, genauer: die Prähistorischen Pfahlbauten, deren Fundstätten sich wie eine Art Gürtel um den Alpenraum legen. Wissenschaftler zählen mehr als hundert Fundstellen; allein in Baden-Württemberg sind mindestens 15 zwischen Feder- und Bodensee bekannt. Da sie vielfach unter Wasser oder auch im Moor liegen, haben sie sich gut erhalten und sind daher herausragende archäologische Quellen der Menschheitsgeschichte, besonders der Jungstein- und Bronzezeit. Selbst organische Materialien wie Holz, Pflanzenreste und Textilien sind unter Luftabschluss bestens konserviert worden. Geräte, Werkzeuge und sogar Nahrungsreste blieben erhalten – und geben heute sehr genauen Aufschluss über die Lebensbedingungen der Menschen jener Zeit, besonders aber im Zeitraum vom 5. bis 1. Jahrtausend vor Christus. Die Funde lassen sich gut mit dem Gletschermann Ötzi vergleichen, der zum einen ein Zeitgenosse der Pfahlbauten-Menschen war und zum ande-

Die Pfahlbauten von Unteruhldingen-Mühlhofen sollen einen Eindruck von der Siedlungsweise der Seebewohner zur Jungsteinzeit geben.

ren im vermeintlich ewigen Eis ebenfalls gut konserviert wurde, bevor er in seine neue Heimat im Südtiroler Archäologiemuseum in Bozen überführt wurde.

Erst vor etwas mehr als 150 Jahren stieß man auf die ersten Fundstätten. Mit dem Wissen um die Pfahlbauten und mit neuen Suchmethoden konnten mittlerweile zahlreiche Siedlungsplätze entdeckt werden. Am Bodensee liegen sie in den Ufer- und Flachwasserzonen, am Federsee sind sie durch die Verlandung »zutage getreten«. In Museen und Ausstellungen wie dem Federseemuseum Bad Buchau oder dem Archäologischen Landesmuseum Konstanz erfahren Besucher, wie die Menschen seinerzeit den Alltag verbrachten und ihre Siedlungen anlegten, wie sie jagten und welche Haustiere sie hielten, wie sie Geräte, Schmuck oder Waffen herstellten, wie sie die ersten Metalle gewannen und verarbeiteten. Die Erfindung von Rad und Wagen fällt ja ebenfalls in jene Zeit. Auch auf die Frage, wie die Menschen zu jener Zeit mit, von und in der Natur lebten, wieso sie am Wasser siedelten und wie sie damit zurechtkamen, finden sich heute Antworten. Eine Sonderstellung nimmt das Pfahlbauten-Museum Unteruhldingen ein, das bereits 1922 gegründet wurde. Das privat geführte Museum gehört einem Verein. Die am Ufer errichteten Häuser halten wohl nicht durchweg den Erkenntnissen von Wissenschaft und Forschung Stand, sie spiegeln dafür aber eine wechselvolle Wirkungsgeschichte wider, bis hin zu idealisierenden Vorstellungen vom Leben der Pfahlbauten-Bewohner. Dafür zählt die Einrichtung heute zu den am stärksten frequentierten Freilichtmuseen Europas.

Als Wiege der europäischen Kultur wird der Bodensee und die ihn umgebende Region aus einem ganz anderen Grunde genannt: wegen der vielen Klöster und Kirchen. Die

Wege der Christianisierung Europas führten entlang des Rheintales und über den Bodensee. Es war ein gewisser Gallus, ein möglicherweise irischer Mönch, der zu Beginn des 7. Jahrhunderts hierhergekommen sein soll, wie einige andere Mönche auch, um die Alamannen zu christianisieren. Auf ihn beruft sich die Stadt St. Gallen. Einer seiner Nachfolger, der Wanderbischof Pirmin, gründete zahlreiche Klöster zwischen der heutigen Schweiz und dem Elsass, darunter im Jahr 724 auch Reichenau. Das Kloster Reichenau, eines der bedeutendsten karolingischen Klöster, ist seit 2003 UNESCO-Weltkulturerbe.

Im 9. Jahrhundert war es das geistige und kulturelle Zentrum der gesamten Region. Von der klösterlichen Herrlichkeit künden die drei Kirchen St. Georg in Oberzell, St. Peter und Paul in Niederzell sowie das Münster St. Maria und Markus. Auch Konstanz, die Stadt der Kirchen, Klöster und des Konzils, blickt auf eine eindrucksvolle Geschichte zurück. Um 600 gegründet, war das Bistum Konstanz im Mittelalter die größte deutsche Diözese, deren Gebiet vom Gotthardpass bis nördlich von Stuttgart reichte. Wegen seiner Bedeutung und seiner zentralen Lage im Heiligen Römischen Reich wurde Konstanz wohl auch als Stadt des Konzils ausersehen. Kaiser Sigismund berief das Konzil im Jahr 1414 ein, weil gleich drei Päpste gleichzeitig Anspruch auf den Stuhl Petri erhoben. Die Christenheit war zerstritten, Konflikte suchten ganz Europa heim.

So kamen also Päpste, Könige, Kardinäle, Bischöfe, Äbte, Fürsten und – im Gefolge – auch ganz normale Menschen zum ersten Konzil nördlich der Alpen. Das spätmittelalterliche Konstanz beherbergte in den mehr als vier Jahren bis 1418 rund 70 000 Gäste aus der ganzen christlichen Welt. Die Stadt wurde zum Schmelztiegel, zudem zu einer einzigartigen Tausch- und Kommunikationsbörse. In die Zeit des Konzils fiel die Verurtei-

Die Insel Reichenau gehört mit ihren Klöstern zum UNESCO-Weltkulturerbe.

Wallfahrtskirche Birnau. Kloster- und Kirchenbesitz und deren Verantwortliche spielten für die Kulturgeschichte des Bodensees – gerade auch für den Weinbau – über Jahrhunderte hinweg eine wichtige Rolle.

lung und Verbrennung des böhmischen Theologen und Reformers Jan Hus im Jahr 1415 und die Wahl des neuen Papstes Martin V. im Jahr 1417. Der Italiener wurde erst nach seiner Wahl zum Priester und zum Bischof geweiht. Am Ende hatten die Bewohner der Stadt viel gesehen und erlebt, Konstanz hatte an Einfluss gewonnen. Nur auf den Schulden, besser gesagt: unbezahlten Rechnungen Sigismunds, blieb man sitzen.

Das heutige Bild der Klöster und Kirchen am Bodensee und in Oberschwaben wird durch den Barock geprägt, üppige Prachtentfaltung und gleichsam lustvolle Gegenreformation. Das Kloster Schussenried, die schönste Dorfkirche der Welt in Steinhausen, die größte Basilika nördlich der Alpen in Weingarten, die Klöster Wiblingen bei Ulm oder Ochsenhausen, aber auch die Wallfahrtskirche Birnau und die Reichsabtei Salem legen Zeugnis ab von dieser Epoche. Der Pracht vorausgegangen waren Tod und Verwüstung, die Schrecken des 30-jährigen Krieges. Auf den Trümmern alter, niedergebrannter Klöster entstanden neue Kirchen, Kapellen, Gotteshäuser, Schlösser und Residenzen, die sich heute zum Beispiel entlang der Schwäbischen Barockstraße wie glänzende Perlen an einer Kette bewundern lassen.

Steckbrief Oberschwaben und Bodensee

Ausdehnung: Zwischen Schwäbischer Alb/Donau im Norden, Bodensee im Süden und Bayern im Osten

Höchste Erhebung: Schwarzer Grat bei Isny (Landkreis Ravensburg) 1118 m ü. NN

Natur-Highlights: Naturschutzgebiete Eriskircher Ried und Wollmatinger Ried, Federsee, Wurzacher Ried, Pfrunger-Burgweiler Ried

Kulturelle Highlights: Schloss Bad Wurzach, Barockklöster, Schlösser in Meersburg, Insel Reichenau, Altstadt von Konstanz, Zeppelin Museum Friedrichshafen, Wallfahrtskirche Birnau, Pfahlbaumuseum Unteruhldingen, Insel Mainau

Informationen/Anlaufstellen:

Naturschutzzentrum Eriskirch: www.naturschutzzentren-bw.de

Naturschutzzentrum Mettnau: www.nabu-mettnau.de

Naturschutzzentrum Wollmatinger Ried: www.nabu-wollmatingerried.de

Naturschutzzentrum Möggingen: www.bund-bawue.de

Naturschutzzentrum Wurzacher Ried: www.naturschutzzentren-bw.de

Naturschutzzentrum Obere Donau: www.naturschutzzentren-bw.de

Naturschutzzentrum Federsee: www.NABU-Federsee.de

Naturschutzzentrum Wilhelmsdorf im Pfrunger-Burgweiler Ried: www.naturschutzzentrum-wilhelmsdorf.de

Naturpark Obere Donau: www.naturpark-obere-donau.de

Oberschwäbisches Museumsdorf Kürnbach: www.museumsdorf-kuernbach.de

Bauernhaus-Museum Wolfegg: www.bauernhausmuseum-wolfegg.de

Grüne Schule Mainau: www.mainau.de

Seenforschungsinstitut Langenargen: www.lubw.baden-wuerttemberg.de

Pfahlbaumuseum Bad Buchau: www.federseemuseum.de

Pfahlbaumuseum Unteruhldingen: www.pfahlbauten.de

Im Reich von Auerhahn und Rothirsch –

Der Schwarzwald

Natur Natur sein lassen, also ganz einfach Natur um ihrer selbst willen schützen und erhalten. Das ist das Ziel eines Nationalparks. Doch der Weg dahin ist mitunter weit. Ist man in Baden-Württemberg oftmals stolz darauf, das benachbarte Bayern auf so manchen Gebieten wie Wirtschaft und Kunst zu überflügeln, so bekam Bayern mit dem Bayerischen Wald schon 1970 den ersten Nationalpark Deutschlands. Eine ganze Reihe weiterer großflächig geschützter Naturparadiese wurden mit der deutschen Wiedervereinigung in den neuen Bundesländern und entlang der einstigen Grenze – heute als Grünes Band bezeichnet – ausgewiesen. Im sonst so schnellen Baden-Württemberg sollte es bis in das zweite Jahrzehnt des 21. Jahrhunderts dauern, um mit einem Nationalpark der ganz wilden Natur wieder eine Chance zu geben.

Noch sind Nadelholz-Monokulturen kennzeichnend für weite Teile des Schwarzwaldes. Nach und nach sollen wieder naturnähere Mischwälder entstehen. Ein Beitrag dazu ist die Ausweisung des Nationalparks Schwarzwald.

Auf einen Nationalpark ist man vielerorts auf dem Globus stolz. Die Marke ist weltbekannt und hat enorme Strahlkraft, zieht gewöhnlich sogar Touristen aus fernen Ländern an. Als jedoch der Plan bekannt wurde, im Nordschwarzwald ein Großschutzgebiet von durchaus bescheidenen Ausmaßen einzurichten, schossen die Emotionen in ungeahnte Höhen, Familien haben gelitten, Freundschaften sind zerbrochen, ein Krieg der Worte brach aus. Schon der erste Anlauf in den 90er-Jahren des vorigen Jahrhunderts wurde wegen zu starker Widerstände in der Mitte des Weges abgebrochen.

Die Menschen in der Region sind sicher nicht kämpferischer und eigenbrötlerischer als die Menschen in anderen Regionen. Doch das Verhältnis des Schwarzwälders zum (Schwarz-)Wald ist ein besonderes. Viel mehr als anderswo ist der Wald hier Zuflucht und Heimat, Existenzgrundlage und Mythos.

Giftiger Farbtupfer am Wegesrand: der Fliegenpilz. Ob auch Rotkäppchen vorbeikommt?

Obwohl viel später besiedelt als andere, klimatisch wie geografisch günstiger gelegene Regionen Baden-Württembergs, ist die Vergangenheit des Schwarzwalds auch die Geschichte einer einzigartigen Verwobenheit von Mensch und Wald. Der Schwarzwald ist Ernährer, Arbeitgeber, Energielieferant, Schatzkammer, Antriebsaggregat und Sparkasse. Die Bilder sind in den Köpfen eingebrannt: Wie das Holz Feuer gibt. Wie es geschlagen und verarbeitet wird. Wie das wertvolle Gut über die Bäche und großen Flüsse abtransportiert wird, um in Häuser, Schiffe oder Möbel verwandelt zu werden. Wie Köhler Holzkohle gewinnen. Wie Glas geblasen wird. Wie der Wald die Uhrenfertigung befördert und der feinmechanischen Industrie auf die Sprünge hilft. Wie Wild gejagt wird. Wie die Bäume den Menschen Lohn und Brot geben. Seit Generationen und Jahrhunderten. Auch das ist der Schwarzwald und erklärt die ungewöhnlichen Gefühlswallungen in heutiger Zeit.

Hinzu kommt, dass der Schwarzwald so etwas wie der Deutschen Seelenlandschaft ist, für den deutschen Wald schlechthin steht. Maler und Dichter haben nicht wenig getan, um dieses tiefgründige und romantisch verklärte Bild zu erschaffen. Romantisch heißt gemeinhin gefühlvoll, aber romantisch kommt auch von (der deutschen) Romantik, jenem Zeitalter der Literatur und seelischen Befindlichkeit, als Künstler das Ursprüngliche suchten, der Natur huldigten, das Geheimnisvolle verehrten. Dabei ist es sekundär, ob der Sehnsuchtsort tatsächlich »naturbelassen« oder in Wirklichkeit schon immer, jedenfalls seit Menschengedenken, eine Kulturlandschaft war. So gesehen ist es kein großer Unterschied, ob sich die Dichter des frühen 19. Jahrhunderts ein eigentlich naturfremdes Bild von der Natur machen oder heute die Städter.

Traditionen, Emotionen wie auch Assoziationen nähren sich von solchen Bildern. Der Schwarzwald ist jedoch nicht nur ein Hort von Bildern, er hat sogar Ikonen hervorgebracht, Symbole, die weltweit verstanden werden – und wiederum Bilder, Assoziationen, Vorstellungen auslösen. Zu diesen Ikonen, die teilweise den Charakter einer Marke angenommen haben, zählen der ursprünglich nur in einigen Gemeinden des Gutachtales beheimatete Bollenhut oder die Kuckucksuhr. Aber sicher auch das undurchdringliche Grün des Tanns, das eigentlich vor allem aus landschaftsfremden Fichtenmonokulturen besteht: Das Beispiel illustriert schlaglichtartig, dass auch Bilder gesellschaftlichen Einflüssen ausgesetzt sind und einem historischen Wandel unterliegen. Das Bild vom Schwarzwald als eines dichten, eher dunklen, aber irgendwie geordneten Fichtenwaldes kann kaum älter sein als anderthalb Jahrhunderte. Um die Mitte des 19. Jahrhunderts war der Holzhunger so groß geworden, dass die Waldbesitzer, zuvorderst die Herrscherfamilien, denen das Land im Süden seinen Namen verdankt, auf die Fichte zu setzen begannen. Sie ist anspruchslos und wächst schnell. Zuvor war der Schwarzwald heller, bunter, vielfältiger. Ja, der Schwarzwald war natürlicher. Nun jedoch erschuf ihn eine staatliche Forstpolitik neu, die den wirtschaftlichen Nutzen des Holzes in den Vordergrund stellte und die Fichte begünstigte. Andere Bäume wie Buche, Eiche, Ahorn und

Wilde Natur mit Totholzbeständen ist für viele Tierarten notwendig zum Überleben.

Esche wurden verdrängt, verschwanden zusehends, die Kulturlandschaft Schwarzwald entstand neu. Schon der badische Heimatdichter Heinrich Hansjakob (1837–1916) beklagte diesen Wandel: »Die neuzeitliche herz- und gemütlose Forstwirtschaft lehrt: Fort mit den Buchen! Sie tragen zu wenig. Fichten und Tannen her! Sie geben bald Nutzholz.«

Im Streit um den Borkenkäfer kulminiert und versinnbildlicht sich dieser Konflikt vielerorts. Noch immer begleiten solche Streitereien die Diskussionen und die unterschiedlichen Vorstellungen von Wald. Das Tier, das sich ausschließlich für Fichten interessiert, ist für die Lobbyisten des Wirtschaftswaldes der blanke Horror. Indem er Fichten kahl werden lässt und in den Augen vieler vollends fällt, Schneisen des Lichts schlägt und somit Grundlagen für das mannigfaltige Leben anderer Arten legt, mag er auch als Gehilfe von Gott, dem Schöpfer, betrachtet werden. Man kann es auch so ausdrücken: Diejenigen, die es akzeptieren, dass an manchen Orten die Natur Natur sein kann, beispielsweise in einem Nationalpark, haben auch keine Angst vor dem Borkenkäfer. Denn es ist ganz einfach der Job des Borkenkäfers, labile Systeme – etwa nach einem Windwurf – so schnell als möglich vollends zu »zerlegen«, um Platz für neue, vielfältige Vegetation zu machen. In wilder Natur dauert dies seine Zeit, die menschliche Ungeduld gewährt der Natur und sich selbst diese Zeit meistens nicht. Tatsächlich rechnen Forstexperten ohnehin damit, dass sich die Fichte wegen des Klimawandels auf dem Rückzug befindet. Ihr natürliches Verbreitungsgebiet liegt in Nordosteuropa und Skandinavien sowie in den höheren Lagen Mitteleuropas, sprich: im Alpenraum und den alpinen Verhältnissen ähnlichen Gebieten wie den Hochlagen des Schwarzwaldes und Teilen der Schwäbischen Alb. Der Baum reagiert hier jedoch empfindlich auf heiße und trockene Sommer. Mischwälder sind insgesamt weniger anfällig als Nadelwälder, da sie sich besser an den Klimawandel anpassen können. Letztlich verringert die höhere genetische Vielfalt die Anfälligkeit.

Das Erscheinungsbild des Schwarzwaldes, der sich gut 160 Kilometer lang von Nord nach Süd erstreckt und zwischen 30 (im Norden ungefähr auf der Linie Ettlingen – Pforzheim) und 60 Kilometer (etwa auf der Linie Lörrach – Waldshut) breit ist, präsentiert sich allerdings trotz der überall anzutreffenden Fichte keineswegs einheitlich. Dichter, dunkler Wald prägt vor allem den nördlichen Schwarzwald. In der Höhe finden sich hier und

dort kleine Bergseen, Kare und Hochmoore. Sie sind durchweg Zeugen der letzten großen Eiszeit, als große Teile des größten deutschen Mittelgebirges noch vergletschert waren. Geologisch betrachtet, herrscht im Nordschwarzwald Buntsandstein vor. Wanderern fällt der rötliche Untergrund auf Schritt und Tritt auf.

Immer wieder gibt es Hinweise, dass Luchse – vielleicht von den Vogesen her eingewandert – durch den Schwarzwald streifen. Ob sie eine dauerhafte Heimat finden, hängt davon ab, ob es gelingt, naturnahe Wälder aufzubauen.

Im mittleren Schwarzwald dominieren Flüsse das Landschaftsbild, darunter Elz, Kinzig, Rench sowie Brigach und Breg, die später zur Donau anschwellen. Typisch für diesen Teil sind die Triberger Wasserfälle, ein Naturschauspiel, das dank menschlicher Inszenierung jährlich Hunderttausende Besucher anzieht. Wie auch im südlichen Schwarzwald dominieren »ältere« Gesteine wie Gneis und Granit. In der Vorbergzone finden sich wiederum Kalk- und Sandstein; dort herrschen auch klimatisch ganz andere Verhältnisse in der Höhe, und der Schwarzwald zeigt sein liebliches Gesicht. Wein und Obst werden angebaut, es ist ein fruchtbarer Garten Eden, der sich vom Rheintal ausgehend in Richtung Osten erstreckt.

Der südliche Schwarzwald besticht zum einen durch eine größere Offenheit der Landschaft. Wälder wechseln sich mit Weiden und Wiesen ab. Kahle Bergkuppen ragen heraus, thronen über tief eingeschnittenen Tälern und bewaldeten Höhenzügen. Vor allem aber beherbergt dieser Teil des Schwarzwaldes die höchsten Erhebungen des Mittelgebirges, darunter den Feldberg, den Belchen und das Herzogenhorn. Die Höhenunterschiede zwischen Tal- und Berglagen sind zum Teil sehr beträchtlich, machen damit aber den besonderen Reiz aus und verleihen der Landschaft fast schon alpine Züge. Bei schönem Wetter und klarer Luft vervollständigt die Kulisse der Schweizer Berge diesen Eindruck.

Der Schwarzwald wurde wegen des rauen Klimas und der steilen Hänge erst spät besiedelt. Museen – wie die Vogtsbauernhöfe bei Gutach im Ortenaukreis – geben einen Eindruck, wie mühevoll das Leben für die Menschen noch vor 100 Jahren war.

Trotz starker Überformung durch eine hier fast ausschließlich an rascher Holzproduktion interessierte Wirtschaft hat sich in diesem geschichtsträchtigen und mythenumrankten südwestdeutschen Mittelgebirge so manch wilde Natur bewahrt. Das sind domartige Tannenwälder im Südschwarzwald, unzugängliche Blockhalden, atemberaubende Schluchten und Klingen wie die bekannte Wutachschlucht sowie die Lotenbachklamm, die Haslachschlucht und die Wehratalschlucht, stille Karseen wie etwa der Wilde See an der Hornisgrinde sowie der Feldsee am Feldberg, geheimnisvolle Moore wie das Wildseemoor zwischen Bad Wildbad und Kaltenbronn, imposante Wasserfälle wie etwa bei Triberg, Sasbachwalden und Todtnau. Weil der Schwarzwald stellenweise solche Urnaturen zu bieten hat, findet sich auch eine mannigfaltige – speziell an die jeweiligen Lebensräume angepasste – Lebenswelt. Voraussetzung ist die entsprechende Größe von Lebensräumen und deren Vernetzung zu anderen Biotopen. So ist die europäische Wildkatze in einigen Arealen des Schwarzwaldes wieder zu Hause, und immer wieder gibt es Hinweise auf einzelne Luchse, die vielleicht aus den französischen Vogesen oder von der Schweiz her eingewandert sind. Ob sich eine stabile Population ansiedeln und halten kann, wird davon abhängen, ob es gelingt, Verständnis für wilde Natur zu schaffen und entsprechende Lebensräume zu bewahren und zu entwickeln. Der Nationalpark im Nordschwarzwald ist dafür ein wichtiger ökologischer Baustein.

Nur so groß wie ein Spatz ist der Sperlingskauz. Er hält damit den Rekord als kleinste einheimische Eule.

Es müssen aber nicht immer so spektakuläre Tiere sein, die auf die Bedeutung eines Lebensraumes hinweisen – oft sind es auch die weniger auffälligen Arten. Im Schwarzwald gehören dazu Dreizehenspecht und Sperlingskauz. Diese kleine Eule ist – wie der Name schon sagt – gerade mal so groß wie ein Spatz und findet vor allem in Altholzbeständen einen entsprechenden Lebensraum. Lange verschwunden war der größte Verwandte des Sperlingskauzes – der Uhu. Doch seit den 70er-Jahren des letzten Jahrhunderts bewohnt er dank konsequenter Schutzmaßnahmen wieder viele Schwarzwaldregionen. Der Symbolvogel für den Schwarzwald schlechthin ist jedoch das Auerhuhn.

Das Auerhuhn – Ein Hühnervogel mit Symbolcharakter

Der Auerhahn kann es auf ein Gewicht von vier bis fünf Kilogramm bringen. Vor allem im Winter sind die Vögel gefährdet, da sie bei Störungen Energie verlieren. Wanderer und Skifahrer müssen sich deshalb unbedingt an die Wege halten.

Stolze vier bis fünf Kilogramm bringt ein Auerhahn auf die Waage. Vielleicht ist dies der Grund, warum die heute streng geschützten, ca. einen Meter großen Vögel früher gerne gejagt wurden. Die weniger auffällige Auerhenne bringt es bei einer Größe von rund 60 Zentimeter auf rund 2,5 Kilogramm. Die Populationen der schönen Vögel sind fast überall gefährdet und erstrecken sich auf teilweise isolierte Vorkommen des Alpenraumes; außerhalb der Alpen beherbergt der Schwarzwald neben dem Bayerischen Wald eines der bedeutendsten Vorkommen. Das Auerhuhn führt meist ein Leben im Verborgenen.

Ein regnerischer und etwas kühler Tag im Juni. Die Tiere auf den Hochlagen über 600 Meter suchen Schutz. So auch die Auerhenne mit ihren sechs Küken. Das Dach des Adlerfarns bewahrt die Jungen vor der Nässe, und zudem herrscht hier ein ausgeglicheneres Kleinklima. Triebe oder heranreifende Beeren von Heidel- und Brombeere, Ameisen und andere Kleintiere sowie Nadeln von Kiefern und Lärchen sind die wichtigsten Nahrungsquellen für diese Raufußhühner. Zusätzlich müssen auch verschiedene andere Anforderungen an den Lebensraum erfüllt sein. Ein Tier benötigt ein Revier von 30–50 Hektar

Größe mit Fichten- und Kiefernbeständen, Altholzrändern, kleinen Lichtungen, wobei die Lebensraumqualität durch die Nähe von Bergkiefernmooren erhöht wird. Schließlich müssen die Tiere auch kleine Magensteinchen finden können, welche ihnen die Verdauung erleichtern. Damit stellen die bis zu 900 Meter hohen Grinden sowie die Hochmoore des Nordschwarzwaldes und die urtümlichen Waldlichtungen des Südschwarzwaldes einen idealen Lebensraum für diese Vögel dar.

Gerade diese Lebensräume aber werden zunehmend von den Menschen aufgesucht. Im Sommer sind es Beerensammler und im Winter querfeldein fahrende Skiläufer und Schneeschuhwanderer, welche die Tiere unbewusst stressen und ihnen durch Fluchtbewegungen unnötig Energie abverlangen. Besonders im Frühjahr und im Sommer reagieren die Vögel empfindlich auf Störungen; in dieser Zeit finden Balz und Aufzucht der Küken statt. Wenn die Mutterhenne durch Pilz- oder Beerensammler zu sehr aus der Fassung gebracht wird, lässt sie ihre Jungen im Stich. Naturverträgliches Verhalten, auch der Verzicht auf Beobachtungen, hilft dem Symboltier des Schwarzwaldes zu überleben. Schließlich müssen die stolzen Hähne nicht nur auf den Wappen des Landkreises Freudenstadt sowie der Gemeinden Seewald und Simmersfeld einen Platz haben.

Vogeloase für Höhenbewohner

Laut schallen eigentümliche Rufe über den weitläufigen und jetzt einsamen Höhenzug. Während unseres Anstieges begleiten uns diese sonderbaren Rufe immer wieder. Nach gut einer Stunde ist die Stimme erneut zu hören. Vielleicht ist der Vogel gerade 100 Meter von uns entfernt. Wenig später trennen uns noch 50 Meter von der Geräuschquelle. Nach längerer Suche stößt das Fernglas auf einen fast krähengroßen Vogel, der an einem morschen Ast des Buchenstammes hämmert: der scheue Schwarzspecht, eine typische Vogelart ausgedehnter, einsamer Wälder. Von den insgesamt 202 südwestdeutschen Vogelarten sind 121, also 60 Prozent, auf Wald oder waldnahe Biotope als Lebensgrundlage angewiesen. Eine besonders seltene, hier vorkommende Art ist der Zitronengirlitz, für den der Schwarzwald und die Vogesen die nördlichsten, regelmäßig besetzten Brutgebiete bedeuten. Die ansonsten im Alpenraum und in den Pyrenäen vorkommende Art besiedelt lichte, sonnige Wälder, Waldränder sowie Weiden. Im Nordschwarzwald ist der Zitronengirlitz im Bereich der Grinden, Hochmoore, Extensivweiden und Ginsterheiden der Höhenzüge auf über 900 Meter zu Hause. Der in Baden-Württemberg stark gefährdete Vogel liebt also kurzrasige, mit Koniferen – also Nadelgehölzen – durchsetzte Bergwiesengesellschaften.

Auch bei älteren Spaziergängern der Schwarzwald-Kurorte beliebt: das Eichhörnchen. So kommt wilde Natur auch in gepflegte Orte.

Zu den typischen Bewohnern dieser halboffenen Biotope gehören auch der heideartige Wälder liebende Baumpieper sowie der Wiesenpieper. Der Erlenzeisig ist oft in Schwärmen zu beobachten. Er ernährt sich unter anderem von den Samen der Moorbirke und der Fichte. Ein für das Mittelgebirge typischer Bewohner ist auch die schnell fliegende Alpenringdrossel, die sich am Rande von Grinden sowie buschreichen und felsigen Hochlagen aufhält.

Die Bewohner der geschlossenen Wälder haben spezielle Ansprüche an diesen Lebensraum. Der Berglaubsänger besiedelt vor allem wärmere, meist südexportierte und lichte Eichen-, Buchen- und Kiefernbestände des Schwarzwaldes. In Nadelwäldern lebt der Fichtenkreuzschnabel, dessen Anwesenheit die herabgefallenen offenen Zapfen verraten. Der Tannenhäher hält sich ganzjährig in den Nadelwaldungen auf und ist in Baden-Württemberg neben der Schwäbischen Alb vorwiegend im Schwarzwald verbreitet. In Nadelwaldungen zu Hause sind auch die Hauben- und die Tannenmeise. Ebenfalls hier findet sich das Hängenest des Wintergoldhähnchens, während das Sommergoldhähnchen seine Brutplätze nicht nur auf die Nadelholzwälder beschränkt.

Achtung Anflug. Der Fichtenkreuzschnabel brütet zwischen Dezember und Mai; also zu jener Zeit, in der die Fichtenzapfen sich öffnen und ihre Samen – seine Hauptnahrung – freigeben.

Typischer Bewohner der Altholzbestände ist der Schwarzspecht, in dessen verlassenen Höhlen unter anderem der Raufußkauz brütet. Er hat sein Hauptvorkommen im Schwarzwald. Vom Wandel vieler Schwarzwaldgebiete durch verschiedene Sturmereignisse vom reinen Nadelwald zu vielgestaltigen Waldbiotopen mit Lichtungen und Altholzbeständen hat unter anderem der Sperlingskauz profitiert. Rund 600 Brutreviere der nur spatzengroßen Eule wurden gezählt. Seit Mitte der 90er-Jahre lässt sich in diesen auch wieder der seltene Dreizehenspecht als Brutvogel beobachten. Über 100 Jahre lang galt er als ausgestorben, bis die Sturmtiefs »Lothar«, »Wiebke« und »Vivian« neue Lichtungen mit viel Totholz schufen. Am Rande der Altholzbestände legen Habicht und Sperber ihre Nester an. Sie brauchen abwechslungsreiche Landschaften mit Freiflächen. Der Wanderfalke findet sich in mit Felsen durchsetzten Tälern vor allem am Westrand des Mittelgebirges, taucht dann und wann auch an den Steilhängen anderer Karseen auf. Schließlich stellen die schnell fließenden und klaren Gebirgsbäche einen idealen Lebensraum für Wasseramsel, Gebirgsstelze und für den Eisvogel dar.

Eine der größten Vogelarten des Schwarzwaldes ist neben dem Auerhahn und immer wieder einfliegenden Steinadlern der Kolkrabe.

Der Dreizehenspecht gehört zu den seltensten Vogelarten heimischer Wälder.

Wer einmal eine Rothirschbrunft auf einer Waldlichtung erlebt hat, wird dies nie mehr vergessen.

König der Wälder

Mitte September, vorsichtig nähern wir uns der Waldlichtung. Die Natur bietet jetzt ein besonderes Duftpotpourri. Darin mischen sich als letzte Reste von Sommerstimmung die Düfte von Wiesengräsern und Blumen mit dem untrüglichen Frühherbstduft der Waldbäume und dem jetzt meist feuchten und deshalb modrig und nach Pilzen riechenden Waldboden. Solche Lichtungen sind im Schwarzwald noch Lebensraum der heimlich lebenden Waldschnepfe.

Wegen solcher Vogelarten – die ohnehin nur sehr schwer zu beobachten sind – sind wir diesmal jedoch nicht zur Waldlichtung gekommen. Es geht uns heute um den König der Wälder, wie der Rothirsch auch genannt wird. Schon von Weitem haben wir die eigentümlichen weithin durch den Wald hallenden Rufe der Platzhirsche vernommen. Sie wollen deutlich machen, dass nur sie hier das Sagen haben und alleine über ihr Damenrudel gebieten können. Jetzt können wir am anderen Ende der Lichtung den dampfenden Koloss ausmachen. Das mächtige Geweih weit nach hinten gelegt und immer wieder laut rufend, will er den Hirschkühen ebenso imponieren wie seinem Konkurrenten und Herausforderer, der sich jetzt langsam aus dem schützenden Dickicht des Waldes heraustraut. Irgendwie können wir uns der Verhaltensähnlichkeit mit so manchem Bürohengst nicht erwehren. Doch was teils im Büro im täglichen Konkurrenzkampf mit Sticheleien und auch Intrigen ausgetragen wird, um Mitbewerber auszubooten, wird hier

Stolzer Geweihträger – Steckbrief Rothirsch (Cervus elaphus)

Der Rothirsch gehört zu den auffälligsten Bewohnern des Schwarzwaldes. Und er ist Symbol dafür, dass wir heute Lebensräume wieder stärker – auch überregional – vernetzen müssen, damit die Tiere wieder wandern und von alleine Lebensräume besiedeln können.

Beschreibung: Eine der größten Hirscharten, Kopf-Rumpf-Länge zwischen 180 und 210 Zentimetern bei männlichen Tieren, Gewicht zwischen 100 und 113 Kilogramm; kapitale Hirsche können es sogar auf 250 Kilogramm Körpergewicht bringen. Während der Brunft verlieren die männlichen Hirsche bis zu 25 Prozent des Körpergewichts. Die geweihlosen Weibchen wiegen rund 95 Kilogramm und weisen eine Kopf-Rumpf-Länge von ca. 120 bis 140 Zentimetern auf. Das Geweih wird von den männlichen Tieren entsprechend des Lebensalters jährlich zwischen Februar und April abgeworfen. Bald darauf setzt die Geweih-Neubildung ein, die nach 120 bis 140 Tagen abgeschlossen ist. Rothirsche können sehr gut hören und ihre Ohren unabhängig voneinander bewegen. Daher ist es ihnen auch möglich, die Geräuschrichtung genau festzustellen.

Verbreitung: Über ganz Kontinental-Europa und die Britischen Inseln verbreitet; in anderen Regionen der Erde wie etwa Neuseeland eingeführt, was dort zu großen Belastungen für die heimische Tierwelt führt. Südeuropäische Exemplare sind wesentlich kleiner als die mitteleuropäischen Hirsche. In Baden-Württemberg auf die Gebiete Odenwald, Schönbuch (dort im Gatter), Adelegg sowie den Nord- und Südschwarzwald beschränkt.

Fortpflanzung: Hirsche leben in Rudeln. Dabei gibt es sogenannte Kahlwildrudel, die sich aus Weibchen mit ihren Jungen zusammensetzen. Männliche Jungtiere verlassen während ihres zweiten Lebensjahres die Muttertiere und das Kahlwildrudel und schließen sich einem Hirschrudel – das aus männlichen Tieren besteht – an. Anfang September beginnt die fünf bis sechs Wochen andauernde Paarungszeit. Darauf bereiten sich die männlichen Hirsche schon Ende August vor, indem sie sich von ihren Hirschrudeln trennen und nach den Kahlwildrudeln aus weiblichen Tieren Ausschau halten. Gesteuert wird das Ganze vom Hormonzyklus, welcher ältere Hirsche bereit zur Brunft werden lässt. Die Hirsche legen auf dem Weg zu den Brunftplätzen große Strecken zurück. Der Gewinner der Brunftkämpfe bedroht einige Zeit die Hirschrudel; letztlich schließt er sich diesen jedoch nicht an, sondern sorgt lediglich für Nachwuchs. Rothirschkühe tragen etwa 230 Tage; die Jungen werden zwischen Mitte Mai und Anfang Juni »gesetzt«.

Lebensweise: Durch die Einschränkung der Rotwildgebiete ist ein genetischer Austausch heute kaum mehr möglich; hier gibt es großen Nachholbedarf für die Biotopvernetzung. Hinzu kommt noch die Verhinderung der jahreszeitlichen Wanderungen zwischen Berg (Sommer) und Tal (Winter). Wegen der vielen Störungen in der offenen Landschaft beschränken sich die Lebensräume auf Waldgebiete. Der Nahrungserwerb erfolgt – solange die Tiere nicht gestört werden – in einer Abwechslung von Äsungs- und Ruheperioden. Meist beginnt die erste Äsungsperiode in den frühen Morgenstunden. Mitunter suchen die Hirsche noch um Mitternacht Nahrung. Hirsche sind Wiederkäuer, die sowohl Raufutter als auch Eicheln, Bucheckern, Kastanien und andere Waldfrüchte sowie Baumrinde, Flechten, Knospen und Baum- und Strauchzweige mit ihrem Laub fressen.

Wer zählt die Hügel, kennt die Namen. Mitunter präsentiert sich der Schwarzwald wie ein Scherenschnitt.

zum körperlichen Kräftemessen. Denn der Herausforderer lässt sich durch die Rufe des Platzhirsches noch nicht abschrecken, fühlt sich stark genug für den Zweikampf. Und schon rennen die mehr als zwei Zentner schweren Hirsche aufeinander zu, prallen mit ihren mächtigen Geweihen zusammen, verhaken sich, scharren mit den Hufen, versuchen sich gegenseitig wegzudrücken, um sich dann wieder vom Gegner zu lösen. Dann beginnt der Kampf um das Rudel und damit die königliche Vormachtstellung im Hirschrevier von Neuem. Fasziniert von diesem Naturschauspiel machen wir uns nach gut einer Stunde auf den Rückweg.

Da die natürlichen Feinde des Rothirsches wie Wolf und Bär in Baden-Württemberg wie auch in anderen Gebieten Mitteleuropas durch die einstige Ausrottung heute fehlen, können zu große Hirschbestände dem Wald auch Schaden zufügen. Im Sinne eines Wildtiermanagements sind deshalb die Vorkommen auf fünf Gebiete im Land beschränkt. Die zwei wichtigsten dabei sind der Nord- und der Südschwarzwald. Wer weiß, vielleicht bringen die Menschen in Südwestdeutschland künftig auch den Mut auf, irgendwann dem Wolf, der von Ost- und Südeuropa aus begonnen hat, einzelne Reviere wieder zu besiedeln, eine Heimat zu geben. Dann würde sich eine natürliche Wildregulation ergeben.

Die bedeutendsten Gipfel

Die beiden wichtigsten Berge im Schwarzwald sind ganz unzweifelhaft der Feldberg und der Belchen. Auf beiden Gipfeln dehnen sich Naturschutzgebiete aus, beide Gipfel gelten zugleich auch als touristische Highlights. Und das im Sommer wie im Winter, wobei besonders der Feldberg den Mittelpunkt des größten deutschen Skizirkus jenseits der Alpen bildet. Die einander nicht unähnlichen Gipfel, deren Kuppen weitgehend baumfrei sind, werden indes auch von Wanderern sehr gern angesteuert.

Die Annäherung an den Feldberg erfolgt sachte und respektvoll. Baden-Württembergs Höchster ist kein spitzer, zackiger, hoch aufragender Gipfel. Der Feldberg ist eher ein ausladender, breiter Elefantenrücken. Immerhin markiert er mit 1493 Metern über NN den höchsten Punkt Deutschlands jenseits der Alpen, ist gleichzeitig höchste Erhebung aller deutschen Mittelgebirge.

Blick über den Schluchsee hinweg zum Feldberg.

Und er hat seine Eigenheiten: So kann es passieren, dass in den Gipfellagen Nebelschwaden oder Wolken wabern, während rundherum die Sonne lacht. Und umgekehrt: Vor allem bei Inversionswetterlagen liegt der waldfreie Gipfel majestätisch über der fast undurchdringlichen Wolkensuppe in den Tallagen. Dieses häufiger im Winter anzutreffende Wetter beschert Besuchern immer mal wieder atemberaubende Rundblicke über die Vogesen im Westen, die Schwäbische Alb im Osten und die Alpen im Süden, bis hin zu deren höchstem Gipfel, dem Mont Blanc in Frankreich. Dass ein Berg mit solchen Vorzügen und Besonderheiten genutzt, benutzt und mitunter auch missbraucht wird, ist nachvollziehbar. Verschiedene Lifte schaufeln im Winter täglich Tausende Winterurlauber den Berg hinauf. Sendeanlagen sorgen für guten Empfang. Es sind auch die Segnungen der modernen Zivilisation, die den Berg zwar bekannt und beliebt machen, aber für das Wildnis-Management mitunter nicht gerade einfach sind.

Denn dort oben befindet sich das älteste und größte Naturschutzgebiet Baden-Württembergs. Einzigartig ist die subalpine Vegetation, mindestens ebenso ungewöhnlich aber sind die Spuren aus der Eiszeit, die von einem Gletscher zeugenden Endmoränen, Moore, Seen und Kare. Die Jahresdurchschnittstemperatur liegt noch heute bei nur knapp über drei Grad.

Auch wenn die Gämse von Natur aus den Schwarzwald nicht besiedelt, sind diese Alpenbewohner immer wieder zu beobachten. Sie wurden schon vor langer Zeit ausgesetzt und sind unter anderem im Gebiet des Feldbergs unterwegs.

Dennoch sind die Winter aufgrund der Klimaerwärmung inzwischen weniger sicher und stabil als früher. Ohne den Feldberg gar nicht zu denken ist der kleine Titisee, der am Fuße des Massivs liegt und de facto auch ein Überbleibsel des einstigen Feldberggletschers ist. Er wird jahraus, jahrein von Millionen Menschen besucht. Gerade auch für eilige Besucher ist der 30 Kilometer östlich von Freiburg gelegene See der Inbegriff des Schwarzwalds. Es versteht sich von selbst, dass die Einheimischen gerade hier typische Souvenirs und Black-Forest-Devotionalien vorhalten. Auch eine Schwarzwälder Kirschtorte oder ein Schwarzwälder Schinken können entweder vor Ort genossen oder aber mitgenommen werden.

Obwohl gut 80 Meter niedriger als der Feldberg, ist der Belchen der eindrucksvollere Berg. Schon von Weitem fällt er auf, etwa vom Rheintal aus: Dem Rücken eines Dinosauriers gleich strebt der Belchen empor und hebt sich zugleich deutlich ab von den ihn umgebenden Gipfeln und Höhenzügen. Aus dem Münstertal ragt er rund 1000 Meter hoch auf. Steil fallen die Hänge ab, alpin mutet der in den Hochlagen baumlose Berg an. Doch auch nach Süden hin, zum Kleinen Wiesental, fällt der Gipfel mehr als 800 Meter tief ab.

Vom wohl markantesten Schwarzwaldberg aus ist auch die Aussicht am schönsten. Südwestlich vom Feldberg gelegen, gibt der Belchen den Blick frei Richtung Süden zu den Alpen und nach Westen zum Rheintal und dem Elsass hin. Der kahle Gipfel mit seiner subalpinen Flora und Fauna gab seit jeher zu Spekulationen und Legendenbildung Anlass. Es wird gemeinhin angenommen, dass der Strahlende – dem aus dem Keltischen stammenden Namen zufolge – eine heilige Stätte dieses geheimnisvollen Volkes war, dass hier oben vielleicht dem Sonnengott gehuldigt wurde.

Damit nicht genug, wird immer wieder behauptet, sowohl der Schweizer Belchen im Jura wie auch der Elsässer Belchen (Ballon d' Alsace) in den Südvogesen befänden sich in einem direkten Bezug zum Schwarzwälder Gipfel dieses Namens. Gemeinsam bilden sie in der Tat ein nahezu rechtwinkliges Dreieck. Schließlich stehen die Berge auch noch auf angenommenen Peilachsen für Sonnenauf- bzw. Sonnenuntergang während der Sommersonnwende. Alles Zufall? Die Alamannen scheinen jedenfalls das Wort Belchen in ihre Sprache übernommen zu haben; hier steht es allerdings für den kahlen, blanken Gipfel, der im Winter zu einer Schneekuppe wird.

Der Gipfel besteht aus Granit, zum Teil mit Flechten überwachsen. Auf den Steilhängen herrscht dagegen Gneis vor. Mehr als 1000 Jahre lang wurde im Gebiet um den Belchen Bergbau betrieben, unter anderem baute man Erz und Silber ab. Seit gut 150 Jahren entfaltet sich der Tourismus rund um den Berg. Unterhalb vom Gipfel liegt das historische Belchenhaus, in seiner heutigen Form Ende des 19. Jahrhunderts erbaut und einer der höchstgelegenen Berggasthöfe Deutschlands. Zumindest bis hierher können Besucher mit der Seilbahn hinaufschweben. Und so ist der Schwarzwald – nicht nur im Bereich seiner Gipfel – eine Großlandschaft der Aus- und Einblicke. Eine Landschaft, die man zu kennen glaubt, und die sich trotzdem allen, die offen dafür sind, mit immer wieder neuen Bildern offenbart.

Little Canyon

Auch der Uhu ist Symbol für den modernen Naturschutz in Baden-Württemberg. Einst ausgestorben, wurde er in den 1960er-Jahren wieder angesiedelt und hat heute alle früheren Brutgebiete – dabei auch die Wutachschlucht – zurückerobert.

Mit dem 450 Kilometer langen Grand Canyon, der bis zu 1800 Meter in die Tiefe stürzt, kann sich die imposante Wutachschlucht (siehe auch Seite 186f.) ganz bestimmt nicht messen. Dennoch hält dieses besondere Naturwunder für Wanderer, Naturliebhaber, Pflanzenkundler oder Geologen jede Menge Erlebnisse bereit. Geologisch wie geografisch gehört das Schluchtgebiet und dessen Umgebung zu den Gäulandschaften; in der Wahrnehmung der allermeisten Besucher ist es Teil des Schwarzwaldes.

Und die Schlucht ist auch gut versteckt: Gerade noch hatten weite, wogende Getreidefelder das Bild der Landschaft bestimmt. Wenige Kurven und Serpentinen tiefer, unterhalb der Hochebene Baar bei Bonndorf, finden wir uns in einer anderen Welt. Schroffe, zum Teil überhängende Felswände, Wasserfälle unter Stein mit Macht hervorquellend oder über bemooste Felsen in feinsten Rinnsalen herabtröpfelnd, Waldabschnitte mit einem einzigartigen Wechselspiel von Licht und Schatten, dann wieder dunkler Tann und feuchter Untergrund, der von der Sonne niemals gestreift wird, ein gurgelnder Bach mit Stromschnellen und kleinen Fällen, der sich unmittelbar darauf träge erholt und in immer neuen Windungen und Wendungen gen Osten zieht. Dem Zauber der Wutachschlucht kann sich kaum jemand entziehen. Und die Tatsache, dass sich Wanderer dieses einzigartige Naturerlebnis im Schweiße ihres Angesichts und mitunter auch – ob der ausgesetzten Passagen – mit zusammengebissenen Zähnen regelrecht erarbeiten müssen, setzt noch einiges drauf.

Dabei sind die Wege in einem bemerkenswert guten Zustand, gefährliche Abschnitte gut gesichert, auch mit Seilen und Geländern. Überdies helfen Brücken über manchen Abgrund oder tosenden Strudel hinweg. Es gibt indes auch Zeiten, in welchen eine Begehung nicht so ratsam erscheint. Der im Hochsommer recht beschaulich wirkende Fluss hat seinen Namen nicht ganz zu Unrecht: Wenn etwa am Feldberg die Schneeschmelze einsetzt, reißt das Hochwasser der Wutach unversehens vieles mit, was nicht niet- und nagelfest ist. Zwischen 60 und fast 200 Metern hat sich die aus dem Hochschwarzwald kommende Wutach (»wütende«, also wilde Ach) ins Gestein gefräst. Die Schluchten beginnen im Tal der Gutach (»Gute«, also ruhige Ach – obere Wutach) südöstlich von Neustadt sowie im Tal der Haslach bei Lenzkirch. Nach der Vereinigung zur Wutach verläuft die Schlucht in Richtung Osten und endet schließlich, nach kleineren Richtungswechseln, bei Stühlingen-Grimmelshofen. Beeindruckend ist immer wieder das Mosaik ganz unterschiedlicher, oft feuchter, dann wieder trockener Lebensräume.

Der Tannenhäher – neben dem Schwarzwald auch in den Wäldern der Schwäbischen Alb zu Hause – lebt nicht nur von Tannen-, Fichten- und Kiefernzapfen, sondern im Sommer auch von Insekten, anderem Kleingetier und Beeren.

Die Wutachschlucht zwischen Neustadt, Blumberg und Löffingen, deren Reize schon frühere Generationen für sich entdeckten, befriedigt auch erlebnishungrige moderne Menschen, die auf der klein gewordenen Welt schon so manches gesehen und entdeckt haben. Es ist die spektakuläre Schönheit der Natur, vor der man – sinnbildlich oder tatsächlich – in die Knie geht. Mit den Nebenflüssen und -bächen kommen immerhin fast 40 Kilometer Schlucht zusammen.

Gegraben hat die Wutach einen natürlichen Profilschnitt durch fast alle Gesteinsschichten des Süddeutschen Schichtstufenlandes. Ein Umstand, der auf den ersten Blick nur Geologen in Erregung versetzen mag. Doch erklärt eben dieser durch Tiefenerosion entstandene Schnitt die atemberaubende Vielfalt von geologischen Formationen und von hier heimischen Pflanzen und Tieren (Vögel und Schmetterlinge). Es fängt beim Grundgebirge (meist Granit) an und geht über die Trias (Buntsandstein, Muschelkalk, Keuper) bis zum Jura. Besonders eindrucksvoll sind die Muschelkalkwände zwischen Schatten- und Wutachmühle. Die Vegetation reicht von arktisch-alpiner Flora am Fuße von Blockschutthalden oder an den Schattenseiten der Schlucht mit ihrem feuchtkalten Kühlschrankklima bis zu submediterranen Pflanzen an den sonnigen Steilhängen wie Trockenrasen und Buschwäldern. Auf dem kiesigen Talgrund gedeiht Großblättriger Pestwurz, hier finden sich Weiden und Erlen. In einigen Teilen der Schlucht steht der Riesen-Schachtelhalm, an feuchten Hängen hat sich auf Stein und Fels ein von Moosen grüner Überzug gebildet. Auch jede Menge Farne sind in solchen Abschnitten zu entdecken. Die Bandbreite der Bäume reicht von Eichen oder Mehlbeerbaum an trockenen Standorten bis zu Esche und Ahorn an kühleren Stellen.

Der Artenreichtum ist bemerkenswert: Von rund 2800 Gefäßpflanzen Süddeutschlands kommen allein 1200 in der Wutachschlucht vor. Wirbel-, Glieder- und Weichtiere werden auf sogar 10 000 Arten geschätzt. Erstaunlich vielfältig ist auch die Vogelwelt auf diesem doch begrenzten Raum: Wasseramsel, Tannenhäher, Misteldrossel, Grauschnäpper, Zaunkönig, Wanderfalke, Sumpfmeise, Eisvogel, Gebirgsstelze, Berglaubsänger, Gartenbaumläufer – sie alle und sogar der Uhu finden in und rund um die Schlucht einen Lebensraum; nur eben an unterschiedlichen Standorten.

Touristisch gehört die Schlucht heute den Wanderern. Sie tauchen über manche Streckenabschnitte ein in eine eigene Welt fast ohne Zivilisationsgeräusche. Nur auf Gleichgesinnte treffen sie hie und da. An herrlichen Tagen wird denn auch der Pendelbus gut voll. Einst herrschte um Bad Boll sogar Kurbetrieb, ein mondänes Hotel samt Tennisplatz zog illustre Gäste von weither an. An der Wende vom 19. zum 20. Jahrhundert war die Schlucht ein ausgesuchtes Ziel britischer Angeltouristen. Von der einstigen mondänen Kur-Herrlichkeit Bad Bolls ist jedoch nur eine kleine Kapelle geblieben. Alles andere hat sich die üppig wuchernde, heute streng geschützte Natur längst zurückgeholt.

Wer zählt die Täler – kennt die Namen?

Die Wutach hat sich ohne Zweifel ein besonders spektakuläres Tal geschaffen – als Fluss ist sie aber nur einer unter vielen im wasserreichen Schwarzwald. Zu nennen sind – der Länge nach – Enz, Kinzig, Elz, Nagold, Murg, Rench, Schutter, Wiese, Acher, Dreisam, Alb, Schiltach oder Oos. Sie alle sind nicht sonderlich lang und fließen größtenteils direkt in den Rhein, der den Schwarzwald im Süden und Westen begrenzt. Einige weitere fließen dem Neckar zu, und über diesen kommt das Schwarzwald-Flusswasser wiederum in den Rhein. Letzterer – wie auch die Donau, Europas größter Strom – entspringen im Schwarzwald. Dabei streiten sich die Schwarzwälder um den exakten Donau-Ursprung: Nahe dem Fürstlich Fürstenbergischen Schloss in Donaueschingen können Touristen die elegant eingefasste und von einer Skulpturengruppe umkränzte Donaubachquelle, eine sogenannte Karst-Aufstoßquelle, besichtigen – und ihr Donau-Foto schießen. Nach landläufiger Ansicht macht erst der Zusammenfluss von Brigach und Breg die Donau, ein paar Kilometer von Donaueschingen entfernt Und schließlich ist da noch die Furtwangen-Fraktion, welche die Bregquelle an der dortigen Martinskapelle als eigentlichen Donau-Ursprung betrachtet. Wie dem auch sei, in jedem Fall bergen gerade die ersten Kilometer des langen Stroms viele Überraschungen und Naturwunder. Dazu gehört die Versickerung oder besser: Versinkung, weil das Wasser sich nicht im Erdreich verteilt, sondern in unterirdischen Hohlräumen abfließt. Sie ist in den südwestdeutschen Kalkgebirgen nicht ganz ungewöhnlich. Das Naturschauspiel vollzieht sich zwischen Immendingen und Möhringen im Kreis Tuttlingen, am Rande des Schwarzwaldes also. Nur wenige Kilometer von der Versickerung entfernt befindet sich dann der imposante Donaudurchbruch bei Beuron im Kreis Sigmaringen, wo beidseits des Flusses schroffe Kalkfelsen emporragen.

Ein geologischer Sonderfall

Nicht, dass der Schwarzwald keine steilen Anstiege oder spektakulären Ausblicke zu bieten hätte. Das bekannteste deutsche Mittelgebirge mit den höchsten Erhebungen ist abwechslungsreich und auch für manche Überraschung gut. Almen gibt es, Karseen und subalpine Pflanzen. Doch wer würde hier eine so alpine Landschaftsform wie den Karlsruher Grat vermuten, den nur geübte Bergwanderer überwinden können? Der Grat verläuft auf einer Meereshöhe von etwa 750 Metern südlich der Hornisgrinde, des höchsten Gipfels im Nordschwarzwald, und östlich von Ottenhöfen. Erwarten dürfte man in dieser Region des Nordschwarzwaldes eher rötlichen Buntsandstein, der auch wenige Kilometer östlich, deutlich sichtbar, oben aufliegt. Die dunkle Färbung der Felsen hoch oben über dem Gottschlägtal rührt her vom Quarzporphyr, genauer: von Magma, das vor zig Millionen Jahren aus dem Erdinneren nach oben drang, aber letztlich nicht an die Erdoberfläche gelangte. Es erkaltete zwischen umgebendem Gestein und wurde später durch die Erosion »freipräpariert«.

Wer sich den Grat und die Umgebung wandernd erschließt, staunt nicht schlecht: Gerade spendete der Wald noch angenehme Kühle und Schatten. Wenige Meter entfernt findet man sich unvermittelt in der grellen Sonne wieder, deren Wärme von den rauen, gezackten Felsen reflektiert zu werden scheint. Tatsächlich ersteht hier ein bis dato unbekannter Schwarzwald, aus dunkelgrauem, stellenweise fast schwarzem Stein. Die Bäume weichen zurück, schroffe Felsen fallen nahezu senkrecht ins Tal. Wer nicht schwindelfrei und trittsicher ist, sollte tunlichst den Weg außen herum suchen.

Die auf dem und um den Grat herum herrschende Wärme ist alles andere als eingebildet: Nahe den Felsen haben sich Buchen, Eichen, Kiefern und Esskastanien, daneben Heidekraut und Besenginster angesiedelt. Für viele Insekten und seltene Vögel sind die sonnigen Südhänge idealer Lebensraum. Den Namen erhielt der Grat nicht etwa wegen der vermeintlichen Nähe zu Karlsruhe. Das vormals Eichhaldenfirst genannte Naturwunder blickt auf eine beachtliche touristische Tradition zurück: Den großen Aufschwung brachte die Achertalbahn Ende des 19. Jahrhunderts. Wanderer und Kletterer wurden angezogen, nicht zuletzt aus der dichter besiedelten Region Karlsruhe. Manch einer fand in den zerklüfteten Felsen den Tod. Diesen Opfern zum Gedenken und zur Ehre wurde der Dach-«First« in den 20er-Jahren des vorigen Jahrhunderts in Karlsruher Grat umbenannt.

Lichtungen – Gucklöcher im Wald

Dort, wo sich der Weg am Hangfuß des Waldhügels entlangwindet, sieht alles anders aus als gewohnt. Vor einiger Zeit wurden hier im Wald – den wir seit langen Jahren kennen – bei einem Sturmtief viele Bäume umgeknickt. Jetzt erobert sich die Natur auf ganz andere Art und Weise das Terrain zurück. Was wir vor uns sehen, trotzt der zerstörerischen Kraft des Windes: Die Fläche ist übersät von zartrosa blühenden Weidenröschen. Die Pflanze gilt als Pionier auf Windwurf- oder Kahlschlagflächen – dafür ist das bis zu 1,5 Meter hohe Gewächs auch bestens gerüstet. Zunächst produziert jedes Weidenröschen Hunderttausende von Samen. Das Blütenmeer eines Kahlschlages kann Billionen von Samen auf die Reise schicken. Der in einer Kapsel sitzende Samen hängt an einem langen weißen Haarschopf. Die Kapseln öffnen sich nach und nach, und der Wind kann ein Haarbüschel nach dem anderen zu Kurz- oder Langstreckenflügen mitnehmen. Bei einer Sinkgeschwindigkeit von 20 Zentimeter pro Sekunde kann der Samen – je nach Windstärke – Flugweiten von bis zu 10 Kilometer erreichen. Die Härchen wirken sogar als Anker, mit dem die Samen sich am Feder- und Haarkleid der Tiere anheften und mitreisen. Mit dieser »Ausrüstung« besetzt der Lichtkeimer neue Kahlschläge im Handumdrehen. Darüber hinaus kann sich die Pflanze auch ungeschlechtlich vermehren und sich an einem Standort durch Wurzelsprosse ausdehnen. Die Eroberung dauert jedoch nicht lange. Schon nach zwei bis drei Jahren sind die nötigen Nährstoffe aufgebraucht, und andere Spezialisten kommen zum Zuge. Nun sind die Sträucher und Gehölze auf den Kahlschlägen

Farbtupfer auf der Schwarzwaldlichtung: das große Weidenröschen.

im Vorteil, wobei sich Brombeeren, Haseln, Weiden, Holunder und Birken als Erste durchsetzen. Zu guter Letzt geben die Großwüchsigen den Ton an: Die Waldbäume haben gesiegt. Die Weidenröschen-Samen warten nun auf den nächsten Sturm.

Wir entdecken auch andere lichthungrige Blütenpflanzen – den Roten Fingerhut etwa, den wir noch nie an dieser vormals doch recht schattigen Stelle gesehen hatten. Wie kommen diese Pflanzen nur hierher? Sicherlich sind die Samen vom Wind eingeweht worden. Sind nämlich die Voraussetzungen günstig, keimen sie und treiben im ersten Jahr eine kräftige Blattrosette. Im zweiten Jahr schmücken die Pflanzungen fingerhutförmige Blüten mit dunkelroten, weiß umrandeten Flecken. Alle Blüten der bis 1,5 Meter hohen Staude orientieren sich in Lichtrichtung und öffnen sich von unten nach oben. Die typische »Einkriechblume« wird fast nur von Hummeln besucht. Während die unteren Blüten weiblich sind, befinden sich die oberen noch im männlichen Stadium. Da die Hummeln merkwürdigerweise immer von unten anfliegen, ist die Bestäubung gewährleistet. Als Früchte erscheinen dann behaarte Kapseln mit kleinen Samen. Sie gehen als Ballonflieger auf eine ungewisse Reise, um dann vielleicht in einem anderen Teil des Waldes darauf zu warten, dass ein Windbruch günstige Wachstums- und Lebensbedingungen für sie schafft.

Wilde Natur im Bereich des Naturschutzgebietes »Kniebis-Alexanderschanze« im Landkreis Freudenstadt.

Ganz eindrucksvoll kann man die Rückeroberung früherer Windwurfflächen am sogenannten Lotharpfad (entstanden nach dem Sturmtief Lothar im Jahr 1999) unweit des Schliffkopf-Hotels an der Schwarzwaldhochstraße erleben. Er ist ein lebendiges Plädoyer, mehr natürliche Prozesse und damit auch wilde Natur im Wald zuzulassen.

Der Erlenzeisig ist gar nicht so selten, aber vielen Menschen gar nicht bekannt.

Schwarzroter Trommler

Ganz klar, dass wir die Situation auf der neu entstandenen Waldlichtung mit dem Fotoapparat festhalten. Schließlich wollen wir später vergleichen, wie sich das Ganze weiterentwickelt. Und so nehmen wir uns vor, jedes Jahr zur gleichen Zeit diese Stelle im Wald aufzusuchen. Während wir darüber diskutieren, ob man nicht doch viel öfter auf Natur-Entdeckungstour gehen sollte, sehen wir einen etwa krähengroßen schwarzen Vogel in leicht wellenförmigem Flug auf die Gruppe aus drei einzelnen Buchen zufliegen, welche den Sturmböen getrotzt haben. Ob es wohl der Rufer ist, den wir schon vorhin gehört haben? Kein Zweifel, es ist ein Schwarzspecht, der sich hier eine gut hundertjährige Buche zur Anlage seiner Bruthöhle ausgesucht hat. Der Vogel fliegt wieder weg, und jetzt hallt erneut lautes Trommeln durch den Wald. Damit markiert der Schwarzspecht wieder sein Revier.

Die Spechthöhle, die wir mit dem Fernglas betrachten, ist wohl schon seit Anfang April fertig. Mehr als zwei Wochen lang zimmerte der Specht an der Eigentumswohnung und ließ dabei etwa 10 000 Späne fliegen. Alleine 17 Hiebe sind nötig, um einen Span vom Baum zu entfernen. Da hält der beste Zimmermann nicht mit. Etwa 40 Zentimeter Tiefe und 25 Zentimeter Weite misst die Höhlung. Das Weibchen legt dann die Eier auf weiche Holzspäne. Nach zwölf Tagen abwechselnder Bebrütung schlüpfen die drei Jungen. Vier Wochen lang wollen sie gefüttert werden und vertilgen dabei sage und schreibe 180 000 bis 225 000 Insekten. Wenn der Alte nicht achtgibt, hat er mit seinem streitsüchtigen Weibchen schnell Familienkrach. Sie verlässt ihn dann einfach, und er muss die Unmengen von Ameisen und Holz bewohnenden Insekten alle selbst anschleppen.

Der Höhleneingang ist mit dem bloßen Auge nur schwer zu erkennen, denn er befindet sich an der alten Rotbuche in etwa 15 Metern Höhe. Der größte unserer heimischen Spechte liebt freien Start und freie Landung. Er sucht sich nur ziemlich geradwüchsige Buchen aus, die in Brusthöhe einen Durchmesser von 40 Zentimetern und zumindest im Dachgeschoss Stammfäule aufweisen müssen. Der Specht hat ein Auge für solche Prachtexemplare und erkennt sofort, ob der Baum seiner Höhle standhalten wird. Solche Spechtbäume sind meist etwa 120 Jahre alt. Da sie damit ein hiebreifes Alter erreichen, findet man diese Baumveteranen so selten wie Oldtimer. Zudem benötigt der Schwarzspecht ein Nahrungsrevier, in dem morsche Fichten oder Kiefern vorkommen, in denen er sich Holz bewohnende Ameisen holen kann. Überhaupt vertilgt die »Holzkrähe« gerne Larven und Großinsekten, die sich am alten Holz zu schaffen machen: Buchdrucker, Holzschlupfwespen und viele andere mehr. Da er diese Beute in Baumstubben auch im Winter findet, hält er sich auch in dieser unwirtlichen Zeit in unseren Wäldern auf. Von der Arbeit des Schwarzspechts profitieren viele andere Waldbewohner – von Fledermäusen und Raufußkauz über Dohle und Haselmaus bis zu Baummarder und Siebenschläfer reicht die Liste interessierter Nachmieter für die großen Höhlen.

Wiege des Wintersports

Die Skifahrer auf historischen Fotografien haben mit denen von heute wenig gemein. Männer im Sonntagsstaat, weißes Hemd, Binder am Kragen, gerade Körperhaltung, und die Frauen in wallenden, langen Röcken. Die Ski: lange Latten mit einer langen, weit nach oben geschwungenen Spitze, die Bindung besteht aus nicht viel mehr als einem Lederriemen. Und man verwendete nur einen Skistock, der dafür sehr lang war (etwa körperlang). Welten liegen zwischen diesem Auftritt und den sportlich-schnittigen Skianzügen heutiger Tage, wasserdicht und atmungsaktiv, fleecegefüttert und mit Stretch-Anteilen elastisch gemacht. Von den Skistiefeln und -bindungen ganz zu schweigen, die zu jener Zeit wie Science-Fiction gewirkt hätten. Rund 100 Jahre liegen dazwischen. Die Bilder beweisen allerdings, dass Ski im Schwarzwald um die Wende vom 19. zum 20. Jahrhundert weit verbreitet waren – zunächst dienten sie freilich weniger der sportlichen

Es gehört zu den Glücksfällen von Naturfreunden, wenn sie einen Baummarder zu Gesicht bekommen. Im Schwarzwald ist die Chance dafür groß.

Vom Feldberg kann man an Tagen mit klarer Witterung bis in die Schweizer Alpen blicken.

Betätigung oder gar dem Wettbewerb, als vielmehr der bequemeren Fortbewegung im tiefen Schnee. Doch der erste Skiclub Deutschlands wurde im Schwarzwald – nämlich in Todtnau – gegründet.

Die Auguren sagen dem Schwarzwald weniger Schneesicherheit und mehr Wetterextreme voraus. Tatsächlich ist jenseits vom Hochschwarzwald und der Schwarzwaldhochstraße im Norden des Mittelgebirges schon mancher Lift abgebaut worden. Tourismusorte haben sich umorientiert, denn die garantierte Botschaft von Schneesicherheit können sie nicht mehr wie noch in den 70er-Jahren des letzten Jahrhunderts aussenden. Was andererseits gute, lange, schneereiche Winter nicht ausschließt. Glaubt man den Geschichten und Bildern aus jener Zeit, herrschte an Schnee kein Mangel. Er erschwerte das Leben der Bauern, bestimmte den Alltag. Hier ist sicher einer der Gründe dafür zu suchen, dass sich früher als in den unwirtlicheren Alpenregionen Ski- oder auch Schneeschuhe verbreiteten. Im letzten Drittel expandierte die neue Fortbewegungsart des Skilaufens rasant. Die ersten Holzbretter könnten dabei aus Norwegen importiert worden sein. In Todtnau besuchte ein mit Skiern bewehrter Arzt seine Patienten auf entlegenen Höfen. In St. Blasien, so wird berichtet, streifte ein Forstbeamter mit ihnen durch den Wald. Legendär ist auch der französische Konsulatssekretär Dr. Raymond Pilet, der 1891 anscheinend als Erster den Gipfel des Feldbergs auf Skiern erreichte. Eine Straße auf dem Berg, an der das Haus der Natur und das Hotel Feldberger Hof liegen, ist nach ihm benannt. Es ist im Übrigen die Zeit, in welcher der Norweger Fritjof Nansen Grönland auf Skiern durchquert – und im Schwarzwald die ersten Skiclubs wie Pilze aus dem Boden sprießen. Den Feldberg bezeichnen etliche Zeitgenossen als »deutschen Holmenkollen«.

Sport und Wettbewerb kommen rasch hinzu. Lauf- und auch Sprungwettkämpfe werden im Hochschwarzwald ausgetragen. Im Jahr 1900 finden die ersten Deutschen Skimeisterschaften statt. Auch die Allgemeinheit profitiert: Ratgeber werden veröffentlicht, von der neuen Sucht werden viele Schwarzwälder infiziert. Auch der erste Skilift steht im Schwarzwald. Es ist der Gastwirt Robert Winterhalter in Schollach, der 1908 Motor und Stahlseil zum ersten Schlepplift der Welt verknüpft. Der Ehrgeiz der alpinen Abfahrer wie auch der Tourengeher tobt sich nun alsbald in den Alpen aus, wo kaum ein Gipfel zu hoch und zu gefährlich erscheint. Und doch bleibt der Schwarzwald ein Schneeparadies und eine Wintersportheimat ersten Ranges. Die 30er-Jahre werden dominiert von Christl Cranz. Keine andere Deutsche wird jemals so viele Skirennen, ob Abfahrt oder Slalom, gewinnen wie sie. Als Kind rutscht sie auf den Hängen der Schwäbischen Alb herum, später ist sie in den Schweizer Alpen genauso zu Hause wie in den italienischen Bergen. In ihren wichtigsten Jahren sind Freiburg und der Feldberg ihr Lebens- und Trainingsmittelpunkt.

Cranz bleibt nicht die Einzige, die den winterlichen Ruf des Schwarzwaldes bis heute prägt. 1960 holt Georg Thoma aus Hinterzarten, einst Hirtenbub am Feldberg, bei den Olympischen Winterspielen in Squaw Valley/USA die Goldmedaille in der Nordischen Kombination. Der leidenschaftliche Springer gewinnt noch manchen Titel, im Jahr 1966 wird er Weltmeister. Sein Neffe Dieter Thoma macht in den 90er-Jahren Schlagzeilen, als einer der Schwarzwald-Adler. Die Skispringer erobern viele Podiumsplätze, werden Olympiasieger und Weltmeister. Mit dabei: Hansjörg Jäkle, Christof Duffner, Sven Hannawald und Martin Schmitt.

Schwarzwald ganz global – Die Kuckucksuhr

Symbol, Kitsch, Mythos, Marke und Markenzeichen, Souvenir, Chiffre. Und dann auch noch das: Feinmechanik und Zeitmesser. Die Rede ist von der Kuckucksuhr, einem von Menschen für Menschen gemachten Ding, das so bedeutungsschwanger wie beliebt ist, und zwar weltweit. Der Name verweist auf einen Vogel, somit auf die Natur. Mit »Natur erleben« hat das typischste aller Schwarzwald-Accessoires dennoch scheinbar wenig gemein. Ein ursächlicher Zusammenhang mit den »natürlichen« Verhältnissen in diesem Mittelgebirge besteht dennoch: Die Schwarzwälder waren extrem erfinderisch, wenn es galt, statt die Zeit totzuschlagen und das Ende des langen Winters zu ersehnen, gefragte Gebrauchsgegenstände zu fertigen, die man gut und vor allem gewinnbringend verkaufen konnte.

Gewiss war es auch die Not, welche die Landbevölkerung zum Erfindungsreichtum zwang. Die karge Landwirtschaft, noch dazu in der Höhe, reichte nicht, um den Lebensunterhalt zu garantieren. Die Bedeutung des Bergbaus hatte schon in Zeiten des Späten Mittelalters allmählich nachgelassen, wiewohl der Abbau von Erzen, Blei, Zink und Silber sowie anderen Metallen zum Teil bereits unter den Römern eine Rolle spielte. Auch der Holzreichtum allein sicherte die Existenz nicht mehr. Und so kam es, dass eine wach-

In solchen Landschaften wartet man nur noch auf das Mädel aus dem Schwarzen Wald wie einst in den berühmten Filmen der Fünfziger- und Sechzigerjahre.

sende Zahl von Bauern in der kalten Jahreszeit neben Werkzeugen und Besteck auch Uhren herzustellen begann. Der Zugang zum – vorhandenen – Rohstoff Metall erwies sich als Wettbewerbsvorteil. Später förderte auch das Großherzogtum Baden das aufstrebende Handwerk. Doch die Anfänge der Holzuhrenmacherei waren selbst gemacht und nötigen noch heute Respekt ab. Schon um die Mitte des 18. Jahrhunderts gelang es den Uhrmachern der Region, ihre Produkte einerseits so robust, andererseits so preiswert anzubieten, dass dieser Alltagsgegenstand flächendeckend Verbreitung fand und exportiert wurde. Vor der Mitte des 19. Jahrhunderts zählte man rund 1000 Werkstätten im ganzen Schwarzwald, die sich auf die Fertigung von Uhren oder Einzelteilen von Zeitmessern spezialisiert hatten. Ein Drittel der Weltproduktion stammte damals aus der eher abgelegenen Gegend. Spezielle Händler, Packer und Uhrenträger genannt, und später verzweigte Handelsgesellschaften sorgten für einen professionellen Vertrieb. Die Schwarzwälder Holzuhr, die zu jener Zeit allerdings noch nicht zwingend eine Kuckucksuhr war, fand Absatz in Amerika wie auch in Russland.

Der Kuckuck kam, wie man heute weiß, später: in der zweiten Hälfte des 19. Jahrhunderts. Zuerst waren die typischen Schwarzwälder Zeitmesser bemalte Lackschilduhren, bevor schließlich die Form des Bahnhäusles dazukam. Der Uhrkasten in der Form eines Bahnhofshauses, inspiriert vom Erbauer und Architekten so vieler badischer Bahnhöfe, Friedrich Eisenlohr – das waren die Anfänge der heute noch so populären Kuckucksuhr. Was heute ein wenig altmodisch erscheinen mag, symbolisierte seinerzeit den Fortschritt schlechthin, in einer Ära, in der die Eisenbahn die Welt und die wirtschaftliche Entwicklung revolutionierte. Der Vogel selbst und die plastischen Schnitzereien kamen erst danach hinzu. Da sie sich aber großer Beliebtheit erfreuten, begründeten sie den Verkaufserfolg dieses unvergleichlichen Schwarzwälder Produktes. Trotz mancher Luxusausführung auf individuellen Wunsch, blieb es lange Zeit eine Uhr für die »einfachen Leute«. Der Preisdruck beförderte zweifellos auch die fortschreitende Arbeitsteilung bei der Herstellung und die industrielle Massenfertigung, die jedoch in mehreren Schüben, bedingt durch Krieg und heraufziehende Konkurrenz, an ihre Grenzen kam.

Im globalen Maßstab betrachtet, ist die heutige Uhrenproduktion im Schwarzwald nahezu bedeutungslos. Als Souvenir hat sich die Schwarzwälder Kuckucksuhr, übrigens eine geschützte regionale Qualitätsbezeichnung, ihre Bedeutung bewahrt, besser gesagt: ausgebaut. Mit der Zeit ist sie so zum touristischen Botschafter einer ganzen Urlaubsregion geworden. Mehr noch als Bollenhut, Schinken oder Kirschtorte steht sie weltweit für den Schwarzwald – und darüber hinaus für Baden-Württemberg und Deutschland. Das Geheimnis ihres Erfolgs liegt in der einzigartigen Verbindung von Tradition und Moderne. Darin, dass dieses Produkt zum einen ein Stück Industriegeschichte widerspiegelt und tatsächlich sogar die Industrialisierung im Schwarzwald vorangetrieben hat, zum anderen auf Natur, Heimat, regionale Verankerung und Schwarzwälder Wurzeln verweist.

Der Schwarzwald steht für erfolgreiche Produkte und Erzeugnisse wie die Kuckucksuhr, der einst daraus entstandenen Firma Junghans (Schramberg) oder der für die Erfindung der Dübel und anderer Befestigungssysteme bekannten weltweit agierenden Firma Fischer (Waldachtal-Turmlingen). So könnte der Schwarzwald auf der Suche nach einer neuen Identität zwischen Natur- und Kulturraum, Tourismusdestination, Traditions- und Spezialitätenregion künftig auch ein internationales Modell werden, wie ein hoch industrialisiertes Land der Natur und damit seinen Einwohnern neue Chancen eröffnet und zeigt, wie Landschafts- und Naturschutzmanagement in Zeiten des globalen Klimawandels vorausschauend angegangen werden können.

Steckbrief Schwarzwald

Ausdehnung:
Nord-Süd etwa 160 Kilometer
Ost-West bis zu 60 Kilometer

Höchste Erhebungen:
Feldberg (Südschwarzwald), 1493 m ü. NN
Herzogenhorn (Südschwarzwald), 1415 m ü. NN
Belchen (Südschwarzwald), 1414 m ü. NN
Hornisgrinde (Nordschwarzwald), 1164 m ü. NN

Natur-Highlights:
Feldberg, Belchen, Schluchsee, Titisee, Kniebis, Triberger Wasserfälle, Mummelsee, Wutachschlucht, Bannwald Wilder See, Grinden, Lotharpfad, Hochmoor Kaltenbronn, Hinterzartener Moor

Kulturelle Highlights:
Freiburg, Baden-Baden, Dom St. Blasien, Freudenstadt (Stadtanlage und Marktplatz), Bad Wildbad (Palais Thermal), Pforzheim (Schmuckmuseum), Furtwangen (Uhrenmuseum), Klosterruine Hirsau, Altstadt Gengenbach

Informationen/Anlaufstellen:

Nationalpark Schwarzwald: www.nordschwarzwald-nationalpark.de

Naturschutzzentrum Ruhestein im Schwarzwald: www.naturschutzzentren-bw.de

Naturpark Schwarzwald Mitte-Nord: www.naturparkschwarzwald.de

Naturschutzzentrum Südschwarzwald: www.naz-feldberg.de

Schwarzwald Tourismus GmbH: www.schwarzwald-tourismus.info

Naturpark Südschwarzwald: www.naturpark-suedschwarzwald.de

Freilichtmuseum Vogtsbauernhof Gutach: www.vogtsbauernhof.org

Hochschwarzwald Tourismus GmbH: www.hochschwarzwald.de

Schluchtensteig Südschwarzwald: www.schwarzwald-tourismus.info/Entdecken/Wandern/Qualitaets-Wanderwege/schluchtensteig

Ergebnis eines erdgeschichtlichen Supergaus –

Der Oberrhein

Der Kiebitz bevorzugt Feuchtgebiete und Grünland. Durch die Ausdehnung des Maisanbaus sind die Bestände im Rheintal stark zurückgegangen.

Die Luft flimmert von der Hitze. Links und rechts hinter Bäumen, Buschwerk und Gras gluckst allenthalben Wasser. Immer wieder piepen Vögel im mehr oder minder dichten Grün, in allen möglichen Tonlagen und den unterschiedlichsten Intervallen. Oder sie starten mit einem aufgeregten Schrei aus dem unzugänglichen Dickicht. Der Taubergießen, eines der spektakulärsten Naturschutzgebiete in Baden-Württemberg, ist zugleich der wohl letzte Auen-Urwald im Rheintal. Auch wenn diese Landschaft viele Änderungen erfahren hat und es nicht mehr »der ganz echte« Urwald ist, mag es so einmal in der gesamten Aue ausgesehen haben, als der Fluss noch nicht begradigt und das Wasser freien Auslauf hatte. Die Auenböden hier sind erkennbar kalkreich, sandig-schluffige Sedimente haben sich abgelagert.

An schwülheißen Tagen liegt die Assoziation an die Everglades in Florida gar nicht mal so fern: Zwischen üppigem Grün schimmert silbrig das träge Wasser hindurch. Eine flirrende Hitze liegt über der Landschaft und lässt die Konturen zumindest auf die Distanz verschwimmen. Wirklich gefährlich ist es zwischen Rust im Süden und Kappel im Norden allerdings trotz des glucksenden Wassers natürlich nicht. Auch wenn das Ganze aussieht wie ein Dschungel, gibt es hier in Mitteleuropa weder Würgeschlangen noch Alligatoren. Wenn, ja wenn nicht unliebsame Zeitgenossen ihre zu groß gewordenen Aquarien- und Terrarienpfleglinge aussetzen.

Der Taubergießen ist gleichwohl Zuflucht und Heimat von Arten, die es anderwärts entlang des begradigten und gebändigten Flusses schwer haben und daher längst verschwunden sind. Und er gibt das Bild einer Landschaft ab, in welcher der Hochwasserschutz weniger eine Frage von Dämmen und allerhand weiteren künstlich-kunstvollen Schutzmaßnahmen von menschlicher Hand war, sondern ein Naturereignis, mit dem man lebte. Das Wasser kam und ging. Der Fluss hatte einst noch Platz, sich in alle Richtungen auszudehnen. Die Landschaft wiederum, Böden, Bäume, Sträucher und Tiere, passte sich entsprechend an. Die ausgedehnte Auenwaldlandschaft wird bei Umfragen oder Abstimmungen immer noch zu Deutschlands bedeutendsten Naturwundern gezählt. Das Naturschutzgebiet befindet sich rechts des Rheins zwischen Oberhausen und Wittenweiler und hat eine Länge von rund zehn Kilometern und eine Größe von rund 1600 Hektar.

Im Grunde entstand der Taubergießen, als sich der Rhein noch unreguliert seinen Weg durch die oberrheinische Tiefebene suchte. So bildete er zahlreiche Mäander, suchte Platz bei Hochwasser. Dabei riss er Land mit sich und lagerte an anderen Stellen wiederum Schwemm-Material ab. Nach und nach bildeten sich dann Seitenarme aus, die später vom Hauptstrom abgeschnitten wurden. So kann man heute auf der Landkarte oder vom Flugzeug aus rechts des Rheins überall unterschiedlich große Wasserflächen entdecken. Manche davon sind ehemalige Baggerseen, die als Natur aus Menschenhand heute so wichtig sind wie die Reste der Auengewässer. Im Westen grenzt das Naturschutzgebiet an Frankreich, angefangen ungefähr an der Stelle, wo der die Elz bei Hochwasser entlastende Leopoldskanal in den Rhein fließt, bis hin zur Nordspitze der

Rhinauer Flussinsel. Den neuen, heutigen Rhein könnte man auch als Tulla-Rhein bezeichnen. Der Ingenieur Johann Gottfried Tulla nämlich begradigte und verkürzte im 19. Jahrhundert im Auftrag des Hauses Baden den Fluss, der dadurch schiffbar und industriell besser nutzbar wurde.

Mit seinen Schallblasen wirkt der Wasserfrosch, als ob er Stereolautsprecher mit sich schleppen würde.

Seit diesen Anfängen der Industrialisierung hat sich die Rheinniederung wesentlich stärker verändert als andere Landschaften. Zugverbindungen, Straßen und große Autobahnen wurden angelegt und ausgebaut – der Standort könnte aus topografischen Gründen kaum günstiger sein. Das Gleiche gilt für den Wirtschaftsstandort, weswegen die Zersiedelung in der Rheinebene auf beiden Seiten der Grenze besonders stark voranschritt. Und wo keine Gewerbegebiete oder Logistikzentren entlang der großen Verkehrsadern aus dem Boden schossen, breitete sich eine intensive und nach Flächen hungrige Landwirtschaft aus. Wo sich früher Auenwälder erstreckten, sind heute oft Wiesen und vor allem Ackerflächen. Der Abbau von Kies und Sand an etlichen Stellen entlang des Rheins tat ein Übriges und entzog dem flussnahen Landschaftstyp seine sprichwörtliche Grundlage. Immerhin entwickelten sich manche Baggerseen zur Natur aus zweiter Hand und ergänzen heute die wilde Restnatur.

Und glücklicherweise blieb der Taubergießen als letzter Rest aus vorindustrieller Zeit erhalten. Kurioses Detail am Rande: Ein paar Quadratkilometer auf deutschem Staatsgebiet gehören nach wie vor zur elsässischen Gemeinde Rhinau. Die Ursache liegt sowohl in der wechselhaften Geschichte im Grenzgebiet zwischen dem Elsass und dem heutigen Baden-Württemberg als auch am wechselnden Flussverlauf. Hier gibt es Weich- und Hartholzauen, die anderswo in dieser Dimension längst verschwunden sind: Silberweiden, Erlen, Schwarzpappeln, Eschen, Ulmen, Stieleichen. Ähnliche Restauen-Paradiese gibt es etwa im Rußheimer Altrhein, der Pfinzmündung im Landkreis Karlsruhe und im Bereich der Rastatter Rheinauen.

Der Buchswald

Nicht Auwald und dennoch zur Großlandschaft am Übergang von Oberrhein zum Hochrhein gehörend und ebenfalls Urnatur ist der Buchswald bei Grenzach in unmittelbarer Nachbarschaft zur schweizerischen Großstadt Basel. Das Gebiet ist das wohl einzige natürliche Vorkommen des Buchsbaumes in Deutschland. Das Vorkommen bei Grenzach wurde schon 1622 beschrieben. Bekannt ist, dass schon die jungsteinzeitlichen Siedler in unseren Breiten das recht feinfaserige Holz des Buchsbaumes verwendeten. Und auch in späteren Zeiten war das Holz nicht nur zur Herstellung von Werkzeugen, sondern auch von Flöten, Pfeifenköpfen und allerlei anderen Gebrauchsgegenständen begehrt. Der Buchs, seit Langem aus vielen Bauern- und Schlossgärten bekannt und heute eigentlich in keinem Privatgarten fehlend, wird in dem Naturschutzgebiet in Nachbarschaft zu Flaumeichen und Buchen zwischen drei und vier Meter hoch.

Wald im Wasser – Wasser im Wald

Ein Sommertag im Auenwald: Schon von Weitem sind die melodiösen Rufe des Pirols zu hören. Doch auch nach langem Suchen mit dem Fernglas ist der akustisch und optisch so exotisch anmutende Vogel nicht zu entdecken. Trotz des auffällig gelben Gefieders bleibt er im Blättergewirr der Baumwipfel verborgen. An diesem heißen Tag erinnert überhaupt die ganze Umgebung entfernt an einen tropischen Regenwald. Überall wuchert üppige Vegetation. Den Lianen in Tarzans Welt gleich, verweben Waldreben und Wilder Hopfen wie gigantische Spinnennetze die Boden- und Strauchschicht mit den Stockwerken der unterschiedlich alten Bäume. Der Auwald ist eine ganz besondere, sich oft abrupt wandelnde Welt. Bestimmender Faktor sind die immer wiederkehrenden Hochwässer. Und so taucht man mit jedem Schritt immer weiter in eine amphibische Welt ein. Hier sucht sich der Fluss nach jedem Hochwasser seinen eigenen Weg. Wenn in den Alpen, im Schwarzwald und in den Vogesen ab April bis Mai Eis und Schnee schmelzen, führen viele Flüsse Hochwasser, so auch der Rhein. Dort, wo gestern noch Kies- und Schotterbänke vor dem bewaldeten Flussufer lagen, ist nun Land unter. Die Wassermassen steigen zunächst über die flachen, später auch über die steilen Ufer, und die ersten Silberweiden haben schon nasse Füße. Wasser im Wald, Wald im Wasser also!

Der exotisch anmutende Pirol brütet in den hohen Wipfeln der Auenbäume.

Was zunächst wie eine vernichtende Flut aussieht, ist letztlich lebenserhaltendes Nass. Denn ohne die ständige Dynamik der jährlichen Hochwässer kann die artenreiche Tier- und Pflanzenwelt des Auwaldes und des Altwassers nicht überleben. Jetzt im Sommer sind diese Hochwässer überstanden und der Auwald steckt voller Leben. Nur noch verkrusteter Schlamm und vertrocknetes Geschwemmsel erinnern daran, dass die Bäume fast zwei Meter hoch überflutet waren. Am Ufer des Flussaltarms führt gerade ein Blesshuhn seine sechs Jungen aus. Mit dem leuchtend roten Köpfchen sind die kleinen, behände schwimmenden Federknäuel unverkennbar. Auch wenn es der Lauf der Natur so will, darf man gar nicht an den Hecht denken, der da irgendwo zwischen den Röhrichtstängeln am Wasser des Uferbereiches regungslos lauert. Er jagt nicht nur andere Fische und Wasserlebewesen, sondern auch junge Teich- und Blesshühner oder die Küken von Eulen. Doch die Natur hat ihre eigenen Gesetze und so werden manche jungen Hechte ebenso wie andere Fische der Alt- und Auwässer – etwa Giebel und Brachsen – selbst wieder Opfer anderer Jäger. Dazu gehört auch der Graureiher, der regungslos am gegenüberliegenden Ufer des Altwassers steht. Plötzlich stößt er mit seinem dolchartigen Schnabel in das Wasser – ohne Erfolg. Dann beginnt er im Zeitlupentempo durch das seichte Nass zu waten. Immer wieder hält der Vogel inne, um im knapp 20 Zentimeter tiefen Wasser mit seinen scharfen Augen weiter nach Beute Ausschau zu halten. Seine langen Zehen sorgen dafür, dass er nicht im

Schlamm des Auengewässers versinken kann. Jetzt wagt er sich schrittweise in tiefere Gewässerbereiche. Dann schnellt er wieder vor; ein etwa 15 Zentimeter langer Weißfisch kann seinem pfeilschnellen Schnabelhieb nicht mehr entkommen. Im Gegensatz zu vielen Wasservögeln hat der Graureiher keine Bürzeldrüsen, mit deren Fett er sein Gefieder »wasserdicht« machen könnte, so wie es bei Enten und Gänsen üblich ist. Sein Federkleid enthält lediglich unter den großen Federn kleine Puderdaunen. Brechen sie ab, verstäuben sie Puder, mit dem der Vogel nach dem Fischfang seine verschmierten Kopffedern reinigen kann. Nun erhebt sich der Reiher mit kräftigen Flügelschlägen und begibt sich zu den anderen grauen Gesellen, die auf den bizarren Ästen eines abgestorbenen Weidenbaumes sitzen.

Es ist schwülwarm. An solchen Tagen kennzeichnet vielseitiges Stimmengewirr diese eigenartige Welt. Unter den zahlreichen gefiederten Sängern ist auch ein Teichrohrsänger auszumachen. Auch eine Rohrammer klingt aus der Schilfzone. Draußen auf der offenen Wasserfläche ist ein anderer Fischjäger unterwegs. Der Haubentaucher kommt nach einem kurzen Tauchgang mehrere Meter von der Eintauchstelle entfernt wieder an die Wasseroberfläche. In seinem spitzen Schnabel trägt er jedoch keinen Fisch, sondern einige Wasserpflanzen. Geduld lohnt sich in solchen Momenten. Vielleicht hat der schlanke, etwa stockentengroße Taucher noch ein spätes Gelege oder er bereitet eine Brut vor. Jetzt schwimmt er zu den überhängenden Zweigen einer fast im Wasser liegenden Weide. Tatsächlich hat der Vogel sein Schwimmnest an den ins Wasser ragenden Weidenzweigen verankert. Was der Taucher mit seinen mitgebrachten Wasserpflanzen macht, ist jedoch nicht richtig zu erkennen. Vielleicht deckt er sein Gelege zu oder er bessert das Nest aus. Von der vorbeischwimmenden Knäkente lässt er sich jedenfalls nicht stören. Der Schilfrohrsänger, der immer noch aus dem schmalen Schilfgürtel zwitschert, muss da schon besser aufpassen. Denn auch die Rufe eines Kuckucks klingen durch den Auwald. Hat sich nämlich ein Kuckucksweibchen einmal ein Wirtsnest auserwählt, hat der Nachwuchs des unfreiwilligen Vermieters keine Chance mehr. Nach längerem Beobachten der Situation legt der Kuckuck in einem unbewachten Moment sein farblich den Wirtseiern oft erstaunlich angepasstes Ei in das fremde Nest. Der junge Kuckuck macht dann später ebenso kurzen Prozess, »schultert« noch vorhandene Eier oder Jungvögel und wirft sie kurzerhand aus dem Nest.

Barracuda des Altwassers: Der Hecht kann lange auf Beute lauern.

Während wir uns über die seltsamen Phänomene der Vogelwelt unterhalten, entdecken wir an einer alten Weide das fast kugelförmige, auch aus Flechten gebaute Nest einer Schwanzmeise. Das nur kleine Einflugloch wird der Kuckuck sicher nicht finden

Haubentaucher bewohnen nicht nur die Altarme entlang des Rheins, sondern sind auch am Bodensee, in den Seen und Riedgebieten Oberschwabens sowie in so manchen, heute als Naturschutzgebieten ausgewiesenen Baggerseen entlang des Neckars zu Hause.

können. Einfach herrlich, dass solche urtümlichen Naturparadiese in der Oberrheinniederung erhalten blieben und nicht der Rheinkorrektur zum Opfer fielen. Diese Altarme gehören heute zu den ökologischen Juwelen Baden-Württembergs. Es ist wenig bekannt, dass die Begradigung des Flusses anfangs sogar mit Waffengewalt gegen den Willen vieler ansässiger Fischer und Bauern durchgesetzt werden musste. Wie so viele Eingriffe in die Natur verursachte auch Tullas vielfach so beschriebenes Jahrhundertbauwerk zudem schwerwiegende Kollateralschäden. Der Strom floss schneller, der Flusslauf verkürzte sich erheblich. Das tiefe Einschneiden des Stroms beförderte die Erosion. Rechts und links senkte sich das Grundwasser ab. Mancherorts herrschte unversehens Trinkwassernotstand. Zahlreiche Obstbäume starben ab. Als die »Korrektur« des Rheins in den 60er-Jahren des 19. Jahrhunderts abgeschlossen war, war Urheber Tulla längst gestorben – und der Fluss um mehr als 80 Kilometer kürzer. Erst durch den Bau von Staustufen im 20. Jahrhundert konnte der Grundwasserspiegel teilweise wieder angehoben und stabilisiert werden. Für Gäste wie Einheimische immerhin inzwischen nutzbar geworden sind etliche Baggerseen, die durch den Abbau von Kies und Sand entstanden sind. Außerdem wurden entlang des Rheins Polder zum Hochwasserschutz angelegt, die bei Bedarf geflutet werden können: Hochwasserschutz in Baden-Württemberg für die Unterlieger etwa in Nordrhein-Westfalen.

Entstanden vor 35 Millionen Jahren

Die Oberrheinische Tiefebene, durch welche der Rhein ab dem Rheinknie zwischen Basel und Lörrach im deutsch-schweizerisch-französischen Dreiländereck ziemlich exakt in süd-nördlicher Richtung fließt, blickt auf eine spannende Geschichte zurück. Oder sollte man nicht eher formulieren: spannungsvoll? Der Oberrheingraben ist nämlich Teil einer Grabenbruchzone, die sich vom westlichen Mittelmeer bis zur Nordsee erstreckt und durch gewaltige Spannungen in Erdkruste und Erdmantel hervorgegangen ist. Was sich so einfach liest – Spannungen hören sich ja noch nicht dramatisch an – war letztlich ein geologischer Super-GAU, der die Landschaft grundlegend veränderte und zum Teil das Süddeutsche Schichtstufenland entstehen ließ. Solche geologischen Prozesse laufen natürlich über längere Zeiträume hinweg und dauern Jahrtausende und Jahrmillionen. Der heutige Graben entstand nämlich durch eine gewaltige Absenkung der Erdoberfläche. Die Gebirgszüge im Westen (Vogesen sowie weiter im Norden Pfälzer Wald) und Osten (Schwarzwald und Odenwald) sind gewissermaßen die emporgehobenen Grabenschultern. Durch Erosion einerseits und Sedimentation andererseits wurden die Höhenunterschiede mit der Zeit wieder ein Stück weit ausgeglichen. Den Beginn der

Entstehung des Oberrheingrabens datieren Erdgeschichtler auf eine Zeit vor etwa 35 Millionen Jahren. Bis zum heutigen Tage ist der Oberrheingraben eine Zone erhöhter seismischer Aktivität. Kleinere Erdbeben kommen hier durchschnittlich alle paar Monate vor.

Trotz Ablagerungen und Vertiefungen in Jahrtausenden und Jahrmillionen lassen sich in der Rheinebene nach wie vor unterschiedliche Zonen unschwer ausmachen. Die Rheinaue unmittelbar am Fluss ist durch Hoch- und Niedrigwasser geprägt. Allerdings hat die Landschaft unmittelbar links und rechts des gezähmten und einbetonierten Flusses an den meisten Stellen ihren ursprünglichen Charakter verloren – abgesehen eben von solchen Gebieten wie dem Taubergießen-Gebiet.

Die nach Osten angrenzende Niederterrasse, nur wenige Meter höher als die Rheinaue, ist als Ergebnis der letzten Eiszeit mit Löss bedeckt und besteht großenteils aus fruchtbaren Parabraunerden. Gemüse aller Art, Kirschen, Spargel, Hopfen, Erdbeeren, sogar Tabak – hier gibt es fast nichts, was nicht angebaut würde. Die Rheinebene ist ein wahrer Garten Eden, in dem fast alles wächst und gedeiht. Begünstigt wird der Anbau durch milde Winter, relativ hohe Jahresdurchschnittstemperaturen und eine ausreichende Wasserzufuhr. Hinzu kommen die warmen Winde aus Süden und Südwesten, die durch die Burgundische Pforte nach Norden dringen. Östlich der Niederterrasse schließt sich die buckelig bergige Vorbergzone an, in der seit Jahrtausenden Weinbau betrieben wird. Mancherorts treten Gesteine des Muschelkalks und Buntsandsteins an die Oberfläche. Ansonsten sind die Hänge auch hier vorwiegend mit Löss und Lösslehm bedeckt.

Wilder Hopfen – eine Liane des Auwaldes.

Der mediterranste Fleck Deutschlands – Der Kaiserstuhl

Aussichtspunkte, wo noch fast jedem Gast das Herz aufgeht, eine Vielfalt landschaftlicher Reize und Besonderheiten, Rebgärten in eigentümlichen Terrassen angelegt, große Weine und eine attraktive Gastronomie – der Kaiserstuhl versprüht viel Lebensfreude und ist zu einem Synonym für genussvolle Entschleunigung geworden. Weit über die Grenzen der Region hinaus bekannt ist die Region obendrein, weil sich hier traditionsreiche Weingüter und herausragende Winzer, zum anderen auch geschichtsträchtige Gourmetadressen wie etwa der Schwarze Adler in Vogtsburg-Oberbergen finden. Das kleine Gebirge namens Kaiserstuhl erhebt sich mitten in der Oberrheinebene, ungefähr zehn Kilometer nordwestlich von Freiburg. Es ist gewissermaßen die Ruine eines ehemaligen Vulkangebiets mit dem bewaldeten Gipfel des Totenkopfs (557 m) als höchstem Punkt. Damit erhebt sich der etwa 16 Kilometer lange und ca. 12 Kilometer breite Höhenzug gut 350 Meter über die Rheinebene. Durch die Burgundische Pforte, die faktisch Teil der Grabenbruchzone ist, in der später der Rhein seinen Platz fand, dringt immer wieder im Jahr warme Mittelmeerluft in diesen Landstrich, was den Anbau von Obst und Wein sehr begünstigt.

Das Kaiserstuhl-Gebiet gehört zu den wärmsten Landschaften Baden-Württembergs.

Das Gebirge entstand vor ungefähr 15 Millionen Jahren durch den Aufstieg vulkanischen Materials entlang einer Grabenrandscholle östlich des heutigen Kaiserstuhls. Mit der Zeit bildete sich ein Schichtvulkan mit mehreren Öffnungen heraus. In wiederkehrenden Schüben trat Lavagestein aus. Nach dem Ende der vulkanischen Tätigkeit schuf die Erosion im Großen und Ganzen das jetzige Bild des Kaiserstuhls. Er besteht aus Lava und Tuffgestein, insbesondere am hufeisenförmigen Hauptkamm. In der Mitte finden sich auch Tiefengesteine wie Phonolithe und seltener Karbonatit. Im Süden und Osten sind Hänge und Flanken zum Teil meterhoch mit Löss bedeckt. Diese »Rarität« lässt sich mancherorts in hohlen Gassen bestaunen, die einst durch Nutzung der Weingärtner und allmähliche Erosionen ausgehöhlt worden sind.

Insgesamt ist der Kaiserstuhl in seiner heutigen Gestalt sehr stark von Menschenhand überformt und geprägt. Neben solchen Hohlwegen und Sträßchen, die hier mitunter aus dem Hang herausgefräst zu sein scheinen, prägen vor allem die großen Rebterrassen das Bild. Auf ihnen werden heute vor allem Wein oder Früchte angebaut. Die großflächigen Rebflurbereinigungen in den 70er-Jahren haben die Landschaft merklich umgestaltet, andererseits etlichen Bauern wohl die Existenzgrundlage bewahrt. An ei-

Überleben in der Steppe – Die Trockenböschung

Im Bereich des Kaiserstuhls und in nicht ganz so heiß ausgeprägten Weinbauarealen der Schwarzwaldvorbergzone zwischen Baden-Baden und Breisach finden sich oft steppenartige Bereiche, bei denen es sich lohnt, während Spaziergängen genauer hinzusehen. So manche Böschung, so mancher Rain entpuppt sich als eine Kombination von Provence und Toskana im Kleinformat.

Hochsommer – nicht das geringste Lüftchen regt sich. Und am sandigen Wegesrand wird die Mittagssonne besonders intensiv gespeichert. Jetzt, wenn die Temperatur unmittelbar am Boden gut 60 °C beträgt und wir es fast schon bereuen, nicht irgendwo im Schatten bei einem Grauburgunder oder Gutedel zu sitzen, kommt das Leben an der Trockenböschung erst so richtig in Gang. Grillen zirpen, Heuschrecken und Zikaden »singen« um die Wette, Hummeln und Bienen besuchen summend und brummend eine Blume nach der anderen. Scheinbar regungslos verharren Schwebfliegen in der heißen Luft. Dazwischen tanzen farbenprächtige Schmetterlinge. Leuchtend blauer Salbei und weiße Margeriten verleihen zusammen mit Klappertopf, Kronwicken, Flocken- und Glockenblumen der kleinen Welt am Wege ein buntes Farbmuster.

Uns kommt es so vor, als ob wir in der Provence unterwegs wären. Und es riecht auch wie in einem Kräutergarten. In dem Blütenmosaik fallen besonders weißlich rosa bis tiefviolett leuchtende Blütenrispen auf. Beim Zerreiben der Blätter strömt uns ein würziger Duft entgegen. Wir haben eine der beliebtesten Gewürzpflanzen vor uns – den Wilden Majoran, auch Dost genannt. Viel bekannter ist diese Pflanze jedoch als Pizzagewürz »Oregano«. Nur denken eben viele Leute beim Besuch einer Pizzeria nicht daran, dass der Oregano nicht nur in der Toskana oder der Provence gedeiht, sondern auch an so manchen Wegrainen und trockenen Böschungen bei uns in Mitteleuropa wächst.

Während uns bei dem Gedanken an eine knusprige Dinnete – wie die badische Pizza als Pendant zu Elsässer Flammkuchen auch genannt wird – das Wasser im Mund zusammenläuft, landet auf der kahlen Stelle unterhalb der Trockenböschung ein auffällig schwarzgelbes Insekt. Es ist eine Kreiselwespe, die mit ihren Beinen das körnige Substrat wegscharrt, plötzlich im Boden verschwindet und alsbald nach dem schnellen Verschließen des Schlupfloches wieder abschwirrt. Gespannt legen wir uns auf die Lauer. Nach einer knappen Viertelstunde ist die Kreiselwespe wieder da, um erneut den Sand wegzuschaffen. Die Arbeit scheint ihr jetzt etwas mehr Mühe zu machen. Dies ist nicht verwunderlich, denn zwischen den Beinen hält das Insekt ein offensichtlich gelähmtes Beutetier; wahrscheinlich handelt es sich um eine Schwebfliege. Kurz darauf schiebt sich die Kreiselwespe mit ihrer Luftfracht in das Loch im Boden. Auch der eifrigste Naturbeobachter kann kaum erahnen, dass der Gang fast einen Meter tief reicht. Dort hat die weibliche Kreiselwespe vermutlich schon vor drei Wochen Brutkammern angelegt, jetzt vor der Eiablage werden zahlreiche gelähmte Fliegen und Schwebfliegen als »konservierte« Beutetiere eingetragen.

Ein kurzes Rascheln lenkt uns ab und macht uns neugierig. Hinter einigen dürren Gräsern des Vorjahres huscht eine Eidechse hervor und klettert behände zwischen Mauersteinen hoch, um schon kurz darauf in einer der vielen Ritzen zu verschwinden. Alles geht so schnell, dass wir nicht genau feststellen können, ob es sich um eine der noch häufigeren Zauneidechsen oder um die seltene Smaragdeidechse handelte.

Während mit der Sommerhitze viele Kleintiere am Wegrain erst so richtig aktiv werden, haben sich andere Lebewesen bereits zurückgezogen. Dazu gehören auch die kleinen Schnecken, die am oberen Ende einiger Grasstängel kleben und im jetzt aufkommenden, leichten Nachmittagswind geschaukelt werden. Rechtzeitig vor der großen Hitze kriechen typische Magerrasen-Bewohner unter den Schnecken, wie etwa die Heide- und die mit ihrem pyramidenartigen Gehäuse auffälligere Zebraschnecke, an Gras- und Blumenstängeln hoch. In diesem »Stockwerk« des Wegrains ist es schon nicht mehr so heiß. Die Schnecken haben somit eine geniale Überlebensstrategie entwickelt.

Im Bereich des Kaiserstuhls und der Umgebung finden sich zahlreiche Trockenböschungen, die im Sommer eine Wärme liebende Vegetation beherbergen. Eine für viele Insekten wichtige Nahrungspflanze ist der Wilde Majoran; auch bekannt als Würzpflanze »Oregano«.

nigen Standorten im Kaiserstuhl finden sich mediterran anmutende Trockenrasen, die seltene Pflanzen- und Tierarten wie Orchideen, Berg- und Steinkraut, Färber-Ginster, Küchenschelle, Schwertlilie und ebenfalls mediterrane Tierarten wie den farbenfrohen Bienenfresser, Smaragdeidechse und Gottesanbeterin beherbergen.

Vom Achkarrer Schlossberg oder vom Blankenhornsberg über Ihringen, das immer wieder als wärmster Ort Deutschlands bezeichnet wird, eröffnet sich ein atemberaubender Panoramablick. Niemand, dem auf dieser Terrasse nicht die Assoziation an den Süden käme, an mediterrane Leichtigkeit, eine genussreiche, weil sonnendurchflutete Natur. Im Westen, jenseits der Hangkante, öffnet sich das Rheintal, das Breisacher Münster liegt in Sichtweite, und weiter hinten sind die Vogesen zu erkennen. Im Osten wiederum erheben sich die Gipfel des Südschwarzwaldes aus dem Dunst. Direkt zu Füßen des aus hellen Steinen erbauten Wirtschaftsgebäudes am Musterweingut Blankenhornsberg, das zum staatlichen Weinbauinstitut Freiburg gehört, breitet sich eine vielfältige Reblandschaft aus. Zu sehen sind kleine Mauern, Rebböschungen, Steillagen, kleinteilige alte Terrassen und weit ausgreifende neue Terrassen, wie es sie so in Deutschland nur am Kaiserstuhl gibt. Der Blankenhornsberg, benannt nach dem Pionier des badischen Weinbaus, Professor Adolph Blankenhorn, ist einer von nicht wenigen magischen Orten am Kaiserstuhl. Dazu zählen sollte man etwa auch die Marktplätze in Endingen und Burkheim, die Eichgasse in Bickensohl, ihres Zeichens die größte Lösshohlgasse Baden-Württembergs, sowie den eigentümlich kahlen Badberg.

Ab und an ist der Wiedehopf – ein Zugvogel, der in Afrika überwintert – im Bereich der Obstwiesen und Weinbaulandschaften des Rheintals zu beobachten.

Böschungen und Wegränder als ökologische Zierleisten

Wie die Wege selbst sind auch deren Randzonen und Böschungen vom Menschen geschaffene Landschaftselemente. Dabei brauchen wir nicht einmal zwischen Fußwegen, Straßen und Schienenverkehrswegen zu unterscheiden. Die Randzonen aller dieser Verbindungslinien haben eine hohe ökologische Vielfalt mit standörtlich unterschiedlicher Ausprägung gemeinsam. Gerade in der Oberrheinebene mit den Übergangsgebieten zum Schwarzwald spielen Wegböschungen eine wichtige Rolle für die Biotopvernetzung. Entstehen konnte das vielseitige Leben am Wegesrand oder Böschungsrain, weil es sich dabei meist um nicht genutztes oder nur extensiv bewirtschaftetes Grenzgelände handelt. Oft sind die Wegränder und Böschungen ja nur schmale Streifen im Verhältnis zur übrigen Feldflur – eben jene Flächen, die sich etwa in steilerem Gelände nicht nur für die intensive landwirtschaftliche Nutzung eignen, oder solche, die zwischen den Wegen und der angrenzenden Weinberg-, Acker- oder Wiesenfläche noch verblieben sind.

Es gibt wohl so viele Wegraintypen wie Wegränder überhaupt. Ein Geländestreifen mit angrenzendem Graben in einem feuchten Wiesental weist eine andere Pflanzen- und Tiergemeinschaft auf als eine trockene, sonnenexponierte Wegböschung auf felsigem Untergrund. Und der Wegrain in sandigem, magerem Gelände wird sich anders präsentieren als ein Bahndamm, der vor Jahrzehnten aus lehmigem, nährstoffreichem Bodenmaterial aufgeschüttet wurde. Dämme, Böschungen und Wegränder sind immer

ein kleines Spiegelbild der sie (zumindest früher) umgebenden Landschaft. Da es sich jedoch um extremere Standorte handelt – etwa durch Trittbelastung oder steinigen Untergrund – sind diese Mini-Streifenbiotope mit anderen Lebensräumen nicht direkt vergleichbar. Und das macht sie auch so interessant. Vor einer Abbruchkante der Böschung entdecken wir blaugrüngelb schillernde Vögel. Laut schreiend fliegen sie umher, kreisen am blauen Himmel, setzen sich ab und zu auf den dürren Zweig eines alten Wildrosenstrauches und streifen darauf ihre spitzen Schnäbel ab. Es sind Bienenfresser – ornithologische Vorboten aus dem Mittelmeergebiet, die im Lössboden ihre Brutröhren gegraben haben. Haben sie Wildbienen oder -wespen erbeutet, drücken sie auf einer Unterlage – wie etwa dem Ast – deren Giftblase aus. Gewusst wie!

Lange war das Kaiserstuhlgebiet der nördliche Vorposten der bunt gefärbten Bienenfresser. Es scheint, als würden diese Vögel, die unter anderem in Lösswände Brutröhren graben, ihr Brutareal ausdehnen.

Maikäfer sind wichtige Nahrungstiere für den Wiedehopf.

Wyhl oder wie die Natur zurückkehrte

Üppig wuchert das Grün. Bäume und Buschwerk wachsen ganz ungeniert dort, wo eigentlich zwei gewaltige Kühltürme hätten emporschießen sollen. Eine industrielle Achse sollte hier einst gezogen werden, eingerahmt von Fabriken und Großbetrieben, mit Energie versorgt von einem großen Atomkraftwerk. Der Rhein hätte in diesem Szenario eine maßgebliche Rolle gespielt – als der Strom, der das Wasser zur Kühlung liefern sollte, zugleich als wichtiger Transportweg in dieser so projektierten südwestdeutschen Industrielandschaft. Tatsächlich wurde seinerzeit von einem Ruhrgebiet am Oberrhein gesprochen. Mehr noch, es wurde von der Politik geradezu beschworen. So dachte man noch in den 70er-Jahren des letzten Jahrhunderts, Bürgerbeteiligung war – im Vergleich zu heute jedenfalls – ein Fremdwort. Widerspruch und Fragen aus der Bevölkerung waren unerwünscht. Für die Politik und ihre obersten Repräsentanten im Land wie Hans Filbinger, den damaligen Ministerpräsidenten, war es gar blutiger Ernst: Mit (Polizei-)Gewalt wollte er die Pläne durchsetzen. Wenn der Meiler nicht gebaut würde, gingen in naher Zukunft im Land die Lichter aus, warnte er – und verschätzte sich gehörig. Sein Nachfolger Lothar Späth ließ von den Plänen ab. Anfang, Mitte der 80er-Jahre war das Projekt gestorben.

Im wilden Süden Deutschlands, wo einst fast noch in Wildwestmanier gegen Atomenergie und für die Natur gekämpft wurde, hat sich die Natur die Fläche buchstäblich zurückgeholt. Und die Antwort der Geschichte hätte klarer nicht ausfallen können. Dass heute an genau jener Stelle nahe der deutsch-französischen Grenze im Westen und dem Kaiserstuhl im Süden ein Naturschutzgebiet ausgewiesen ist, beschreibt die Niederlage symbolträchtig. Wyhl beflügelte die Anti-Atom-Bewegung in ganz Deutschland, legte einen Keim für die spätere Gründung der grünen Partei. Dies geschah sicher nicht zufällig

Natur-Erlebnistipp – Forschen in der Kiesgrube

Sandlaufkäfer

Durch die Gewinnung von Kies und Sand sind in der Oberrheinaue zahlreiche Baggerseen entstanden. Nicht nur dort, wo das Wasser heute oftmals zum Baden einlädt, hat sich eine interessante Natur entwickelt, sondern auch im Bereich ehemaliger Kieslager, Abraumhalden und aus Menschensicht oft ödem, aber für die Natur hoch wertvollem Gelände.

Wer auf Natur-Entdeckungstour in ehemaligen Kies-, Sand- oder Tongruben unterwegs ist, sollte stets ein Glas oder ein durchsichtiges Plastikgefäß dabeihaben. An wassergefüllten Wagenspuren oder auch Tümpeln kann man so die oft bizarre Tierwelt wie etwa Wasserkäfer und deren Larven, Kaulquappen von Kröten und Fröschen oder Larven von Molchen näher betrachten. Es versteht sich von selbst, dass die Tiere mit Wasser vorsichtig aufgenommen und nach dem genauen Studieren behutsam wieder in ihre natürliche Umgebung entlassen werden. Nach den Naturschutzbestimmungen ist es streng verboten, etwa Amphibien oder deren Larven aus ihren Lebensräumen zu entfernen.

Es ist jedoch möglich, Sämereien so mancher Wildstauden für die eigene »Wildnisecke« im Garten mitzunehmen. Ob Königskerzen, Steinklee oder der auffällig blau blühende Natternkopf: Viele Arten lassen sich auf einem mageren – also möglichst nicht gedüngten – Boden hervorragend ansiedeln.

im Südwesten. Indem der Wyhler Widerstand (»Nai hämmer gsait«) aber von Anfang an auch Landfrauen, Winzer, Bauern, Pfarrer und angesehene Bürger aktivierte, wurde er womöglich gar zum Nukleus eines recht eigentümlichen baden-württembergischen Bürgerprotestes. Zwei Gedenksteine im Rheinauewald und im benachbarten Weisweiler erinnern heute an den erfolgreichen Wyhler Widerstand. Und eben das üppige Grün.

Rund um den Staufenberg sind die westlichen Schwarzwaldhänge eng mit Rebland und Obstkulturen verzahnt.

Sein kühlendes Wasser liefert der Rhein, genauer: ein Seitenkanal, allerdings nach wie vor in das elsässische Atomkraftwerk Fessenheim, das einige Kilometer stromaufwärts auf der Höhe von Bad Krozingen liegt. Es ist der inzwischen älteste in Betrieb befindliche Meiler Frankreichs, umstritten wegen etlicher fehlender Sicherheitsvorkehrungen, quasi das Gegenstück zu Wyhl. Weil notwendige Nachrüstungen wegen Erdbeben und Überflutungen sowie angesichts der Gefahr drohender Flugzeugabstürze zu teuer kommen würden, sieht auch Fessenheim nur noch einer begrenzten Restlaufzeit entgegen.

Wein aus der Vorbergzone – Schloss Staufenberg bei Durbach

Die Rebhänge breiten sich von hier oben auf Schloss Staufenberg in alle Himmelsrichtungen aus. Hell abgesetzt vom satten Grün zeichnen sich mäandernde Wege ab, die dem Hangverlauf und der Topografie folgen. Dicke steile Buckel und weich geschwungene Hügel wechseln einander ab. Mitunter meint man, zumindest wenn man mit blühender Fantasie ausgestattet ist, schlafende Dinosaurier zu erblicken. Das Bild dieser Landschaft ist sehr eigentümlich und unterscheidet sich deutlich von dem anderer Weinbergsregionen. Die Vorbergzone des Schwarzwaldes ist dabei unterschiedlich breit.

Im Süden, etwa im Markgräflerland, reichen die Abhänge des Schwarzwaldes näher an die Rheinniederung heran. Im Breisgau nördlich von Freiburg wird die Buckellandschaft ganz schmal oder verschwindet in einer nur leicht erhöhten Geländestufe. Zwischen Baden-Baden im Norden und Lahr im Süden hebt sich diese Landschaftsform indes deutlich ab und bildet erkennbar den Übergang vom dunkelgrünen Schwarzwald zur flachen, weiten Rheinebene.

Schloss Staufenberg, auf die Kuppe eines solchen gewaltigen Dinosaurierbuckels gesetzt, bedeckt ein Fleckchen Erde, das mit einer besonderen Ausstrahlung gesegnet und zugleich typisch für diese Landschaftsform ist. Die Aussicht von den dicken Burgmauern aus ist überwältigend: Im Westen liegt die Rheinebene mit Straßburg in der Mitte. Das Münster setzt sich vom helleren Häusermeer gut sichtbar und dunkel ab. Im Osten, scheinbar nah und gleich hinter der von Menschen geformten Kultur- und Genusslandschaft der Ortenau, breiten sich die bewaldeten Gipfel des Schwarzwaldes aus. Es kommt vor, dass auf Schloss Staufenberg wärmende Sonnenstrahlen fallen, während um die Schwarzwaldberge dichte Nebelschwaden wabern.

Die Spätburgunder-Trauben gehören zu den Charaktersorten des Weinbaus in Südbaden.

Schloss Staufenberg, im Besitz des Markgrafen von Baden und Sitz eines seiner Weingüter, ist ein magischer Ort, der nicht zufällig Werbebroschüren ziert und touristischen Hochglanz-Magazinen ein attraktives Cover liefert. Der 383 Meter hohe Bergkegel liegt inmitten des kleinwelligen Vorberglandes, dessen Weinberge mitunter ziemlich steil sind. Zu Füßen des Schlosses streckt sich der malerische Weinort Durbach aus. Die rustikale Burganlage mit der Sonnenterrasse macht das Erlebnis perfekt. Ursprünglich von den Zähringern im 11. Jahrhundert erbaut, wechselte sie in den folgenden Jahrhunderten darauf mehrfach den Besitzer. Auch französische Herren versuchten hier heimisch zu werden. Ende des 17. Jahrhunderts schließlich erstand Markgraf Ludwig Wilhelm von Baden-Baden den Bergkegel. Noch einmal knappe 100 Jahre später schrieb Schloss Staufenberg erneut Geschichte: Als nämlich Markgraf Karl Friedrich, der spätere Großherzog von Baden, in der Lage Klingelberg Rieslingreben anpflanzte. Weinbau wurde hier bereits jahrhundertelang betrieben, doch dass sich der König aller Weißweine auf diesem Terroir – und im ausgeprägten Burgunder-Land Baden – zu solch vollendeter Reife und Finesse entfalten würde, das wissen wir erst seit dieser Anpflanzung. So kam es auch, dass in der Region nahe Offenburg für den bekanntesten deutschen Wein der Name »Klingelberger« gebräuchlich wurde.

Die rassigen, mineralischen Rieslinge im Baden-Badener Rebland sowie in der nördlichen Ortenau sind jedoch eher die Ausnahme. In der weithin bestockten Vorbergzone dominieren, wie auch am Kaiserstuhl und rund um den Kalksteinhügelzug Tuniberg, Weiß-, Grau- und Spätburgunder. Im Markgräflerland bereichert ein weiterer »markgräflicher« Wein den Sortenspiegel, der Gutedel. Derselbe Markgraf, der am Klingelberg 1782 Riesling-Setzlinge einbringen ließ, hatte kurz davor vom Genfer See die Gutedel-Rebe mitgebracht, die zwischen Weil am Rhein und Müllheim zu Recht als regionale Rebsorte und Spezialität geschätzt wird. Auch Weinbaugebiete des Oberrheins beherbergen – obwohl gepflegte Kulturlandschaft – so manch wilde Natur. Die kleinen wilden Wunder am Wegrain lassen sich überall rings um die idyllisch gelegenen Weinbauorte wie etwa Oberkirch, Kappelrodeck oder Sasbachwalden entdecken.

Urtümliches Lebewesen zwischen Wasser und Sand

Im Bereich der sandigen Böden der Rheinebene ist ein eigentümliches Lebewesen zu Hause: die Knoblauchkröte. Mitunter sind die eigenartigen, in gleichmäßiger Folge abgegebenen Rufe an warmen Maiabenden zu hören. Damit versuchen die Männchen der Knoblauchkröte die Weibchen anzulocken. Wassergräben oder große Pfützen bieten diesen Amphibien mit den olivbraunen Flecken gute Laichbedingungen. Schauen wir uns ein solches Laichgewässer näher an: Der Wassergraben ist an seiner tiefsten Stelle gerade mal 30 Zentimeter tief, und an dieser Stelle befinden sich keine Gehölze, sodass die Sonne hier das Gewässer leicht erwärmen kann. Es ist auch nicht mit Düngemitteln befrachtet und konnte deshalb seine nährstoffarme Wasserqualität bewahren. Das erkennt man auch daran, dass hier trotz der günstigen Besonnung kaum Wasserpflanzen wachsen.

Die Knoblauchkröte bekommen wir nur selten zu sehen.

Sobald nun die Weibchen ankommen, werden sie von den Männchen zur Paarung umklammert. Die zu kurzen und dicken Laichschnüre mit zusammen etwa 1000 Eiern entwickeln sich innerhalb weniger Wochen zu den zwischen sechs und neun Zentimeter langen Kaulquappen. Als Kaulquappen können die Tiere sogar überwintern und werden dann bis zu zwölf Zentimeter lang, länger als die fertig entwickelten Tiere, die nur sieben (Männchen) und acht Zentimeter (Weibchen) groß werden. Im Verhalten jedoch gleichen sie den Eltern. Sie treten nicht in Schwärmen auf wie andere Amphibienarten, sondern einzeln – und zwar erst nach Einbruch der Dunkelheit, vor allem bei feuchtwarmer Witterung. Aus der Kaulquappe entwickelt sich nach dem Larvenstadium die fertige Kröte. Diese verlässt umgehend ihr Geburtsgewässer und beginnt nun ein ziemlich trockenes Landleben.

Das nach der letzten Eiszeit aus den Steppengebieten Osteuropas und Vorderasiens nach Mitteleuropa eingewanderte Tier lebt in Gegenden mit Sandböden oder sandigen Lehmböden; dort etwa, wo, wie in Spargelgebieten, in den Niederungen sandige Äcker vorkommen, vegetationsarme Sandböden oder sandige Lehmböden in Auelandschaften vorherrschen. Hügel- und Bergland sowie Wald meidet die plumpe Kröte mit dem gedrungenen Körper. Wichtig für dieses urtümlich anmutende Amphibium ist lockeres Bodensubstrat, in das sich die robuste Kröte tagsüber mit dem scharfkantigen Horn an den Hinterfüßen wie mit einer Grabschaufel einwühlen kann. Auch bei Gefahr gräbt sie sich in Sekundenschnelle in den Boden ein oder verströmt einen unangenehmen Geruch, der ihr auch zu ihrem Namen verhalf. Diese originellen Verteidigungstechniken haben jedoch nicht verhindern können, dass die Knoblauchkröte heute vom Aussterben bedroht ist.

Die Kurpfalz – Einst Schlachtfeld und Durchzugsgebiet

Die heute so friedliche Kulturlandschaft der Kurpfalz, im äußersten Nordwesten des Landes gelegen, recht flach und höchstens leicht gewellt unterhalb der Höhenzüge des Odenwaldes, ist schon seit den Zeiten der Römer und später der Franken sowie noch mehr seit dem Mittelalter ein Grenz- und Durchzugsgebiet, ein Schlachtfeld und ein bunter Flickenteppich gewesen. Die Übergänge sind fließend, landschaftlich, sprachlich sowie was die Zeugnisse und Monumente von Kunst und Architektur anbetrifft. Der Wortbestandteil Pfalz rührt her vom Amt des Pfalzgrafen, der im Mittelalter am Königshof für Recht und Ordnung sorgte. Zum Lohn wurde ihm Land zugeteilt, das die Pfalzgrafen in der Folgezeit zu einem Territorialstaat erweiterten.

Heute meint man mit Kurpfalz gewöhnlich »nur« noch jene Grenzregion Baden-Württembergs am Übergang zu Hessen im Norden und Rheinland-Pfalz im Westen. Historisch reichte die Kurpfalz vom Hunsrück im Nordwesten bis zum Kraichgau im Süden.

Spargeläcker sind ganz typisch für weite Teile der Rheinebene.

Hervorgegangen war sie aus der rheinisch-lothringischen Pfalzgrafschaft, die im Hochmittelalter weite Gebiete am mittleren Oberrhein umfasste. Die Kurfürsten nahmen im Alten Reich, dem Heiligen Römischen Reich Deutscher Nation, stets eine besondere Stellung ein und zählten zu den wichtigsten protestantischen Mächten. Die kurzzeitige Übernahme der böhmischen Königskrone durch Kurfürst Friedrich V. gilt als Auslöser für den Dreißigjährigen Krieg und seine Verheerungen im Mitteleuropa des 16. Jahrhunderts.

In der Geschichte der Kurpfalz war dies sicherlich ein schwerwiegender Wendepunkt. Sie wurde zum Kriegsschauplatz, geriet immer wieder unter fremde Besetzung. Damit einher gingen Plünderungen und die zeitweilige Entvölkerung der Region. Mit dem Westfälischen Frieden wurde die Herrschaft der Pfälzer Wittelsbacher zwar wiederhergestellt. Doch blieb es unfriedlich: Die Region war auch danach ständigen Eroberungsfeldzügen ausgesetzt. Die pittoreske Ruine des Heidelberger Schlosses legt davon noch heute beredt Zeugnis ab. Der »Übeltäter« war Frankreichs Sonnenkönig Ludwig XIV. Der Pfälzer Löwe und das blau-silberne Rautenmuster der (bayerischen) Wittelsbacher offenbart die vielen, heutigen Zeitgenossen kaum noch bekannten historischen Bezüge. Die Landschaft ist vergleichsweise dicht besiedelt an dieser, wenn man so will, europäischen Schnittstelle, gerade auch wegen der Verkehrswege. Neben gut erhaltenen Altstadt-Kernen wie in Ladenburg mit ihrer reichen römischen und mittelalterlichen Vergangenheit und ausufernden Industrieanlagen finden sich Äcker, Wiesen, viele Spargelfelder. Im Randbereich werden Wein und Obst angebaut.

Landwirtschaftlich betrachtet ist die Kurpfalz schon seit Langem bekannt für ihre Sonderkulturen. Neben dem Tabak setzte sich seit Ende des 19. Jahrhunderts immer mehr das Edelgemüse Spargel durch. Mag es andere, auch größere Anbaugebiete in Deutschland geben – hier sind die Voraussetzungen ohne Zweifel ganz besonders gut. Der Boden in der Rheinebene ist leicht, sandig und wasserdurchlässig. Er erwärmt sich im Frühling schnell und hat eine hervorragende Humusqualität. In den 90er-Jahren wurde zwischen Schwetzingen und Bruchsal die Badische Spargelstraße eingeweiht. So steht die Kurpfälzer Delikatesse heute neben anderen regionalen Spezialitäten im Genießerland Baden-Württemberg.

Trotz der intensiven landwirtschaftlichen Nutzung, der Industrie- und Gewerbezonen sowie der Siedlungsgebiete des Ballungsraums Mannheim und sicher auch im Bereich des nördlichen Oberrheins, ist noch wilde Natur erhalten. Ein besonderes Beispiel ist die Rheininsel bei der Gemeinde Ketsch im Rhein-Neckarkreis. Durch den Durchstich einer großen Rheinschlinge westlich von Ketsch während der Oberrheinkorrektur zwischen 1833 und 1845 entstanden, ist das Gelände von einem durchgängigen Altrheinarm umschlossen. Hier finden sich neben Stieleichen, Flatterulmen und Hainbuchen noch die selten gewordenen heimischen Schwarzpappeln. Und noch eine floristische Besonderheit hat hier eine Heimat: Es ist das Vorkommen der Wilden Weinrebe. Leider sind von dieser Pflanze, die zwischen Natur und Kultur vermittelt, nur noch etwa 20 Stücke bekannt. Die Arbeit amtlicher wie ehrenamtlicher Naturschützer konzentriert sich im Bereich der Rheininsel von Ketsch natürlich auf dieses Kleinod. Hat die Natur erst einmal eine Chance, sich zu entwickeln, dann stellen sich auch entsprechende Arten ein.

Die unterschiedlichen Biotopstrukturen mit Pfeifengras und Wiesenpfeife, Salbei-Glatthaferwiesen und Überflutungszonen mit Silberweidenwäldern sind Heimat von rund 120 Arten heimischer Großschmetterlinge und 18 Libellenarten. Solche Areale sind auch wichtige Brut- und Rastgebiete verschiedener Vogelarten. Zu den Brutvögeln gehören etwa Eisvogel, Wespenbussard, Schwarzmilan, und im Bereich von Schlick- und Kiesbereichen brüten Flussregenpfeifer. Zu den Zugvögeln, die sich hier niederlassen, gehören Bekassine, Flussuferläufer, Zwergtaucher, Krick- und Löffelente.

Kulisse Natur – Das Heidelberger Schloss

Die wohl international bekannteste Destination der Kurpfalz ist sicherlich das Heidelberger Schloss. Nun wissen wir, dass es oberhalb des Neckars liegt, und trotzdem haben wir einen Abstecher dahin in das Kapitel »Oberrhein« gelegt. Hier kommen nämlich mehrere Landschaftsräume zusammen. Einmal das Neckarland, der Odenwald und die Rheinebene. Thematisch und kulturell ist also Heidelberg schon der breiten Rheinebene zuzurechnen, und es sind ja nur wenige Kilometer nördlich von Heidelberg, bis sich die Wasser des aus dem Schwarzwald kommenden Neckars bei Mannheim in den Rhein ergießen.

Das Heidelberger Schloss fand nicht nur Eingang in Gedichte und Lieder, sondern ist die für uns romantisch anmutende Wohnstube von Dohlen, Schleiereulen, Turmfalken, Fledermäusen und anderem Getier.

Dohlen gehören zur Familie der Rabenvögel.

Im Innenhof des Heidelberger Schlosses begegnen einander Menschen aus der ganzen Welt, zufällig und doch gewollt. Sie versammeln sich hier im Anblick schaurigschöner Mauerreste. Was ist es nur, das diesem Bauwerk, welches seit gut 250 Jahren, nach Kriegszügen, Blitzeinschlägen und Feuersbrünsten, das Dasein einer Ruine fristet, solche Anziehungskraft verleiht? Regelmäßig wird das Heidelberger Schloss als touristisches Highlight an die Spitze internationaler Ranglisten gewählt. Zuletzt landete es auf Platz eins der Top 100 Sehenswürdigkeiten in Deutschland. Dabei sind Chinesen, Japaner oder Amerikaner gleichermaßen fasziniert. Die Gründe sind vielfältig. Da ist die Lage über der Stadt und unterhalb der Hänge des Odenwaldes, mit dem Blick auf die Heidelberger Gassen und Plätze, den Neckar, die Rheinebene. Da ist die Einrahmung durch Natur, Bäume, Wald. Da ist die Symbolkraft dieses für Deutschland, so scheint es, typischen, weil romantischen, pittoresken, nüchtern gesprochen: geschichtsträchtigen Bauwerks.

Nicht zuletzt mehrten Maler und Schriftsteller den Ruhm des Heidelberger Wahrzeichens. Victor Hugo etwa befasste sich intensiv mit der langen Geschichte des Schlosses und machte eine Oppositionshaltung gegenüber den jeweils Mächtigen aus. Mark Twain schrieb treffend: »Um gut zu wirken, muss eine Ruine den richtigen Standort haben. Diese hier hätte nicht günstiger gelegen sein können … Die Natur versteht es, eine Ruine zu schmücken, um die beste Wirkung zu erzielen.« Und auch Goethe meinte: »Die Stadt in ihrer Lage und mit ihrer ganzen Umgebung hat, man darf sagen, etwas Ideales.«

Anteil an dieser bis zum heutigen Tage nicht nachlassenden Heidelberg-Begeisterung hat in jedem Fall »die Natur«, wie ja auch die Zitate der Dichter zeigen. Sie bildet den

Rahmen, das schmückende Beiwerk, die atemberaubende Kulisse. Sie wirkt mitunter weniger urwüchsig als vielmehr verklärt wie auf dem großflächigen Bild eines Landschaftsmalers in der Romantik. Dennoch führt die Natur trotz der zahlreichen Besucher im Heidelberger Schloss nach wie vor ein verblüffendes Eigenleben. Schloss und Schlossgarten sind Heimat und zum Teil Zufluchtsort bedrohter Tierarten, etwa von Fledermäusen. Ob Zwergfledermaus oder Großes Mausohr – das Heidelberger Schloss mit seinen Mauerfugen und Ruinen ist das größte Winterquartier dieser Kobolde der Nacht in ganz Nordbaden.

Im Frühjahr kommen Erdkröten und Grasfrösche aus den feuchten Wäldern zu den Laichgewässern im Schlossgarten herab. Und auch Feuersalamander sowie Bergmolche halten sich gerne in diesen Bereichen auf. Insofern kann man mit Fug und Recht behaupten, dass das Heidelberger Schloss nicht nur Touristenattraktion, sondern auch ein vielfältiges Biotop ist.

Lautloser Jäger der Nacht – Schleiereulen bewohnen so manches Ruinengelände.

Der Schwetzinger Schlossgarten – Natur als Kunstwerk

Eine besondere Vorstellung von gar nicht wilder, sondern gezähmter Natur manifestiert sich in der barocken Anlage des Schwetzinger Schlossgartens. Blumenrabatten, Hecken, Teiche und Wasserspiele, Bäume, Orangerie und spezifische Skulpturen lassen in ihrer Geschlossenheit ein Gesamtkunstwerk entstehen, das Vorbildern in der französischen und englischen Gartenarchitektur jener Zeit nacheiferte. Einem Garten der Allegorien, wo abstrakte Begriffe in versinnbildlichten Figuren dargestellt sind, allerdings ohne tiefere Bedeutung und gewollte Struktur, steht ein Garten der Vernunft gegenüber, in welchem sich das aufklärerische Denken der Entstehungszeit manifestiert. Dazu zählen Apollo-, Merkur- und Minervatempel, Tempel der Botanik, Arboretum, römisches Wasserkastell und die wohl schönste Gartenmoschee Europas.

Die Rote Moschee wurde einst – wie auch die verschiedenen Tempel, Skulpturen, Kanäle, Teiche und Wasserspiele inmitten des Türkischen Gartens – aus rein dekorativen Gründen errichtet. Man begeisterte sich fürs Morgenland. Heutige Betrachter zieht sie allerdings nach wie vor in ihren Bann – durch ihre Größe, ihre Einrahmung durch Wasser, Pflanzen und elegante Anbauten. Das eindrucksvolle Ensemble besticht nicht zuletzt durch seine Licht-Schatten-Effekte.

In Schwetzingen begeistert das liebevoll ausgeführte Detail nicht weniger als die große Idee, die übergeordnete Struktur. Der Schlossgarten liegt in einer Achse, die vom Königstuhl, dem Heidelberger Hausberg, quer durch die Rheinebene bis zum höchsten Berg des Pfälzer Waldes reichen, der Kalmit. Nur bei einigermaßen klarem Wetter sind die Endpunkte dieser Geraden gut zu erkennen. Hier haben absolutistische Herrscher eine Spur gezogen, ein Zeichen hinterlassen. Tatsächlich bauten die beiden pfälzischen Kurfürsten Karl Philipp und Karl Theodor ihre Sommerresidenz Schwetzingen sowie den angrenzenden Park planmäßig aus. Die Mittelachse, angelegt in streng geometrischen Formen mit einer kreisförmigen Anlage in der Mitte, ist der französische Garten.

Während des Frühlings- und Herbstzuges sind in der Rheinebene die auffälligen Silberreiher zu beobachten. Ob sie sich hier ansiedeln?

Im Westen und Nordwesten schließt sich, als Gegensatz dazu, der englische Landschaftsgarten mit seinen geschwungenen Linien und Wegen sowie seinem weitgehend belassenen Waldteil an.

Im 18. Jahrhundert entstanden in Schwetzingen nach und nach Schloss, Flügelbauten, Garten und Theater. Am Bau waren italienische und französische Meister beteiligt. Zu entdecken gibt es nicht wenig: Die Faszination für ferne und fremde Welten, für exotische Gehölze und kunstvoll drapierte Pflanzen, aber auch für Sinnhaftigkeit und Allegorien kannte in der Zeit des Barock keine Grenzen. Glanzlicht im Schloss ist das kurfürstliche Hoftheater, das bis heute für Aufführungen genutzt wird. Es gilt als Europas erstes Rangtheater. Der Dramatiker Friedrich Schiller sowie die Komponisten Christoph Willibald Gluck und Wolfgang Amadeus Mozart gehörten in jener Zeit zu den bekannteren Besuchern Schwetzingens. Zuvor hatte bereits Voltaire mehrfach den befreundeten Kurfürsten aufgesucht. Auch wenn es mit der Aufnahme in die UNESCO-Welterbe-Liste nicht geklappt hat, im Unterschied zum durchaus vergleichbaren Bergpark Wilhelmshöhe in Kassel – dem Zauber des Gesamtkunstwerks Schwetzingen können sich die Besucher kaum entziehen.

Steckbrief Oberrheinisches Tiefland

Ausdehnung: Nord-Süd insgesamt 350 Kilometer, davon etwa 210 Kilometer in Baden-Württemberg

Natur-Highlights: Naturschutzgebiet Taubergießen, Rastatter Rheinauen, Altrheinarm bei Karlsruhe-Rappenwört, Rußheimer Altrhein bei Dettenheim, Ketscher Rheininsel, Reißinsel bei Mannheim

Kulturelle Highlights: Freiburger Münster und historische Altstadt, Burg Staufenberg, Schloss Ettlingen und zahlreiche Weinbaugemeinden, Schloss Rastatt, Schloss Karlsruhe mit historischer Fächerstadt, Schloss Schwetzingen, Heidelberger Schloss, Schloss Mannheim

Größere Städte: Freiburg, Offenburg, Baden-Baden, Rastatt, Karlsruhe, Mannheim

Besonderheiten: Weinbau Kaiserstuhl, grenzüberschreitender PAMINA-Rheinpark, deutsch-französisches Ramsar-Gebiet »Oberrhein/Rhin supérieur«

Informationen/Anlaufstellen:

Naturschutzzentrum Karlsruhe-Rappenwört: www.naturschutzzentren-bw.de

PAMINA Rheinpark: www.pamina-rheinpark.org

WWF-Auen-Institut: www.auen.uni-karlsruhe.de

PLENUM in der Region Kaiserstuhl-Tuniberg: www.naturgarten-kaiserstuhl.de und www.kaiserstuhl.de

Stille Waldbäche, weite Felder –

Odenwald und Bauland

Als der Homo heidelbergensis, ein Vorläufer von uns heutigen Menschen, vor mehr als 200 000 Jahren durch das Gebiet des heutigen Odenwald streifte, hatte er jede Menge natürlicher Feinde, darunter Wald- und Steppenelefanten, Steppennashörner und wohl auch Säbelzahntiger. Einige dieser »possierlichen« Tiere bevölkern als computeranimierte Wesen die »Ice-Age«-Filme. Heutige Besucher der Region müssen mit Rot-, Reh- und Schwarzwild Vorlieb nehmen, entdecken schon mal Wanderfalken, Rotmilane, Sperlingskauze oder einen scheuen Uhu. Der Homo heidelbergensis, auf dessen Knochen ein Tagelöhner im Jahr 1907 in dem Dorf Mauer südwestlich von Heidelberg gestoßen war, soll ein direkter Vorfahre des Neandertalers sein. Einer frühmenschlichen Rasse, die sich im Unterschied zum aus Afrika eingewanderten Homo sapiens evolutionsgeschichtlich am Ende nicht durchsetzen konnte.

In lichten Waldbereichen leuchten während des Sommers die Blüten des Roten Fingerhutes.

Auch die Landschaft östlich von Heidelberg und rund um den Neckar dürfte sich seither gewandelt haben, wenn auch die geologischen Grundvoraussetzungen schon weitaus früher geschaffen wurden. Die Geschichte des Odenwalds ist mit der des Schwarzwaldes eng verknüpft. In den weitläufigen Waldgebieten zwischen Hessen im Norden, Bayern im Nordosten (Unterfranken) und Hohenlohe im Osten und den Gäuplatten im Süden herrscht Buntsandstein vor. Wie im Nordschwarzwald lohnte sich das Roden nicht, an vielen Stellen blieb der Wald dicht. Weicher und sanfter allerdings als dort muten die Berge und Hügel an, die auch nicht so hoch aufragen. Zwischendrin finden sich Wiesen, Felder und Weiden, im östlich vom Odenwald gelegenen Bauland dominieren landwirtschaftlich genutzte Flächen. Ähnlich wie im Schwarzwald gibt es auch hier eine deutlich erkennbare Abbruchkante zur Oberrheinischen Tiefebene. Insoweit wirkt der Odenwald wie die nördliche Fortsetzung des Schwarzwaldes. Diesen Eindruck unterstreicht auch der hohe Nadelholzanteil.

Im Nordosten markiert der Main die Grenze zwischen Odenwald und Spessart. Naturräumlich gliedert sich das Gebiet in den Sandstein-Odenwald, der durch längere Höhenrücken und eingeschnittene Täler charakterisiert ist, und den sogenannten Kristallinen Odenwald im Westen. Hier haben Erosion und Abtragung den kristallinen Grundstock freigelegt, verursacht auch durch die stärkere tektonische

Hebung am Oberrheingraben. Im Kristallinen Odenwald gibt es viele unterschiedliche Gesteine, darunter Gneise, Granit sowie Gesteine vulkanischen Ursprungs.

Vor etwa 250 bis 260 Millionen Jahren wurde die Erdkruste des heutigen Odenwaldes kräftig durchgerüttelt. Vulkane schleuderten Tuffe aus ihren Kratern, Lava ergoss sich über die Erdoberfläche. Einige Steinbrüche am Westrand offenbaren, gewissermaßen als geologische Fenster, diese vulkanische Vergangenheit. Später, im jüngeren Perm, kam es zu Flutungen und Ablagerungen, die für den Erzbergbau wichtig werden sollten. Er erlebte im 16. und 17. Jahrhundert seinen Höhepunkt, obwohl offensichtlich schon die Römer erste Steinbrüche betrieben oder Stollen anlegten und dem Berg brauchbare Materialien abtrotzten. Im Kristallinen Odenwald wurden vor allem Blei, Kupfer und Silber abgebaut, im Sandstein-Odenwald Eisenerz und Mangan. Wiederum Millionen Jahre nach den gewaltigen Bewegungen in der Erdkruste, im Erdmittelalter (Mesozoikum), erfolgte die Ablagerung der Buntsandstein-, Muschelkalk-, Keuper- und Jura-Schichten. Erneut Millionen Jahre danach brach der Oberrheingraben ein. Basalt-Vulkane entstanden durch flüssige Magmamassen, die bis knapp an die Erdoberfläche drangen.

»Winterhauch« und höchste Erhebung – Der Katzenbuckel

Auch die höchste Erhebung des Odenwaldes, der 626 Meter hohe Katzenbuckel, war einst ein solcher Vulkan. Der auf seiner Kuppe bewaldete Berg liegt auf der Gemarkung der baden-württembergischen Gemeinde Waldbrunn. Indes sind es bis zur hessischen Landesgrenze nur wenige Kilometer. Entstanden ist der Katzenbuckel vermutlich durch zwei gewaltige Naturereignisse. Beim ersten Ausbruch drang das Magma nicht bis zur Oberfläche. Der zweite Ausbruch, vielleicht 20 Millionen Jahre später, dürfte hingegen explosiv gewesen sein. Die oben liegenden Gesteine wurden weggeschleudert, und ein Graben entstand. Der Durchmesser des Schlotes beträgt ungefähr 1000 Meter. Hartes Basaltgestein wurde mit der Zeit freigelegt, während die anderen, weicheren Gesteine abgetragen wurden.

Das vulkanische Gestein am Katzenbuckel wurde in den vergangenen Jahrzehnten als Schotter in zwei Steinbrüchen abgebaut. Verwendung fand es vor allem im Straßenbau. Der Michelsberg, faktisch ein zweiter Gipfel, wurde dadurch weitgehend abgetragen. Nach einer Sprengung im Jahr 1970 trat Grundwasser zutage und bildete den heutigen Katzenbuckelsee. Als höchster Berg ist der Katzenbuckel oft auch kältester Punkt des Odenwaldes, im Volksmund wird er deshalb auch als Winterhauch bezeichnet. Der Name steht nicht nur für den Katzenbuckel selbst, sondern für den gesamten Odenwald. So überrascht es nicht, dass man am Berg eine Sprungschanze antrifft, die heute als Mattenschanze ganzjährig genutzt werden kann. Rund um den einst schneesicheren Berg können sich Langläufer – wenn der Klimawandel einen echten Winter zulässt – auf Loipen tummeln. An der höchsten Stelle steht ein 18 Meter hoher Turm aus heimischem Sandstein, der mit herrlichen Aussichten nicht geizt. Ein geologischer Lehrpfad, der »Weg der Kristalle«, beantwortet manche Fragen der komplexen Entstehungsgeschichte des Berges und führt anschaulich in die vulkanischen Ursprünge des Katzenbuckels ein.

Waldbrunn und der Katzenbuckel sind Teil des 3500 Quadratkilometer großen Geo-Naturparks Bergstraße-Odenwald, der sich im Süden zum Teil mit dem baden-württembergischen Naturpark Neckartal-Odenwald überschneidet. Der Geo-Park, von der UNESCO ausgezeichnet und unterstützt, ist eine länderübergreifende Institution. Eines seiner

Vom Aussichtsturm des Katzenbuckels heraus reicht der Blick weit ins Land.

bedeutendsten Highlights ist die in Hessen liegende Grube Messel, wo beim Ölschieferabbau faszinierende Fossilien gefunden wurden, beispielsweise von einem pferdeartigen Tier, einem Kranichvogel sowie einem Primaten. Die Vielfalt an geologischen Formationen und Naturräumen von der sonnendurchfluteten, blühenden Bergstraße über die Gipfel des Odenwaldes bis zum wieder offeneren Bauland ist enorm. Sie kann entdeckt werden in Info-Zentren und auf Lehrpfaden, aber auch individuell und in Gruppen in der Begleitung von eigens ausgebildeten Rangern.

Märchenhafter Königstuhl

Einer der beliebtesten und bestimmt auch meistbesuchten Berge des Odenwaldes ist der Königstuhl, der als Hausberg der Stadt Heidelberg gilt und – obwohl gleich oberhalb der Altstadt liegend – oft noch gar nicht mit dem Odenwald assoziiert wird. Er ist auf einer schmalen Bergstraße oder mit der Zahnradbahn zu erreichen. Wanderwege und Märchenparadies locken viele Familien an. Die Anfänge der Zahnradbahn datieren ins 19. Jahrhundert, als schon der erste Abschnitt zum Hotel Molkenkur fertiggestellt war. Im Jahr 1907 wurde die Zahnradbahn auf ganzer Länge bis zum Gipfel eingeweiht. Sie überwindet fast 450 Höhenmeter.

Der freie Blick übers Rheintal hinweg ist schlicht überwältigend – und er offenbart zugleich das Aufeinandertreffen der unterschiedlichsten Landschaften. Obwohl am Fuße des Berges der Neckar vorbeifließt, fällt zuallererst die Weite des Rheintals ins Auge. Bei guter Sicht kann man – sozusagen auf der gegenüberliegenden Seite – den Pfälzer Wald ausmachen, mit der Kalmit als höchstem Gipfel. In der Sichtachse liegt auch der Schwetzinger Schlossgarten, was absichtsvoller Planung der kurpfälzischen Herrscher in absolutistischer Zeit zu danken ist. Rund um die bewaldete Bergkuppe stehen mehrere Masten, darunter auch der 82 Meter hohe Fernsehturm, der zu den ältesten überhaupt zählt. In der Nähe befinden sich eine Sternwarte, das Max-Planck-Institut für Astronomie und eine Falknerei. Etwas südlich davon liegt der im 19. Jahrhundert errichtete Aussichtsturm Posseltslust. Der vermögende Pharmazieprofessor und Stadtrat Louis Posselt hatte in seinem Testament verfügt, dass künftige Generationen an dieser Stelle die Schönheit der Landschaft genießen sollten.

Segensreiche Natur: Nicht nur für Wildschweine, Hirsche und Rehe sind Eicheln und andere Waldfrüchte eine wichtige Nahrung.

Den Königstuhl kann man bei guter Kondition auch zu Fuß besteigen, wobei man dabei die »Himmelsleiter« nutzen kann, einen Treppenweg aus gut 1200 Felsklötzen. Während diese Klötze, obwohl unterschiedlich dick und breit, als Stufen bearbeitet und hergerichtet worden sind, stößt man im Wald immer wieder auf unbearbeitete Felsen, dicke Gesteinsbrocken und Geröllhalden, das sogenannte Felsenmeer. Es sind hangabwärts und dicht beieinander sowie aufeinander liegende Buntsandsteinfelsen, auch Blockhalden genannt. Zum Teil sind die Brocken mit Flechten und Moosen bewachsen. Entstanden ist das Felsenmeer in den Eiszeiten im Wechselspiel von Frost und Auftauen. Auf dem weichen, aufgetauten Boden gerieten die Blöcke schließlich ins Rutschen.

Kein Geringerer übrigens als Mark Twain, Verfasser der »Abenteuer von Tom Sawyer« und der »Abenteuer von Huckleberry Finn«, war ein großer Fan der bewaldeten Berge östlich von Heidelberg. »Man wird nie müde, in den dichten Wäldern herumzustöbern,

Viele ausgewiesene Wanderwege und auch andere Pfade laden im Odenwald dazu ein, Waldeinsamkeit zu erkunden und die Stille der Natur zu genießen.

die all diese hohen Neckarberge bis an ihre Gipfel umkleiden. Die tiefsten Tiefen eines grenzenlosen Waldes besitzen in jedem Land einen bestrickenden, mächtigen Zauber; aber die deutschen Märchen und Sagen haben diesem hier einen zusätzlichen Reiz verliehen.« Mark Twain vermeinte zwischen den Bäumen allerhand Kobolde und sprechende Tiere zu erblicken. Und nicht nur einmal verlief er sich: »Draußen war die Welt hell vom Sonnenlicht, aber hier drin herrschten ein dunkles und sanftes Zwielicht und eine so tiefe Stille, daß ich meine eigenen Atemzüge zu hören glaubte.« So die Natur zu erleben im Odenwald, kann Besuchern auch heute widerfahren, rund um den populären Königstuhl indes gewiss seltener als anderswo.

Dann und wann finden sich auch im Odenwald Altholzinseln, bei denen die Natur sich selbst überlassen wird. Überall wurde begonnen, vor allem in den staatlichen Waldungen, wieder mehr wilde Natur zuzulassen. Es wurden im Bereich des Forstbezirks Odenwald des Rhein-Neckar-Kreises fünf Bannwälder mit einer Gesamtfläche von rund 360 Hektar ausgewiesen. In den Staatswaldungen umfasst das Alt- und Totholzkonzept mittlerweile 5000 Hektar. Einbezogen sind nicht nur die dem Land Baden-Württemberg gehörenden Wälder, sondern auch Waldflächen der Städte und Gemeinden. Nach und nach wurde auch die Dominanz der früher weitflächig gepflanzten Nadelhölzer zurückgedrängt, und es entstehen artenreiche Mischbestände mit kleinstandörtlich wechselnden Anteilen von Lärche, Kiefer, Fichte, Douglasie, Eiche, Buche und anderen Baumarten. Es lohnt sich, an solchen Beständen innezuhalten und die Natur ganz auf sich wirken zu lassen. Und dann wird man mit der Zeit erkennen, dass auch das scheinbar wirre Durcheinander ein System hat. Denn von solchen Strukturen profitieren Arten wie Schwarzspecht, Hohltaube, Waldkauz, Bechsteinfledermaus und Hirschkäfer, die dort mit etwas Glück beobachtet werden können.

Altholzinseln – Ein gigantisches Naturpuzzle

Samtig weiche Moospolster haben den modrigen Stamm fast ganz überzogen. Filigrane Becherflechten und fragil wirkende Pilze sitzen auf dem alten Holz. An anderen Stellen wachsen ledrig aussehende Baumpilze in Schichten übereinander. Eingerahmt wird das Natur-Stillleben von den hellgrünen, fächerartigen Blättern kräftiger, nach dem Licht strebender Farne. Seit Jahren schon liegt der einst mächtigste Baumriese am Boden und

Die Natur gestaltet auch kleine Paradiese wie dieses Arrangement aus Moosen und Pilzen, wie es kein Gärtner nachahmen kann.

Alte Mühlen wie hier die Höllgrund-Mühle bei Waldbrunn sind Zeugnisse früherer Nutzung der Waldgewässer.

ist – obwohl entwurzelt und abgestorben – doch nicht tot. Bis zur endgültigen Zerlegung in die jeweiligen Einzelbestandteile ist die umgestürzte Eiche selbst Lebensgrundlage für Tausende von pflanzlichen und tierischen Lebewesen.

Der alte Stamm, eingebettet in ein Gewirr aus Brombeerstängeln, Farnen und allerlei Stauden, ist Teil eines wegen seiner vielen Details kaum überblickbaren, gigantischen Naturpuzzles. An anderen Stellen der durch Windwurf entstandenen Waldlichtung schieben sich Jungbäume wie im Wettlauf dem einfallenden Licht entgegen. Nicht weit davon entfernt stehen mächtige Baumriesen. Ihre Überhänge aus sattgrünem Efeu und lianenartigen Waldreben verweben das obere Stockwerk des Waldes regelrecht mit der Kraut- und Strauchschicht des Waldbodens. Dazwischen herrscht emsiges Leben: Auf der Stelle schwirren Schwebfliegen, gaukelnde exotisch schillernde Schmetterlinge, eifrig nach Essbarem suchende Kleinvögel.

Doch alles hat trotz des scheinbaren Durcheinanders – und auch trotz des teilweise unvermeidbaren Gegeneinanders – seinen Platz. Ein mannigfaltiges Miteinander, Voneinander und Nebeneinander also. Seit Jahrtausenden hält sich die Natur in solchen »Urwald«-Bereichen die Waage. Stetiges Vergehen, Neuentstehen und laufende Veränderung stellen so das einzig Beständige dar. Ganz im Gegensatz zu den Einheitsforsten, die vor allem nach dem Zweiten Weltkrieg überall in Deutschland aufgeforstet wurden und in denen es fast nur die in Reihen angepflanzten, gleichartigen Bäume gibt.

Wo Licht auf den Waldboden fällt – also an Stellen nach Windwürfen, Blitzschlag oder auch am Waldrand – und der Wald rechts und links eines Waldweges nichts anderes ist als ein Waldinnenrand, sind die kleinen, aber in ihrer Wirkung mächtigen Borkenbauer zu Hause. Die durch ihre auffälligen Nesthaufen bekannte Rote Waldameise bevorzugt trockene Bereiche und errichtet ihre Ameisenbauten immer an solchen Stellen, wo die Sonnenstrahlen bis zum Boden vordringen. Dort findet man dann die aus Nadeln,

Die Hohltaube ist auf das Vorkommen des Schwarzspechtes angewiesen. Nur diese Spechtart zimmert so große Höhlen, dass auch diese Taube zum Brüten Platz darin findet.

kleinen Aststückchen, Moosteilen und anderen Pflanzenresten bestehenden Behausungen.

Jedes Mal haben wir an solchen Stellen ein besonderes Naturwunder vor uns. Längst weiß man, dass die Ameisen als Gesundheitspolizei des Waldes fungieren, weil sie sich von Blattläusen, Spannerraupen und anderen Insekten ernähren, die in den Bau eingetragen werden. Ein Staat der Roten Waldameise sorgt so in seiner Umgebung dafür, dass sich andere Insektenarten nicht übermäßig vermehren und zu Schädlingen werden. Diese große Funktion der kleinen Tiere im Naturkreislauf wird deutlich, wenn man bedenkt, dass ein einzelner Staat der Roten Waldameise bis zu einer Million Bewohner haben kann. Meist leben in einem alten Ameisenhaufen einige Hundert Königinnen. Sie entstehen aus geflügelten, geschlechtlichen Tieren, die aus dem Kropf der Ameisen-Arbeiterinnen ein Spezialfutter erhalten. Dieses wiederum enthält Hormonzugaben, die dafür entscheidend sind, ob eine Königin, ein Männchen oder geschlechtslose Arbeiterinnen geboren werden. Das bis zwei Meter hohe Ameisennest kann einen Durchmesser von gut vier Metern erreichen und wird ständig umgebaut. Teilchen des Baus sinken immer wei-

Natur-Erlebnistipp – Gewässergüte selbst bestimmen

Jeder kann ganz einfach mehr über den Gütezustand eines Fließgewässers erfahren: Man braucht nur einen Stein aus einem Bach oder Fluss umzudrehen. Die darauf befindliche Kleinlebewelt verrät viel über die ökologische Situation. Finden sich auf dem Stein mehrere Exemplare von Stein-, Köcher- und Eintagsfliegenlarven sowie Bachflohkrebse, so kann man davon ausgehen, dass die Wasserqualität gut bis zufriedenstellend ist. Diese Tiere benötigen nämlich einen hohen Sauerstoffgehalt im Wasser. Mehrere Exemplare von Egelarten, Wasserasseln und Schlammröhrenwürmern zeigen dagegen eine bedenkliche Wasserqualität an. Kommen in größerer Anzahl noch Rote Zuckmückenlarven und Rattenschwanzlarven hinzu, ist die Situation des Baches schon sehr schlecht.

Diese Ja-Nein-Methode, nach der man aufgrund des Vorkommens oder Fehlens von Kleinorganismen Rückschlüsse auf die Gewässergüte ziehen kann, ermöglicht allerdings nur eine ungefähre und, wissenschaftlich gesehen, oberflächliche Orientierung. Fundierte Ergebnisse sind letztlich nur durch systematische Untersuchungen der Lebensgemeinschaft im Bach und von Fachleuten zu erzielen. Dabei werden natürlich noch eine Vielzahl anderer Organismen und Faktoren untersucht. Und es kommt auch darauf an, ob es sich um ein sommerwarmes Gewässer handelt. Außerdem ist es entscheidend, ob man einen Abschnitt am Ober- oder Unterlauf eines Fließgewässers untersucht und ob sich der Bach im alpinen Bereich, im Mittelgebirge, Hügelland oder in Niederungsgebieten befindet.

ter in die Ameisenburg ein und kommen nach einiger Zeit wieder an die Oberfläche. So beugen die Ameisen einer Verpilzung vor. Große Löcher im Nest sorgen im Sommer für eine gute Belüftung des Baus. Zur Wärmeisolierung werden diese Öffnungen bei Kälte geschlossen, und die Ameisen ziehen sich in den großen unterirdischen Teil ihrer Burg zurück. Man hat festgestellt, dass die Arbeiterinnen eines Ameisenstaates an einem Tag über 100 000 Insekten und deren Larven eintragen können. Aber vielfach versorgen die kleinen Tiere nicht nur sich selbst. Da gibt es Räuber, die sich von den Ameisen und ihrer Brut ernähren und von den Ameisen verfolgt werden. Andere entgehen der Verfolgung durch ameisenähnliche Gestalt. Und eine ganze Reihe von Tieren wie Springschwänze, Schaben, Milben, manche Schwebfliegenlarven sowie Käfer leben als Untermieter bei den Ameisen und zehren von Vorräten und Abfällen im Ameisenstaat. Es gibt Insekten, die sich nur bei ganz bestimmten Ameisenarten einnisten. Wissenschaftler kennen rund 3000 Arten solcher »Ameisengäste«.

Im Odenwald finden sich idyllische Wasserläufe mit einer interessanten Lebenswelt.

Stille Bachtäler laden ein

Es sind gerade auch romantische Flüsschen und Bäche, die den besonderen Naturreichtum des Odenwaldes ausmachen. Die einen wie die Elz und die Itter münden in den Neckar, andere – vor allem im hessischen und bayerischen Teil des Odenwaldes – in Rhein und Main. Eines der landschaftlich besonders reizvollen Täler ist das Morretal. Namengebend war das Flüsschen Morre, welches westlich von Buchen im heutigen Stadtteil Hettingen entspringt, die ehemalige Kreisstadt durchfließt und tief eingeschnitten in den Schichten von oberem und mittlerem Buntsandstein schließlich in einem weiträumigen Kastental in den Marsbach mündet. Dieser wiederum ist ein Nebenfluss des Mains und mündet in diesen – schon außerhalb Baden Württembergs – bei Amorbach. Erlen- und eschenbestandene Ufer bilden zusammen mit Feuchtwiesen und das Tal säumenden, steilen Buntsandsteinhängen und Mischwäldern ein bezauberndes Naturmosaik. Doch nicht nur im Morretal gibt es Natur zu erleben. Vor allem im Frühjahr und Sommer versprechen viele stille Bachtäler im Odenwald unvergessliche Naturbegegnungen.

Nur bei feuchter Witterung kommt der Feuersalamander aus seinem Versteck.

Wasseramsel und Feuersalamander auf der Spur

Machen wir uns auf zu einer Bachexkursion. Der Weg über die romantische Brücke führt uns an den kühlen Bach. Die letzten Meter müssen wir uns den Weg durch dichtes Gestrüpp bahnen. Zuerst durch das fast eineinhalb Meter hohe Staudengewirr aus vorjährigem Mädesüß, Kohldisteln, Bärenklau und allerlei frischen Gräsern, dann durch das Dickicht des Gehölzsaumes aus Weiden, Erlen, Eschen, Traubenkirschen und Pfaffenhütchen. Dort, wo sich an der inneren Seite einer Bachschleife aus kleinen Steinchen und Sand ein Stück Schwemmland im Miniformat gebildet hat, machen wir erst einmal Halt. Es gibt ja so vieles in und an einem Fließgewässer zu entdecken!

Am Grund des an dieser Stelle seichten Gewässers stehen fast unbeweglich etwa fünf Zentimeter lange Tierchen. Mit der gräulich braunen Farbe und dem schwärzlichen Fleckenmuster heben sie sich kaum vom Bachgrund ab und sind so bestens getarnt. Es sind Feuersalamander-Larven, die schon bald ihre Metamorphose beendet haben werden und dann vom Wasser- zum Landleben überwechseln. Aber noch sind die braun-rötlich schimmernden, filigranen Außenkiemen zu erkennen. Meist im März setzen Feuersalamander an flachen Wasserstellen 20 bis 50 solcher Larven lebend ab. Auch wenn sie sich manchmal noch in der Eihülle befinden, schlüpfen sie sofort. Damit müssen die Feuersalamander im Gegensatz zu den Molchen oder den Fröschen keine Eiphase im Wasser durchmachen. Tarnung ist jedoch das halbe Überleben. Und vielleicht haben die jungen Salamander noch einmal Glück gehabt. Denn wie aus dem Nichts schießt ein silbrig blau glänzender Pfeil an uns vorbei. Nur für Sekunden können wir den Eisvogel sehen, der bachaufwärts fliegt. Vielleicht hat er an einem der lehmigen Uferabbrüche, dort, wo der Bach aus dem Wald kommt und sich durch die kleine Wiesenaue windet, seine Brutröhre gegraben.

Unsere kleine Natur-Entdeckungstour führt uns jetzt immer weiter am Bach entlang. Im Weidengeäst scheint der Zilpzalp mit seinen weithin vernehmbaren, unverwechselbaren Rufen anzukündigen, dass nun endgültig der Frühling eingekehrt ist. Bachstelzen kommen ans Ufer, setzen sich nieder und wippen aufgeregt mit dem Schwanz, um dann gleich wieder die Nahrungssuche fortzusetzen. Auch eine Gebirgsstelze ist dabei. Mit ihrem gelben Bauchgefieder und dem viel längeren Schwanz ist sie gut von der Bachstelze zu unterscheiden. Im Gewirr der dem Wasser zustrebenden Erlenwurzeln bewegt sich etwas Kleines ganz behände durch das Naturlabyrinth. Eine Maus? Im Schatten der Wurzeln gibt das kleine Tier seine Identität nicht so schnell preis. Ein plötzliches Flattern – und schon wird uns klar, dass hier ein Zaunkönig auf Futtersuche unterwegs ist. Nach einiger Zeit flattert das kleine Federknäuel davon und verschwindet irgendwo zwischen dem beim letzten Hochwasser angeschwemmten Geäst am Fuß der alten Weide.

Nicht weit weg davon entdecken wir jetzt auch wieder eigentümliche weißliche Flecken auf den Steinen im Bach. Die Kotspritzer zeigen uns, dass die Wasseramseln noch da sind. Ein gutes Zeichen, denn diese neben dem Eisvogel wohl am engsten an das Leben am Bach angepasste Vogelart ist auch ein Gradmesser für die Wasserqualität. In verschmutzten Bächen findet die Wasseramsel kaum Eintags- und Steinfliegenlarven, Bachflohkrebse und kleine Fischchen. An der übernächsten Bachschleife können wir auf einem vom Wasser umstrudelten Stein tatsächlich eine Wasseramsel sitzen sehen. Mit dem kurzen Schwanz, den kleinen Flügeln und dem ständigen Knicksen wirkt sie wie ein überdimensionaler Zaunkönig. Wie ein Bungee-Springer stürzt sich der bräunliche Vogel wagemutig in das Wasser, um nach einigen Sekunden gut zwei Meter weiter entfernt wieder aufzutauchen. Mit schwirrenden Flügelschlägen fliegt das putzige Tier knapp oberhalb der Wasseroberfläche davon.

Die Speisekarte der Wasseramsel interessiert uns näher. So heben wir vorsichtig große Steine hoch. Auf der Unterseite findet sich bizarres Leben. Winzige Tierchen mit langen Schwanzfäden wollen sich kriechend verstecken. Es sind Steinfliegenlarven. Dazwischen versuchen seitlich flach zusammengedrückte Bachflohkrebse – die trotz ihrer Winzigkeit irgendwie an Nordseekrabben erinnern – schnalzend zu entkommen. Plötzlich bewegen sich zusammenklebende Sandkörnchen entlang einer Steinritze. Kann das sein? Beim genauen Hinsehen entpuppt sich das Ganze als kleines Röhrchen aus Sandkörnern, kleinsten Steinchen und Holzstückchen. Es ist das Gehäuse einer Köcherfliegenlarve. Diese im Wasser lebenden Larven schützen ihren weichen Hinterleib durch selbst gebaute Behausungen, in die sich die Tierchen auch vollständig zurückziehen können. Da die Larven nur das in ihrem Gewässer vorkommende Tarnmaterial verwenden können, ist das transportable »Röhrenhaus« ideal an den Gewässergrund angepasst. Die Larven produzieren mithilfe einer Spinndrüse einen elastischen Faden, der beim Bau des Köchers mit verwoben wird. Der Faden ist also fast mit dem stützenden Balken in einem Fachwerkhaus vergleichbar. Wachsen die Larven und wird der Köcher zu klein, wird einfach nach vorne angebaut. Rund 300 Köcherfliegenarten leben an den mitteleuropäischen Gewässern. Und eigentlich sind es gar keine Fliegen. Vielmehr gehören diese urtümlich anmutenden Insekten zu einer eigenen Ordnung.

Die Wasseramsel sucht ihre Beute – Stein-, Köcher- und Eintagsfliegenlarven am Gewässergrund – und taucht dazu meist völlig ab.

Elfengleicher Tanz

Mittlerweile ist die Sonne hinter dem Horizont verschwunden. Es ist die kurze Zeit vor der Dämmerung. Gerade wollen wir uns auf den Rückweg machen, da steigen lautlos kleine Wesen mit silbrig flimmernden Flügeln in der kühler werdenden Luft auf und ab. Zunächst sind es nur wenige. Bald darauf tanzen schon Hunderte solcher »Elfchen« über den Wiesen am Bach, dann sind es wohl Tausende. So werden wir ganz überraschend Zeugen des geheimnisvollen Hochzeitstanzes der Eintagsfliegen. Die Tierchen sind ohne die drei fadenartigen Körperanhänge kaum einen halben Zentimeter groß; weil sie jedoch zu einem Massentanz zusammengekommen sind, können wir das Schauspiel gut beobachten. Die Männchen stellen ihren Körper senkrecht und flattern mit schnellem Flügelschlag empor. Dann lassen sich die Lufttänzer mit waagrechtem Körper und ausgebreiteten Flügeln wie kleine Fallschirme herab, um gleich wieder von vorn zu beginnen. Bis jetzt tanzen nur die Männchen. Die Weibchen warten indessen verborgen am Bachufer auf Gräsern und Sträuchern. Plötzlich mischen auch sie sich unter die Tänzer, von denen sie dann zur Paarung »ergriffen« werden. Inzwischen ist es Nacht geworden. Gleich nach der Paarung der Eintagsfliegen erfolgt die Eiablage. Die Weibchen der meisten Arten machen es sich dabei recht einfach und werfen ihre Eier im Fluge in das Bachwasser. Auch wenn diese erwachsenen Insekten nur wenige Stunden bis einige Tage alt werden, so währt ihr Leben doch weit länger. Die voll entwickelten Eintagsfliegen haben nämlich »nur« die Aufgabe für Nachkommen zu sorgen. Sie nehmen deshalb auch keine

Der Ligusterschwärmer und seine Raupe.

Der Steinmarder ist an die unterschiedlichsten Lebensräume angepasst und besiedelt auch Hausgärten mit Scheunen und anderen Verstecken.

Fliegender Edelstein der Bachtäler – Steckbrief Eisvogel (Alcedo Atthis)

King fisher – »Königsfischer« – heißen die Eisvögel im englischen Sprachraum. Wenn man den blau-silbrig leuchtenden Vogel im Sonnenlicht betrachtet, wirkt der pfeilschnelle Flieger sehr exotisch.

Beschreibung: Kaum verwechselbar. Kennzeichnend sind der lange gerade Schnabel sowie der auffallend kurze Schwanz. Etwas größer als ein Sperling. Die Oberseite schimmert je nach Lichteinfall kobaltblau und zuweilen türkisfarben. Die Unterseite ist auffällig orange gefärbt. Beim Abflug leuchtet der blaue Rücken.

Verbreitung: Von Europa bis nach Japan im Osten, Indien, Sri Lanka und Taiwan im Süden. In Indonesien und Melanesien sind Inselformen verbreitet.

Fortpflanzung: Brütet bis zu einer Höhe von rund 900 m. Für das Nest wird eine Röhre in Prallhänge und Steilufer von Bächen und Flüssen gegraben. Nisthilfen, bei denen eine Kunströhre in eine Steilwand eingegraben wird, werden angenommen. 2–3 Bruten im Jahr.

Lebensweise: Der Eisvogel jagt hauptsächlich kleine, ungefähr 4–5 cm lange Süßwasserfische, die durch Stoßtauchen erbeutet werden. Daneben werden aber auch Insekten aufgenommen. Kennzeichnend ist der geradlinige Streckenflug meist niedrig über der Wasseroberfläche. Sitzwarten – etwa über dem Wasser hängende Zweige von Weiden – werden bevorzugt aufgesucht.

Gefährdung: Durch Vernichtung von Brutplätzen, Anlage von Ufersiedlungen, Nutzung der Gewässer sowie Störung durch Erholungsbetrieb stellenweise selten geworden.

Besonderheiten: Eisvögel fangen bevorzugt schlanke Fische. Ein größeres oder stark zappelndes Exemplar schlagen sie gegen eine Unterlage (etwa einen Ast) und orientieren es mit dem Kopf zum Schlund hin. Gütesiegel für die Wasserqualität.

Nahrung mehr auf. In Larvenform haben sie jedoch zuvor fast zwei Jahre lang am Gewässergrund gelebt. Unzählige von ihnen dienten im Larvenstadium den Wasseramseln sowie vielen Kleinfischen wie Elritze, Groppe, Bachforelle und Gründling als Nahrung. Auf diese Weise nehmen die Eintagsfliegen zusammen mit den Stein- und Köcherfliegen eine bedeutende Rolle im Naturhaushalt ein. Sie erfüllen eine wichtige Funktion in der Nahrungskette. So hart es auch klingen mag: Die unumstößlichen Naturgesetze bestimmen, dass diese Insekten vor allem auch die Aufgabe haben, gefressen zu werden. Die jeweilige Art kann so nur überleben, wenn für viele Nachkommen gesorgt wird. Ein Weibchen der Gewöhnlichen Eintagsfliege kann bis zu 5000 Eier legen.

Im Dunkeln folgen wir jetzt wieder vorsichtig dem Weg, um zum Parkplatz zu gelangen. Eine eigenartige Ruhe liegt über dem Bachtal. Die Stille wird nur durch ein Rascheln am Bachufer unterbrochen. Wenig später ist dasselbe Geräusch weiter unten am Gewässer auszumachen. Und schon huscht ein Schatten über die Bachwiese, hält kurz inne, um sich dann mit grazilen Sprüngen davonzumachen. Leider können wir nicht erkennen, ob da ein Iltis oder ein Steinmarder unterwegs war. Beide Arten sind hier zu Hause.

Die Bergstraße – Deutschlands Italien

Der schmale Streifen Landschaft, der sich auf knapp 70 Kilometern Länge ungefähr von Nussloch in Baden-Württemberg bis Darmstadt in Südhessen zieht, nennt sich Bergstraße. Tatsächlich verläuft hier eine wichtige Straße (heute die B 3) in Süd-Nord-Richtung am Westabhang des Odenwaldes und östlichen Rand des Rheintals, von der auch die Region ihren Namen hat. Sie zeichnet sich durch ein mildes und sonniges Klima aus. Die sonnenverwöhnten Hänge und die warme Luft des Rheintals sorgen für ein besonders

Zur Zeit der Pfirsich- und Mandelblüte erinnern manche Gegenden der Bergstraße an Norditalien.

Überall, wo Wildstauden noch stehen bleiben dürfen, wo Disteln und anderes Gesträuch nicht sofort entfernt werden, hat auch der Distelfink – sein anderer Name lautet Stieglitz – eine Chance.

mildes Klima, weshalb hier der Frühling auch früher beginnt als in anderen deutschen Landstrichen. Dann blühen Kirsch-, Zwetschgen-, Aprikosen-, Pfirsich- und Mandelbäume sowie Magnolien. Etwas später kommt die Apfelbaumblüte dazu. Ein Übriges tut die niedrige Meereshöhe zwischen 120 und etwa 220 Metern. Die Böden sind an den meisten Stellen von Löss bedeckt. An der Bergstraße wachsen mediterrane Pflanzen wie Ölbäume oder Feigen, Walnüsse, Edelkastanien, Wein und Obst werden geerntet. Kaiser Joseph II. soll in der zweiten Hälfte des 18. Jahrhunderts just hier auf einer Reise, von Frankfurt kommend, Halt gemacht und ausgerufen haben: »Hier fängt Deutschland an, Italien zu werden.«

Der Bereich Badische Bergstraße ist die kleinste Weinregion im Anbaugebiet Baden und umfasst lediglich rund 400 Hektar bestockte Rebfläche. Diese prägt aber durch den Wechsel mit historischen Obstgärten die sonnenverwöhnten Hänge. Der Weinbau hat hier jedoch eine lange Geschichte, denn schon die Römer lasen Beeren. Größter Weinort ist Schriesheim. Im Sortenspiegel finden sich Weißweine wie Riesling, Silvaner, Weiß- und Grauburgunder. Unter den Roten dominiert der Spätburgunder. Die weingesetzliche Aufteilung der ursprünglich zusammenhängenden Bergstraße erfolgte erst 1971. Den nördlichen Teil bildet seither das eigenständige Anbaugebiet Hessische Bergstraße, der südliche Teil wurde dem Anbaugebiet Baden angegliedert.

Die mit dem Rebensaft vertrauten Römer nutzten die Bergstraße im Übrigen ebenfalls schon als Handels- und Heerstraße. Zu den heutigen Sehenswürdigkeiten in der Region zählen auch etliche Burgen und Ruinen wie etwa bei Weinheim. Auch finden Touristen hier und dort pittoreske Altstadtkerne wie in Weinheim. Die verkehrsgünstige Lage und der kaum nachlassende Siedlungsdruck, auch wegen der zahlreichen potenten Unternehmen im Rhein-Neckar- und Rhein-Main-Gebiet, setzen der Natur freilich an manchen Stellen sichtbar zu.

Der Kraichgau – Landschaft der tausend Hügel

Die Landschaft, welche sich im Süden an den Odenwald anschließt, grenzt sich mehr oder weniger deutlich sowohl nach Norden wie nach Süden ab und ist zugleich ein Naturraum des Übergangs. Zwischen den Schwarzwald und den Odenwald schiebt sich als Teil der vom Muschelkalk im Untergrund geprägten Neckar- und Tauber-Gäuplatten im Südwestdeutschen Schichtstufenland der Kraichgau. Es ist die Landschaft der tausend Hügel, eine liebliche, leicht gewellte Kulturlandschaft, mitten zwischen wichtigen Ballungsräumen eingezwängt und doch sehr ursprünglichen Charakters und vergleichsweise dünn besiedelt. Kleinere Wälder wechseln sich ab mit Äckern, Wiesen und Rebhängen. Beschauliche Dörfer und mittelgroße Städte wie Bretten, Bruchsal, Eppingen, Bad Rappenau und Sinsheim prägen das Bild. Faktisch ist der Kraichgau eine Mulde, die in jenem Zeitabschnitt vor Millionen Jahren entstand, als sich der Schwarzwald und der Odenwald anhoben und zwischen denen sich im Osten und den Vogesen sowie dem Pfälzerwald im Westen die Oberrheinische Tiefebene bildete. Vom Oberrheingraben wurden große Mengen Löss in den Kraichgau geweht, der hier ähnlich mächtig, wenn nicht teilweise sogar breiter aufliegt als beispielsweise am südöstlichen Kaiserstuhl. Die extrem fruchtbaren Böden begünstigen den Ackerbau. Die Region zählt zu den Kornkammern Baden-Württembergs. Lange Zeit spielte der Tabakanbau eine große Rolle, heute überwiegen Kartoffeln, Zuckerrüben und Obst. Bekannt ist der Kraichgau zudem für seine Bauerngärten, wo neben Gemüse auch Gewürze und Arzneipflanzen angebaut wurden und werden.

Gerichte aus Dinkel waren fast schon von den Speisekarten verschwunden. Doch der Grünkern – wie die aus Dinkel hergestellten, weil noch grün geernteten Körner heißen – ist heute eine Delikatesse geworden. Der Kraichgau ist auch wie Hohenlohe Dinkelland.

Die Region blickt auf eine lange Besiedelung zurück. Nicht nur die erwähnten Überbleibsel des Homo heidelbergensis wurden am Übergang zum Odenwald gefunden. Zahlreiche weitere archäologische Funde zeigen die wechselvolle Geschichte und verweisen auf die unterschiedlichen Kulturen und Stämme. Man vermutet, dass einst bedeutende Fernverbindungen durch den Kraichgau führten. Dass dieses Land früher von vielen Rittern, Grafen und anderen Adligen bevölkert war, sieht man an den noch vorhandenen Gütern, Burgen und kleinen Schlössern. In den Dörfern siedelten sich einst auch viele Juden gegen Schutzgeld an. Sie wohnten verstreut und nicht in Ghettos.

Einer der farbenprächtigsten Schmetterlinge unserer Heimat, der nur im Bereich naturnaher Wälder – und dort auf großen Lichtungen und am Waldrand – vorkommt, ist der Große Eisvogel.

Im Osten geht der lieblichere Kraichgau in den stärker bewaldeten Naturpark Stromberg-Heuchelberg und damit in das dortige Keuperhügelland (siehe auch Seite 188 ff.) über. Ein Übergang ist dies auch in anderer Hinsicht: nämlich von Baden ins Württembergische, wovon in diesem Landstrich allerdings wenig Aufhebens gemacht wird. Tatsächlich existiert hier sogar eine Weinstraße, welche die Anbaugebiete Baden und Württemberg verbindet. Besonders kurios stellt sich die Situation in der Gemeinde Oberderdingen dar: Obwohl historisch zu Württemberg gehörig, ist sie Teil des badischen Landkreises Karlsruhe. Einige Ortsteile sind badisch, andere württembergisch geprägt; und auch Kirchen- wie Weinbaugrenzen verlaufen hier gewissermaßen kreuz und quer.

Im zeitigen Frühjahr bringt der Seidelbast erste Farbtupfer in den Laubwald.

Das Bauland – Des Grünkerns Heimat

Eine weitere Gäulandschaft, die sich an den Odenwald schmiegt, und zwar im Osten auf baden-württembergischem Territorium, ist das Bauland. Gäulandschaften sind im Süden Deutschlands das, was die Börden im Norden sind, die Magdeburger Börde zum Beispiel: relativ ebene oder auch ganz flache, baumarme Gebiete. Mit der intensiven landwirtschaftlichen Nutzung wurde hier der Wald zumeist verdrängt. Die Böden sind recht fruchtbar, weil sich darauf Löss abgelagert hat. Weil kalte Winde schon mal ungebremst und ungehindert über die Ebene hinwegfegen, wird das Bauland auch häufig als Badisch Sibirien bezeichnet. Das Wort Bau stammt vom mittelhochdeutschen pone für Bohne ab. Heute ist das Bauland weniger für die Hülsenfrucht als vielmehr für den Grünkern bekannt. Der schmeckt herzhaft und ist gesund, weil voller wertvoller Nährstoffe. Grünkern ist halbreif geernteter Dinkel, der hernach in einer Darre getrocknet wird. Bei Temperaturen von 120 bis 150 Grad entsteht die typische olivgrüne Farbe. Die regionale Spezialität eignet sich hervorragend als Beilage, fügt sich aber auch sehr gut in die vegetarische und in die Bio-Küche. Auf den Grünkern stieß man in Zeiten schlechten, feuchten Wetters, als das Korn nicht mehr ausreifen konnte. So machte man aus der Not eine Tugend – und half selber nach. Anfangs wurde oft die Resthitze in den dörflichen Backhäuschen genutzt.

Im Unterschied zum Buntsandstein-Odenwald herrscht im Bauland Muschelkalk vor. Wie in anderen Karstlandschaften auch finden sich daher Dolinen, Trockentäler oder auch Tropfsteinhöhlen. Die Eberstädter Tropfsteinhöhle, die seit den 70er-Jahren touristisch genutzt wird und die erst wenige Jahre zuvor entdeckt worden ist, zählt sicherlich zu den schönsten ihrer Art in Deutschland. Sie ist auch eine der Hauptattraktionen des Naturparks Neckartal-Odenwald. Das Bauland ist Teil der Südwestdeutschen Schichtstufenlandschaft, deren charakteristische Schichtung sich im Erdmittelalter (Mesozoikum) herausbildete: Buntsandstein, Muschelkalk, Keuper, Schwarzer Jura, Brauner Jura und

Wenn der Klatschmohn leuchtend blüht, ist es nicht mehr weit bis zur Getreideernte. Dann hat der Sommer schon seinen Zenit überschritten.

Weißer Jura – von unten nach oben betrachtet. Durch die Anhebung von Schwarzwald und Odenwald, die letztlich auch den Oberrheingraben entstehen ließ, kippten die Schichten aus der horizontalen in eine Schräglage. Harte Schichten waren in der Folgezeit weniger der Abtragung und Verwitterung ausgesetzt als etwa weiche, tonige Gesteine. Hier reiht sich das Bauland mit seinem Muschelkalk ein, östlich und südöstlich schließen Keuperlandschaften an. Der Nord- und Nordostrand der Schwäbischen Alb wiederum, die höchste Schichtstufe, wird vom Weißen und zu einem geringeren Teil vom Braunen Jura gebildet.

Eine touristische Attraktion, die das Bauland mit dem Schwäbisch-Fränkischen Wald und der Ostalb gemein hat, ist der Obergermanisch-Raetische Limes. Zwischen Buchen und Osterburken trifft man im Wald allenthalben auf mancherlei Reste aus römischen Zeiten: auf Grundmauern ehemaliger Kastelle und Wachtürme. In Osterburken informiert ein Museum über das UNESCO-Weltkulturerbe. Wie man inzwischen weiß, war der seinerzeit weithin sichtbare Riegel weniger militärischer Schutz als vielmehr überwachte Wirtschaftsgrenze. Als mindestens so wichtig muss die Symbolik begriffen werden: Der Wall markierte nichts weniger als das römische Herrschaftsgebiet. Vermutlich wurde zu den meisten Zeiten ein reger Handel über die Grenze hinweg betrieben. Der Limes war im einst römischen Hinterland mit einem Netz militärischer Stützpunkte und ziviler Versorgungseinrichtungen überzogen. Ein Wege- und Straßennetz verband die Stationen. Wald und Natur haben sich in der Region vieles zurückgeholt und überwuchert. Im Unterschied zu anderen Regionen wurden die bedeutenden archäologischen Fundstätten im landwirtschaftlich geprägten Bauland aber nur selten überbaut.

Steckbrief Odenwald und Bauland

Ausdehnung: Ost-West etwa 60 Kilometer, Nord-Süd etwa 40 Kilometer

Höchste Erhebung: Katzenbuckel (Neckar-Odenwald-Kreis) 626 m ü. NN

Natur-Highlights: Eberstädter Tropfsteinhöhle, Margaretenschlucht bei Neckargerach, Wolfschlucht bei Zwingenberg, Morretal bei Buchen, Felsenmeer bei Heidelberg

Kulturelle Highlights: Heidelberg mit Altstadt und Schloss, Schloss Zwingenberg, Burgruinen Eberbach, Minneburg, Stolzeneck, Weinheim, Obergermanisch-Raetischer Limes, Neckar-Odenwald-Limes, Odenwälder Freilandmuseum Walldürn-Gottersdorf

Informationen/Anlaufstellen:

Naturpark Neckartal-Odenwald: www.naturpark-neckartal-odenwald.de

Geopark Bergstraße Odenwald: www.geo-naturpark.net

Odenwälder Freilandmuseum Walldürn-Gottersdorf: www.freilandmuseum.com

Natur und Kultur geben sich die Hand –

Neckarland und Gäulandschaften

Die ersten Feldlerchen steigen hoch und verkünden mit ihrem zwitschernden Gesang, dass der Winter jetzt endgültig vorbei ist. Auch die Feldhasen sind unterwegs. Sie scheinen heute besonders verspielt zu sein und hoppeln auf dem alten Grasweg umher. Die Deckzeit der Hasen dauert fast das ganze Jahr über; aber vor allem im Vorfrühling und Frühling versammeln sich mehrere Männchen an einer Stelle und jagen hinter den Hasenweibchen her. Mitunter richten sich zwei Rammler auf ihren Hinterläufen auf und verklopfen sich gegenseitig; das erinnert durchaus an einen Boxkampf. Manchmal finden sich dann als Überbleibsel solcher Kämpfe ganze Knäuel von »Hasenwolle« am Wegrand.

Wie Feldhase und Lerche hat auch das Rebhuhn Nutzen daraus gezogen, dass die Menschen in der Jungsteinzeit begannen, in den fruchtbaren und klimatisch begünstigten Landschaften des heutigen Baden-Württemberg die einst endlosen Wälder zu lichten und Äcker, Wiesen, Weiden und Siedlungsplätze anzulegen. Das war überall dort der Fall, wo während kaltzeitlich trockener Zeiten feine Lösspartikel vom Oberrheingraben her auf die zwischen 120 und 270 Meter mächtigen Schichten des Muschelkalks angeweht wurden. Diese von Geologen und Geografen heute als Gäulandschaften bezeichneten Bereiche sind die wichtigsten Altsiedlungsplätze Süddeutschlands. Die Gäulandschaften ziehen sich vom Klettgau an der Grenze zur Schweiz, über die Baar zum Hecken- und Strohgäu, über das Obere oder Korngäu in den Kraichgau hinein und erstrecken sich von dort über die Kocher-Jagst-Region, das Bauland und das Tauberland fort. Durchschnitten ist diese Gäulandschaft – quasi als heutige Landesachse – durch den teilweise tief in den Muschelkalk eingegrabenen Neckar und verschiedene seiner Zuflüsse. Dazu gehören u. a. Enz, Fils, Rems, Kocher und Jagst. Eingestreut auf diesen Muschelkalkplatten sind als Bergbänder die heute großflächig als Naturpark ausgewiesenen Keuperwaldregionen Schönbuch zwischen Stuttgart und Tübingen, Stromberg-Heuchelberg zwischen Stuttgart und Heilbronn im Norden und Westen und der Schwäbisch-Fränkische Wald zwischen Stuttgart, Heilbronn, Schwäbisch Hall und Ellwangen. Waren die zerklüfteten Keuperwaldberge für die Menschen der Frühzeit kaum erschließbar, fanden sie in den Gäulandschaften – und hier vor allem im Neckarbecken – fruchtbare Böden und Wasser. Und das Rheintal? Sicherlich hat das Rheintal heute – man sieht dies an den weiten Ackerflächen – eine hohe landwirtschaftliche Bedeutung; jedoch fand sich dort bis zur 1817 begonnenen Rheinbegradigung eine riesige Fluss-, Seen-, Altarm- und Sumpflandschaft, die von den Menschen der Jungsteinzeit nicht nutzbar war. Und so konzentrierten sich die ersten Siedler fast zwangsläufig auf die fruchtbaren Gäulandschaften. Die rund 7000 Jahre alten Beweise der frühen Ackerbauern fanden sich an vielen Orten, denn beidseits des Neckars wurden zahlreiche Siedlungsplätze der sogenannten Bandkeramiker aus der Jungsteinzeit aufgefunden.

In den weiten Ackerfluren der Gäulandschaften ist das Rebhuhn zu Hause.

Kehrte der Wald nach den Kelten und Römern an vielen Stellen wieder zurück, so wurde mit den großflächigen Rodungen des Mittelalters das Areal für die ursprüng-

lich aus den eurasischen Steppengebieten stammenden Tiere – darunter der Feldhamster – immer mehr erweitert. Dass die Feldlerche ursprünglich in der Steppe heimisch war und in Osteuropa sowie Asien noch immer ist, zeigt uns auch ihr Steigflug: Weil es in der Steppe keine Bäume als Ansitz für die Reviergesänge gibt, grenzen die männlichen Feldlerchen zum Himmel aufsteigend ihr Revier gegenüber Artgenossen ab.

Überall zwischen Heckengäu, wo die Lössauflage recht dünn ist und deshalb viele Hecken auf Steinriegeln wachsen, und dem Bauland ist zu erleben, dass auch die Kultursteppe lebt. Das ist vor allem dort der Fall, wo noch verschiedene Landschaftselemente wie Hecken, Feldgehölze, Einzelbäume, Hohlwege und Steinriegel die Flurbereinigung der 60er- und 70er-Jahre des letzten Jahrhunderts überlebt haben.

Ende März: Über die Felder weht ein leichter Wind, der in den letzten Tagen die Bodenkrume schon weitgehend abgetrocknet hat. Es wird Zeit, die Felder zu bestellen. Lange ist es her, dass im Märzen die Bauern ihre Rösslein einspannten. Heute fährt man auf großen, leistungsfähigen Traktoren hinaus auf die Äcker. Bis es so weit kam, erbrachten die Menschen in den vergangenen Jahrtausenden eine gewaltige Kulturleistung. Erste systematische Landwirtschaft entwickelte sich schon zwischen dem 9. und 6. Jahrtausend vor Christus im Bereich fruchtbarer Flussniederungen Ägyptens, Mesopotamiens,

Wo im Neckarland und den angrenzenden Bereichen Weinberge angelegt wurden, haben die Menschen schon früh Weiden gepflanzt. Sie dienten zum Flechten von Körben und insbesondere zum Anbinden der Weinreben. So haben die Menschen früh die Natur gefördert. Denn in den Höhlen und in den Austrieben der Kopfweiden finden manche Tierarten einen Lebensraum.

Syriens und Palästinas. Damals streiften die Bewohner Mitteleuropas noch als Jäger und Sammler durch die Wälder. Wohl zu Beginn des 5. Jahrtausends vor Christus gelangten die Kenntnisse vom Getreideanbau allmählich über den Balkan nach Mitteleuropa. Um die zunächst noch kleinen Ackerflächen bestellen zu können, hantierten die ersten Bauern nur mit einfachen Grabstöcken. Man kennt solche Gegenstände von Museen zur Ur- und Frühgeschichte oder von Dokumentarfilmen über das Leben der Ureinwohner Afrikas, Südamerikas oder Australiens.

Kornblumen haben heute nur noch dort eine Chance, wo Landwirte blumenbunte Ackerrandstreifen zulassen.

Die später vorerst noch von Hand gezogenen Pflüge waren eigentlich auch nichts anderes als große Grabstöcke. Mithilfe eines Hakens an einer langen Schnur wurden kleine Furchen für die Saat gezogen. In der Bronze- und Eisenzeit, mit dem Vordringen der Römer und im Mittelalter sowie in der Neuzeit wurde die Bestellung der Felder immer mehr verbessert.

Bis zur Mitte des 20. Jahrhunderts bot die Feldflur als echte Kulturlandschaft vielfältige ökologische Nischen für Tiere und Pflanzen, trotz vermehrtem Einsatz von landwirtschaftlichen Geräten und Maschinen. Die Getreidefelder selbst boten Platz für Wildpflanzen wie Kornrade, Ackerstiefmütterchen und Kornblume. Heckenzonen dienten als Schutz und Deckung für Rebhuhn, Igel und Wiesel. Einzelbäume und Streuobstwiesen bereicherten die Landschaft als zusätzliche Elemente im Mosaik der Lebensräume. Und am Wegrain fanden Blindschleichen, Feldspitzmäuse, Grillen und Heuschrecken ihr Revier.

Mit dem Einsatz von Mineraldünger und einer immer intensiveren Landwirtschaft in der zweiten Hälfte des 20. Jahrhunderts fielen die Ernten zwar immer reicher aus, während die Feldfluren vielerorts jedoch immer artenärmer wurden. Viele früher weit verbreiteten Pflanzen und Tiere sind heute vom Aussterben bedroht, weil sie in den struktur-

Die Quitten wurden ebenso wie die ersten Kirschen-, Äpfel- und Birnensorten von den Römern in das Neckarland gebracht.

Charaktervogel der Feldfluren und Obstwiesen: die Goldammer.

armen, flurbereinigten Feldern keinen geeigneten Lebensraum mehr finden. Zum Glück hat bei vielen Mitmenschen ein Umdenken eingesetzt. Städte und Gemeinden, Landkreise, Naturschutzorganisationen, Jäger und auch Bauern haben überall auch im Neckarland und den Gäulandschaften begonnen, an vielen Orten Programme zur Anlage kräuterreicher Ackerrandstreifen sowie zur Vernetzung von Biotopen umzusetzen. Dies ist notwendiger denn je, denn die mit der Energiewende seit dem Atomausstieg Deutschlands im Jahr 2011 intensivierte Gewinnung von Biomasse zur Erzeugung von Strom in Biogasanlagen hat die Situation für die Tier- und Pflanzenwelt der Ackerfluren verschärft.

Um eine weitere Verringerung von Chemie- und Düngereinsatz zu erreichen und Biotopvernetzung zu ermöglichen, ist es wichtig, dass wir Verbraucher bewusster einkaufen und die Bereitschaft zeigen, den Bauern für ihre landschaftspflegerischen Leistungen angemessene Preise zu bezahlen. Bessere, schmackhaftere Produkte von Acker und Feld sind das unmittelbare Ergebnis davon, dazu kommt auch eine ökologisch intakte Flur mit hohem Lebens- und Erlebenswert. In einem Laib Brot steckt letztlich viel mehr als zu Mehl gemahlenes Getreide. In ihm spiegelt sich eine jahrtausendealte Geschichte der Kulturlandschaft sowie die Art und Weise wider, wie wir mit der Landschaft und mit uns selbst umgehen. Und so sollten Naturerlebnis-Touren – ob zu Fuß, mit dem Rad, der Bahn oder mit dem Auto – immer auch einen Besuch in Gaststätten mit regionalen Produkten oder auf Bauernhöfen mit Direktvermarktung oder den Spezialitäten- und Delikatessenläden beinhalten. Das hilft den Erzeugern und uns Landschaftskonsumenten Vielfalt zu erhalten.

Am Rand der Hecke ist jetzt der Gesang einer Goldammer zu vernehmen. Kurz zuvor strich ein halbes Dutzend Rebhühner laut rufend vorbei und verschwand mit eiligen, trippelnden Schritten im Staudensaum der Gehölzzone. Hinter der Hecke, gleich nach der Wegbiegung, dehnt sich ein Acker aus, der vor einigen Jahren auf biologische Bewirtschaftung umgestellt wurde. Der Bauer zeigt uns dort bei der Felderbegehung einige purpurfarbene Pflanzen am Rande des Getreidefeldes. »Toll, dass der Ackerwachtelweizen wieder da ist«, sagt er stolz und fügt gleich hinzu: »Wartet nur mal ab, das alles wird in den nächsten Jahren noch viel bunter werden.«

Die Gäulandschaften – Erlebbare Kulturgeschichte

Ein leichter Sommerwind streicht durch das Feld mit dem reifen Weizen. Ähnlich den Wellen der See wiegen sich die gelben, hohen Getreidehalme. 400 bis 600 Halme ringen hier auf jedem Quadratmeter um das Sonnenlicht. Vor wenigen Wochen noch, im Stadium der sogenannten Milch- oder Teigreife, herrschte zartes Grün vor. Noch ein paar heiße Tage, dann tauchen schon die großen roten und grünen Mähdrescher auf. Sie nehmen die vielen Ähren auf, während sie die zerkleinerten Halme als mächtige, gepresste Strohballen oder große Strohwalzen zurücklassen.

Bei einem Spaziergang oder einer Wanderung, wenn die Landschaft schon regelrecht nach Korn riecht und dieser mehlige Duft vom Sommerwind in die Dörfer und Städte hineingetragen wird, kann man überall auf den Spuren der Kulturgeschichte eines unserer wichtigsten Lebensmittel – nämlich Brot, Brötchen, Brezeln und Nudeln und damit dem dafür notwendigen Getreide – wandeln.

Bis solche Ernten möglich waren, war eine jahrhundertelange Zuchtauswahl erforderlich. Der Stammbaum unseres Getreides geht nämlich auf Wildgräser zurück, die vor allem aus dem Vorderen Orient stammen. Als die Menschen der Jungsteinzeit mit dem Ackerbau begannen, übernahmen sie für den Anbau solche Arten aus dem Orient, die bereits im Wildzustand durch Größe und Güte der nutzbaren Pflanzenteile auffielen. Begonnen hatte alles wahrscheinlich ganz zufällig, als die frühen Bauern die Früchte solcher Urgetreide wie Wildhafer, Wildemmer, Wildeinkorn, Bergroggen, Wildgerste, Rispen- oder Grünhirse sammelten und nach der willkürlichen Aussaat in der Nähe ihrer Behausungen merkten, dass diese Wildgräser auf nährstoffreicher Erde größere Samenkörner hervorbrachten. Die nunmehr gepflegten Wildgräser kreuzten sich untereinan-

Die oft mit Löss bedeckten Muschelkalkplatten der Gäulandschaften ermöglichen reiche Ernten. Dazu gehören auch die Gerste und anderes Getreide.

der, sodass aus dem Wildeinkorn und dem Wildemmer irgendwann der Zwergweizen hervorging. Als sich der Zwergweizen mit dem kultivierten Emmer kreuzte, entstand der Dinkel. Und als dieser später wieder mit dem Zwergweizen gekreuzt wurde, erhielten die Menschen der Eisenzeit den ersten Saatweizen. Die ersten Kulturpflanzen des Getreides aber unterschieden sich noch nicht sehr von den Wildpflanzen. Das beweisen verkohlte Wildgetreidekörner, die man beim prähistorischen Tell Mureybet in Nordsyrien gefunden hat und die Wissenschaftler auf die Zeit um 7500 vor Christus, also lange vor der Eisenzeit, datierten. Es handelte sich dabei um Wild-Gerste und Wild-Einkorn. Die bisherigen Funde deuten darauf hin, dass sich die Kulturpflanzen anscheinend in einem relativ kurzen Zeitraum entwickelt haben. Sie weisen im Vergleich zu den Wildarten einen kräftigeren Wuchs und größere Blüten auf. Des Weiteren zerbricht die Ährenspindel des Wildgetreides in einzelne Teile, die mit den herausfallenden Körnern vom Wind verbreitet werden. Kulturgetreidearten dagegen haben feste Ähren, bei denen sich die Körner erst beim Dreschen lösen.

Der Neuntöter ist dort zu Hause, wo es noch Heckenzonen und Obstwiesen gibt.

Wie wichtig die Wildsorten für uns heute noch sind, zeigt sich daran, dass Kulturgetreide immer wieder mit Wildgetreide rückgekreuzt werden muss, damit sich die Kultursorten nicht genetisch überleben. Nur dann erhalten wir weiterhin brauchbare Früchte von Gerste, Hafer, Roggen, Weizen oder Dinkel, die uns das unentbehrliche Mehl liefern. Teils wird beim Mahlen in der Mühle der Kern des Getreidekorns von der Fruchtschale getrennt, teils verbleiben, wie beim Vollkornmehl, die wertvollen Bestandteile der Schale. Das so gewonnene Mehl mit seinem hohen Gehalt an Eiweiß, Fetten und Vitaminen kann nun zu allerlei Brot, Brötchen, Brezeln, Kuchen, Torten, süßem Gebäck, Keksen, Fruchtriegeln, Nudeln oder Pizzateig verarbeitet werden.

Hidden Champions der Natur- und Kulturlandschaft

Auf den ersten Blick scheinen die Gäulandschaften keine solch spektakulären Naturhighlights zu beherbergen wie der Schwarzwald, der Bodensee oder die ebenfalls auch außerhalb der Landesgrenzen bekannte Schwäbische Alb. Vielleicht liegt dies daran, dass so mancher ökologische Baustein Baden-Württembergs anderen, angrenzenden Landschaften zugerechnet wird. Oder es sind Naturrefugien, die wie die Hidden Champions in der Wirtschaft eine wichtige Rolle im Naturhaushalt spielen und nur lokal oder regional bekannt sind.

Zu Ersteren gehören sicherlich der Neckar- und der Donau-Ursprung. Eilig für Durchreisende, die etwa auf der A 81 von Stuttgart nach Singen unterwegs sind, ist die Baar vielleicht nur ein Teil des angrenzenden bzw. umgebenden Schwarzwaldes. Dabei ist die Baar zwischen dem Südschwarzwald und der Schwäbischen Alb eine eigenständige Landschaft. Von den anderen Gäulandschaften unterscheidet sich die 650 bis 800 m ü. NN gelegene Baar durch ein Mosaik von feuchten Niederungswiesen, Mooren und Seen. Sie sind im Laufe der Jahrtausende durch Salzauslaugungen im Bereich des mittleren Muschelkalks entstanden. Ein solches Moorgebiet ist das im letzten Jahrhundert durch verschiedene Eingriffe fast ausgetrocknete und zerstörte Schwenninger Moos. Es wurde

jedoch renaturiert und gilt als Ursprung des Neckars. Da die Baar jedoch Teil der Europäischen Wasserscheide ist, fließt Wasser aus dem Moorkomplex nicht nur über den Neckar nach Norden zum Rhein, sondern auch Richtung Südwesten über den Talbach zur Brigach. Die Brigach gilt wiederum zusammen mit der Breg als Ursprung der Donau. Früher konnte jedes Schulkind den Satz aufsagen: Brigach und Breg bringen die Donau zuweg. Auch wenn das Schwenninger Moos durch Torfgewinnung ab dem Jahr 1763 mancherlei Veränderungen erfahren hat, so ist das heute streng geschützte Areal ein besonderes Beispiel für urwüchsige Moorlandschaften. Ein knapp vier Kilometer langer Rundweg führt zum noch jungen Neckar, eindrucksvollen Großseggen-Beständen und dem fast vollständig verlandeten Moosweiher sowie anderen Sumpf- und Röhrichtzonen. Geologisch gesehen gehört auch das Alb-Wutach-Gebiet zu den Gäulandschaften. Hier findet sich, südwestlich angrenzend an die Baar, mit der Wutachschlucht der Baden-Württembergische Grand Canyon (siehe Seite 123).

Salbeiwiesen gehören zu den artenreichen Lebensgemeinschaften der Kulturlandschaft.

Seit Langem sind sich Geologen und Biologen darin einig, dass die südlich von Löffingen gelegene Wutachschlucht zu den mannigfaltigsten Landschaften Südwestdeutschlands gehört. Einerseits ist die etwa 30 Kilometer lange Schlucht Lehrbeispiel einer Flussablenkung, bei der im Kampf zwischen den Gewässersystemen von Rhein und Donau die Wasserscheide verschoben wird. Der Rhein zapft mithilfe seiner Zuflüsse – und dazu gehört auch die Wutach – der Donau seit Langem immer mehr das Wasser ab. Die bis zu 170 Meter tiefe Schlucht ermöglicht einen Blick in den geologischen Aufbau Südwestdeutschlands par excellence. Vom Grundgebirge bis zum Weißjura sind durch verschiedene Gesteinsaufschlüsse fast alle vorkommenden Gesteinsschichten zu sehen. Andererseits ist die Wutachschlucht ein Hotspot der Biodiversität von nationalem Rang. Auf

Knäkente. Diese Vogelart findet im Bereich der ehemaligen Baggerseen – die meisten sind heute als Naturschutzgebiete ausgewiesen – entlang des Neckars noch Lebensräume.

Der Rotmilan ist entlang des Neckars noch weit verbreitet.

unterschiedlichen Biotoptypen und ökologischen Nischen finden sich über 1200 Pflanzenarten; darunter zahlreiche botanische Kostbarkeiten wie den Rosmarinseidelbast, Goldstern und Immenblatt, einer der größten Lippenblütler. Biologen schätzen die Anzahl von Wirbel-, Glieder- und Weichtieren auf über 10 000 Arten. Während viele davon den Wanderern durch die bizarre und formenreiche Landschaft verborgen bleiben, sind mit etwas Glück Schwarzspecht, Wanderfalke und Wasseramsel zu beobachten.

Vollkommen anders präsentiert sich die Gäulandschaft im Westen von Böblingen und Sindelfingen. Zwischen der Würm und der Nagold befindet sich das Heckengäu. Charakterisiert durch Heideflächen, Steinriegel und – der Name sagt es schon – Hecken finden sich auf den kargen, oft noch beweideten Böden im Frühjahr und Frühsommer floristische Farbtupfer wie Küchenschelle, Gefranster Enzian, Ackerwachtelweizen, Natterkopf, Echtes Labkraut, Kartäusernelke und Orchideen wie die Bienenragwurz und das Zweiblatt. Eine der bedeutendsten Heidelandschaften des Heckengäus ist der Venusberg bei Aidlingen, ein von markanten Wacholderbüschen und mitunter bizarren Kiefern durchsetztes Naturschutzgebiet.

Wilder Geselle in kultivierter Landschaft – Steckbrief Feldhase (Lepus europaeus)

Neben Feldlerche und Rebhuhn gehört der Feldhase zu den typischen Bewohnern unserer Ackerfluren. Durch die Zusammenlegung von Parzellen und den damit abnehmenden Grenzflächen, Rainen, Böschungen und Hecken ist das Überleben der Hoppler zwischen den Äckern schwieriger geworden. Die generelle Unterschutzstellung von Hecken, Feldgehölzen, Rainen, Böschungen und anderen Landschaftselementen der freien Flur soll neue Chancen bringen. Damit die Feldhasen weiterhin Symboltiere für die Kulturlandschaft zwischen und rund um Acker und Feld bleiben.

Lebensraum: Offene Feldflur sowie Wiesengelände, Obstwiesen, aber auch offene Wälder und große Parks. Im Gebirge etwa bis 1600 Höhenmeter.

Beschreibung: Gelblich-grau mit schwarzen und weißlichen Haarspitzen, an den Seiten und der Brust gelblich. Die Unterseite, außer Kehle und Brust, ist weiß. Lange Ohren mit schwarzen Spitzen. Der kurze Schwanz ist an der Oberseite schwärzlich; die Unterseite ist weiß. Gewicht zwischen 2,5 und 7 Kilogramm. Der Feldhase wird oft mit dem Wildkaninchen verwechselt; dieses ist aber wesentlich kleiner.

Verbreitung: Ursprünglich in vielen Teilen Europas, mit Ausnahme großer Teile Skandinaviens und Islands; auch in Zentral- und Südspanien fehlend.

Fortpflanzung: Erfolgt fast während des ganzen Jahres, endet jedoch im Oktober und beginnt dann im Januar wieder. Hasen versammeln sich vor allem im Frühling an verschiedenen Stellen, jagen hinter den Häsinnen her und »prügeln« einander. Die Häsin bringt nach einer Tragezeit von 42–44 Tagen zwei bis vier behaarte und gleich sehende Junge zur Welt. Schon bald nach der Geburt verlassen diese die Nestmulde (Sasse). Die jungen Hasen sind nach drei Wochen schon selbstständig und mit einem Jahr geschlechtsreif. Es können drei bis vier Würfe im Jahr erfolgen. Hasen können ein Alter von zehn bis zwölf Jahren erreichen.

Lebensweise: Vorwiegend in der Dämmerung und in der Nacht aktiv. Lagert in Ackerfurchen, unter Gestrüpp, manchmal auch mitten im Gelände. Die Sasse besteht aus einer gescharrten Mulde, in welche der Hasenkörper genau hineinpasst. Durch die Tarnfärbung ist das Tier leicht zu übersehen. Kommt ein vermuteter Feind zu nahe, so springt der Hase plötzlich auf und flüchtet. Hasen können übrigens auch gut schwimmen. Die Nahrung besteht überwiegend aus Kräutern, Gras, Wurzeln, den unterschiedlichsten Feldfrüchten sowie Knospen, aber auch aus Bast von Bäumen und Sträuchern.

Walderlebnisse vor den Toren der Großstadt – Unterwegs im Schönbuch, im Stromberg-Heuchelberg-Gebiet und im Schwäbisch-Fränkischen Wald

Die den Muschelkalk überragenden Keuperberge des Schönbuchs, des Strombergs und des Schwäbisch-Fränkischen Waldes (siehe auch Seite 41 ff.) ermöglichen urige Naturerlebnisse gleich vor den Toren der Landeshauptstadt und des dazugehörenden Ballungsraums, der Metropolregion Stuttgart. Es müssen nicht immer spektakuläre »Urwaldzellen« sein, wenn man der vielfältigen Lebenswelt unserer Wälder auf die Spur kommen will. Schon die Baumartenzusammensetzung in den Keuperwaldbergen ist bemerkenswert: Abhängig von Gestein, Boden und Klima überwiegen im Stromberg naturgemäß die Eichen-Hainbuchen-Wälder, im Schönbuch die Buchenwälder und im Schwäbisch-Fränkischen

Wald sind Fichten-, im östlichen Teil sogar Weißtannenwälder die Regel. In Wirklichkeit ist das Mosaik jedoch viel kleingliedriger, denn die Unterschiede von Sonnen- und Schattenhang schlagen sich in der Baumartenzusammensetzung genauso nieder wie die Tiefgründigkeit des Bodens, dessen Kalkgehalt und Durchfeuchtung. Auf Wanderungen in den unterschiedlichen Gegenden kann man die Vielfalt der Lebensformen erleben: Entlang eines Waldbaches in einer feuchten Keuperklinge, an einem trockenen Waldsaum oberhalb der Weinberge oder im tropfnassen Erlenbruchwald in einer Talaue.

Die waldbauliche Nutzung ist selbstverständlich weiten Teilen unserer Wälder anzusehen. In manchen Gegenden überwiegen noch reine Wirtschaftswälder und Fichtenforste, durch deren dichte Wipfel kein Sonnenstrahl auf den Boden dringt und kein Gräslein grünt. Die Forstwirtschaft ist nach Stürmen wie »Wiebke« (1990) und »Lothar« (1999) mit katastrophalen Schäden endlich dazu übergegangen, naturnähere Wälder

Wildkatzen wurden in den 1980er-Jahren zum ersten Mal wieder im Bereich der Keuperberge des Stromberges zwischen Sachsenheim und Vaihingen/Enz im Landkreis Ludwigsburg entdeckt. Heute besiedeln sie auch wieder Teile des Schwarzwalds und des Odenwalds.

dort wieder aufzubauen, wo stellenweise die vor allem seit Mitte des 19. Jahrhunderts eingebrachte Fichte vorherrschte.

Und längst wurde erkannt, dass gerade Wälder in Großstadtnähe eine wichtige Erholungsfunktion erfüllen. Dass auch diese Waldgebiete eine – wenn auch oft jüngere – Siedlungsgeschichte haben, zeigen Anlagen wie das als UNESCO-Weltkulturerbe geschützte Kloster Maulbronn im westlichen Teil des Strombergs und das Kloster Bebenhausen unweit von Tübingen im Schönbuch. Diese Waldgebiete bieten ausgezeichnete Wanderwege, und überall ist vielfältige Waldnatur zu erleben.

Buchenkeimlinge und was daraus werden kann.

Ein Tag im Buchen-Eichenwald

Es herrscht Ruhe vor dem Sturm. In den Wipfeln der Bäume bewegt sich kaum ein Blatt. Die hochgewachsenen Buchen überragen Elsbeeren und wilde Kirschbäume um viele Meter. Manchmal zwängt sich eine dicke Eiche dazwischen, dann wieder machen sich verwachsene Hainbuchen und an manchen warmen Stellen des Stromberg-Heuchelberg-Gebietes sogar Esskastanienbäume breit. Unten am Waldboden recken sich filigrane Farne mit ihren weit gespreizten Fächerblättern empor. Büsche von Habichtskraut, Heidelbeeren, Katzenpfötchen und Heidekraut drängen sich dort, wo das Licht bis zum Waldboden vordringen kann, zu einem dichten, weichen Teppich zusammen. Dazwischen

ragen schnellwüchsige Rost- und Fliegenpilze heraus, aber auch Steinpilze und sogar Champignons, die dem giftigen Knollenblätterpilz ausgesprochen ähnlich sehen. Vorsicht ist also angebracht!

Plötzlich setzt das laute Klopfen eines Spechtes ein. Man sieht ihn nicht, aber seine Aktivitäten sind während des ganzen Tages nicht zu überhören. Der Schwarzspecht ist zur Abwechslung einmal nicht auf Nahrungssuche, sondern grenzt mit seinem »Trommelfeuer« für seine Artgenossen laut und deutlich sein Revier ab. Viele Lebensäußerungen im Wald nehmen wir Menschen gar nicht wahr: zum Beispiel Maulwürfe, die sich unterirdisch durch riesige Tunnelsysteme wühlen, oder Mäuse, die sich von Wurzeln und Trieben ernähren. Selbst Wildschweine in freier Wildbahn und Millionen von Würmern, ausgewachsenen Insekten und solchen in ihren Larvenstadien entziehen sich unseren Blicken.

Nicht zu übersehen sind hingegen die Hügel der Roten Waldameise. Ein einziges Ameisenvolk kann täglich bis zu 100 000 Insekten vertilgen; nebenbei beseitigt es auch noch tote Tiere und Pflanzenabfälle. Ameisen regulieren ebenso unscheinbar wie emsig das komplizierte Gleichgewicht des Waldes.

Aus dem Gehölz taucht langsam ein junges Reh auf. Vorsichtig staksend hebt es seine Beine, eines nach dem anderen, und bewegt sich steif und doch zielstrebig auf eine kleine Lichtung zu. Nun senkt es den Kopf und macht sich genüsslich über die kleinen zarten Triebe auf dem Waldboden her. Im großflächigen Rotwildgatter des Schönbuchs sind sogar noch Hirsche zu bestaunen.

Der Schwarzspecht bewohnt unter anderem die Wälder des Schönbuches, des Schwäbisch-Fränkischen Waldes und des Stromberg-Heuchelberg-Gebietes. Er ist aber auch in anderen, naturbelassenen Altholzinseln des Neckars und der Seitentäler zu Hause.

Natürliche Feinde bedrohen Rehe und Hirsche schon lange nicht mehr in diesen Wäldern. Der letzte Wolf Württembergs wurde 1847 im Stromberg bei Cleebronn geschossen. Mangels natürlicher Feinde sind in vielen Gegenden die Rehe sogar zur Plage geworden. Wo sie überhandnehmen, haben junge Bäume und Pflanzen eben nur geringe Wachstumschancen. Diesmal ist das Vergnügen des Tieres allerdings nur kurz. Ein Geräusch hat das Reh aufgeschreckt. Blitzschnell bewegt es den Kopf und lässt die Ohren spielen, bereit zum Sprung. Verdächtige Stille macht sich im Wald breit. Nur das Rauschen der Blätter ist jetzt noch zu hören. Doch das Reh traut dem Frieden nicht und springt davon.

Oben am Himmel sieht man jetzt, was sich zusammenbraut. Dunkel aufgequollene Wolken verdrängen das Himmelblau. Der Wind wird stärker. Die dünnen Äste in den Wipfeln biegen sich beängstigend hin und her. Dann kracht es zum ersten Mal. Wie vom Donner gerührt, bleibt das Reh nun wieder stehen, besinnt sich kurz und springt geschickt über Steine und Büsche ins Dunkel des Waldes. Innerhalb von wenigen Minuten verwandelt sich die Idylle. Dunkle Schatten huschen vorbei – vielleicht ein Habicht oder ein Waldkauz auf der Flucht. In den Blättern klatscht und tost es. Ein dicker Ast kracht im Regen zu Boden. Der Wind wird stärker. Spätestens jetzt sucht sich alles, was kreucht und fleucht, ein Versteck. Wieder kracht es. Eine hoch geschossene Fichte kann sich mit dem Wurzelwerk nicht mehr halten und fällt kerzengerade um, reißt zwei kleinere Bäume mit sich zu Boden. Der Sturm nähert sich seinem Höhepunkt. Überall schlägt er

Wunden in den Wald: Die alten, kranken und schwachen Bäume haben den Böen nichts mehr entgegenzusetzen – ein Drama, das Spuren hinterlässt.

Einem gesunden Mischwald schafft so ein Unwetter jedoch keine Probleme. Schon ein Jahr später keimen in den Windbrüchen Pflanzen, die in den schattigen Wäldern besonders rar geworden sind: Glockenblumen, Veilchen, Waldanemonen und Himmelsschlüsselchen. Die Samen der Bäume schlagen aus, entwickeln ihre Triebe, und zwischen den Wurzeltellern der umgestürzten Bäume sprießen Farne und Gräser. Die neu gewachsenen Blumen und die morsche Rinde des Fallholzes ziehen unzählige Insekten an. So dreht sich das Karussell des Lebens weiter: Wo Insekten sind, folgen Vögel und kleine Nager wie Wald- und Haselmäuse. Frösche und Molche besetzen die Pfützen und Tümpel, die sich an Stellen gebildet haben, wo vor dem Orkan noch das Wurzelgeflecht der Bäume verankert war.

Wanderer sollten auf Tierkinder im Frühjahr Rücksicht nehmen und möglichst die Wege nicht verlassen.

Auch das Reh zieht es hierher. Es ist auf der Suche nach zarten Trieben. Innerhalb weniger Jahre nach einem solchen Unwetter explodiert das Leben geradezu. Die vielen Insekten haben Fledermäuse angelockt; diese finden in den alten Baumhöhlen des Schwarzspechts eine neue Unterkunft. Nach und nach siedeln sich Waldlaubsänger, Zaunkönig und Waldschnepfe in den Lichtungen an. In den umgestürzten Bäumen suchen Spechte nach wohlschmeckenden Maden. Pilze und Wurzeln der Pflanzen, die den toten Stamm besiedeln, weichen langsam auch das harte Kernholz auf. Dies kann Jahrzehnte dauern. Immer mehr Lebewesen finden nun Unterschlupf und Nahrung in dem sich auflösenden Baum: Pilze, Moose, Flechten, Schnecken, Salamander. Schließlich löst sich der Stamm völlig auf. Seine Nährstoffe düngen den Waldboden und verstärken die Humusschicht.

Wiesenschlüsselblumen gehören zu den ersten Frühlingsboten im Neckarland.

Frühstarter im Laubwald

Die Bodenvegetation der Waldbereiche in den jeweiligen Gäulandschaften entlang des Neckars und seiner Zuflüsse und der Keuperberge ist ganz verschieden. Entlang quelliger Keuperbäche gedeihen im zeitigen Frühjahr oft in Massen Hohe Schlüsselblume, Bärlauch und Aronstab, an Hangwäldern im Neckartal, an der Enz und der Rems Blaustern (Scilla) und Hohler Lerchensporn, und wieder andere Wälder sind im April mit einem weißen Teppich aus Buschwindröschen bedeckt. Diese Frühblüher nutzen die kurze Zeit, in der durch das laublose Baumdach Licht auf den Boden fällt. Für diese Spezialisten gilt es also, in »Rekordzeit« zu wachsen, zu blühen, Insekten zur Befruchtung anzulocken und Samen hervorzubringen – eine erstaunliche Leistung! Im Sommer bei geschlossenem Laubdach ist der Waldboden dann meist schmucklos.

Das »Hofener Wäldle« am Neckarsteilhang zwischen Stuttgart-Hofen und Remseck-Neckarrems etwa ist ein beliebtes Ziel für Frühlingsspaziergänge. Hier kann man vom asphaltierten

Neckaruferweg aus die ganze Pracht des Frühlings bewundern: Millionen von blau blühenden Scilla sowie blauviolettem und weißem Lerchensporn sprießen innerhalb weniger Tage aus dem braunen Laub und bilden einen paradiesischen Blütenflor.

Der Neckar – Kultur-, Wirtschafts- und Naturerlebnisachse des Landes

Der Neckar ist zwar ein Zwerg unter Europas Flüssen. Doch bei genauer Betrachtung ist der Heimatstrom von Hegel, Schiller, Mörike, Daimler und Benz die größte Kulturmeile der Welt. Wie an einer Perlenschnur reiht sich eine international bedeutsame Kulturinstitution an die andere. Dazu gehören die Universitäten von Tübingen, Stuttgart, Hohenheim, Heidelberg und Mannheim. Hinzu kommen die Staatliche Akademie der Bildenden Künste in Stuttgart, die Staatliche Hochschule für Musik und Darstellende Kunst in Mannheim, die Staatliche Hochschule für Musik und Darstellende Kunst in Stuttgart, die Filmakademie in Ludwigsburg, in Stuttgart das Württembergische Landesmuseum, das Haus der Geschichte, das Staatliche Museum für Völkerkunde, die Staatsgalerie, das Naturkundemuseum Schloss Rosenstein, die Wilhelma, das Mercedes-

Bärlauchblüten im Auwald.

Der Neckar – hier in Tübingen – ist uralte Kulturachse.

Um 1970 nahezu ausgestorben, haben die Graureiher wieder alle geeigneten Lebensräume besiedelt.

Benz- sowie das Porsche-Museum, in Marbach das Deutsche Literaturarchiv mit Schiller-Nationalmuseum und Literaturmuseum der Moderne, das Landesmuseum für Technik und Arbeit in Mannheim sowie zahlreiche Fachhochschulen und Forschungsinstitute.

Das Neckartal ist auch die Landschaft der Dichter und Denker, der Tüftler und Erfinder. Am Neckar wurden Friedrich Hölderlin (1770 in Lauffen) und Friedrich Schiller (1759 in Marbach am Neckar) geboren. Ebenfalls ein Kind der Neckarlandschaft ist der 1770 zur Welt gekommene Philosoph Georg Wilhelm Friedrich Hegel. Hier wirkte der aus Ludwigsburg stammende Dichter Eduard Mörike (geboren 1804). Auch der berühmte amerikanische Schriftsteller Mark Twain (geboren 1835 in Florida) hat den Fluss bereist und beschrieben.

Der Neckar, das ist die natürliche Verbindung von Württemberg und Baden; hier kommen mit Kurpfälzern, den Franken und Alemannen, Badenern und Württembergern verschiedene Menschenschläge zusammen, die heute das Bundesland Baden-Württemberg prägen. Für diese erfolgreiche Wirtschaftsregion birgt das Neckartal vielfache, leider noch zu wenig wahrgenommene Chancen zur Verbesserung der grünen Infrastruktur und damit der ökologischen Standortsicherung. Das verbliebene Natur- und Kulturerbe erhalten, die wenigen Naturräume aufwerten und vernetzen und neue Naherholungsgebiete schaffen sowie Siedlungs- und Gewerbegebiete nicht weiter ausufern lassen, sind hochgesteckte Ziele.

Schon von Mark Twain bereist

»Deutschland ist im Sommer der Gipfel der Schönheit, aber niemand hat das höchste Ausmaß dieser sanften und friedvollen Schönheit begriffen, wirklich wahrgenommen und genossen, der nicht auf einem Floß den Neckar hinabgefahren ist.«

Nein, das ist kein Zitat eines deutschen Romantikers, sondern es stammt von dem amerikanischen Schriftsteller Mark Twain, der im Jahr 1878 drei Monate als Tourist in der Neckarstadt Heidelberg verbrachte. Als der Autor von »Tom Sawyer« und »Huckleberry Finn« mit dem Floß unter anderem an der alten Kaiserpfalz Bad Wimpfen, an idyllischen Fachwerkdörfern und trutzigen Burgen vorüberglitt, konnte er noch jene ausgewogene Natur- und Kulturlandschaft genießen, die schon Anfang des 19. Jahrhunderts bedeutende Dichter, Denker und Maler in das Neckartal gelockt hatte. Das Wirken von Friedrich Hölderlin, Joseph von Eichendorff, Achim von Arnim und Clemens Brentano wurde als »Heidelberger Romantik« berühmt. Und um den Heidelberger Maler Carl Philipp Fohr bildete sich zur gleichen Zeit ein Künstlerzirkel, auf dessen Gemälden man noch heute eine Vorstellung davon bekommt, wie malerisch das Neckartal aussah, das den Touristen aus Übersee so begeisterte. Twain – der mit bürgerlichem Namen eigentlich Samuel Langhorne Clemens hieß – hielt sich etliche Zeit in Heidelberg und

Natur aus zweiter Hand: Viele ehemalige Baggerseen wurden zur Rettung einer bedrohten Tier- und Pflanzenwelt.

der Umgebung auf. Nicht nur Literaturexperten haben schon die Vermutung angestellt, dass er dort vielleicht zu seiner Roman-Figur »Huckleberry Finn« inspiriert wurde. Denn Huckleberry ist die englische Bezeichnung für Heidelbeere. Und wer weiß, ob Twain bei seinen Spaziergängen auf den Heidelbeer-Bergen hoch über der Universitätsstadt die Früchte gegessen hat.

Schon wenige Jahre nach Mark Twains Besuch wurden jahrhundertealte Pläne, den Neckar richtig schiffbar zu machen, in Angriff genommen, das heißt, er wurde kanalisiert. Heute ist das Bild des Neckartals in weiten Teilen von der Industrie- und Technikgeschichte bestimmt und nur noch zwei Prozent des Flusses gelten als »weitgehend naturnah«.

Die Entwicklung des Automobils durch Gottlieb Daimler und Carl Benz in Stuttgart und Mannheim, die Gründung heutiger Weltfirmen wie Bosch, Porsche, MWM (Motorenwerke Mannheim) und SAP bereicherten und bereichern noch heute kulturell wie finanziell die Bevölkerung des deutschen Südwestens, der zuvor als das Armenhaus Europas galt. Zugleich aber ließ der Aufschwung die Natur des Flusses verarmen. Dabei war es gerade diese Natur, die schon früh die Menschen angezogen hat. Hier fanden unsere Vorfahren das Überlebensmittel Nummer eins: Wasser – und mit den Fischen des Flusses und dem Wild der Aue auch Nahrung.

Dass erste Jäger und Sammler schon vor 600 000 Jahren die Gegend des Urneckars durchstreiften, belegt der Unterkiefer des Homo heidelbergensis, der 17 Kilometer vor Heidelberg bei dem Dorf Mauer entdeckt wurde. Der zwischen Stuttgart und Heilbronn bei Steinheim an der Murr gefundene Schädel des 250 000 Jahre alten Homo steinheimensis entpuppte sich als ein entwicklungsgeschichtlich zwischen dem Homo heidelbergensis und dem Neandertaler stehender »Urmensch«. Viele Spuren einer frühen Kultur, wie etwa Faustkeilabschläge, deuten darauf hin, dass auch in der Altsteinzeit und noch später in der Jungsteinzeit Menschen am Neckar lebten. Fast alle Dörfer und Städte in der heute mit fünf Millionen Menschen dicht besiedelten Metropolregion Mittlerer Neckar sind letztlich – von Stuttgart selbst abgesehen – auf jungsteinzeitliche Siedlungsplätze zurückzuführen.

Heute ist der 367 Kilometer lange Neckar eigentlich gar kein echter Fluss mehr. Zwischen Mannheim und Plochingen ist der »wilde Kerl«, wie ihn die Kelten nannten, nur noch ein Schiffskanal, dessen 27 Staustufen ihn zu einer Abfolge von Stillgewässern gemacht haben. Die endgültige Kanalisierung des Flusses zwischen der Mündung in den Rhein bei Mannheim und Plochingen, die um 1900 begann und nach dem Zweiten Weltkrieg beendet wurde, war aber nur der Anfang eines tief greifenden Landschaftswandels: Kaum war der Neckar gezähmt, wurden in den nun überschwemmungsfreien Tallagen

Der Neckar ist in weiten Teilen kanalisiert und heute eine Achse für den Massengütertransport. Viel wilde Natur ging dabei verloren. Deshalb ist der Schutz ehemaliger Baggerseen so wichtig.

Straßen gebaut, und in seinen ehemaligen Auegebieten entstanden Gewerbe- und Wohngebiete. Nirgendwo sonst wurden auf einer solch kurzen Strecke so viele Kraftwerke errichtet wie am Neckar. Allein zwischen Altbach bei Esslingen und Mannheim finden sich auf nur 107 Kilometern Luftlinie zwölf Öl-, Gas-, Kohle- und Atomkraftwerksblöcke. Hinzu kommen zahlreiche Wasserkraftwerke, die zwar umweltfreundliche Energie liefern, aber für die Wanderung der Neckarfische ein Problem darstellen.

Die Weinbergterrassen dagegen, Bindeglieder von Natur und Kultur, die Mark Twain auf seiner Floßtour mit Sicherheit auch bewundert hat, blieben zum Glück weitgehend erhalten. Bis heute schmiegen sie sich – vor allem zwischen Esslingen und Gundelsheim nördlich von Heilbronn – an die Prallhänge der Flussmäander. Würde man die Trockenmauern der Länge nach aneinanderreihen, ergäbe sich eine Strecke von gut und gerne 1500 Kilometern. Hier wurde wohl mehr Stein verbaut als beim Errichten der Pyramiden im Land der Pharaonen!

Die Felsengärten zwischen Hessigheim und Besigheim gehören zu den ältesten Naturschutzgebieten entlang des Neckars.

Der Schwalbenschwanz gehört zu den prächtigsten Faltern in Baden-Württemberg. Seine Raupen sind auf Doldenblütler wie die Weinraute oder die Wilde Möhre angewiesen.

Besonders imposant sind die Steillagenweinberge an den Neckarschlaufen zwischen Mundelsheim, Hessigheim und Besigheim. Dort präsentieren sich die terrassierten Hänge wie gigantische Amphitheater. Stellenweise sind Mauern und Muschelkalkfelsen eng verzahnt. Ein besonderes geologisches Highlight sind die als Naturschutzgebiet deklarierten Felsengärten auf der Markung Hessigheim. Durch Auslaugungen von Salz, Gips und Anhydrit im mittleren Muschelkalk – unter der Flusssohle des Neckars – kommt es zur Bildung von Spalten und zu Abrutschungen im oberen Muschelkalk, zu dem die Weinbauhänge zwischen Stuttgart-Bad Cannstatt (Lagen des Cannstatter Zuckerle) und Gundelsheim gehören. Dieses wertvolle Natur- und Kulturerbe konnte und kann letztlich nur erhalten werden, weil das Land Baden-Württemberg schon frühzeitig damit begann, Steillagen-Weinbau-Programme aufzulegen, um die mühsame Arbeit der Wengerter zu unterstützen.

Typische Terrassenlagen finden sich noch zwischen Plochingen und Untertürkheim sowie zwischen den Stuttgarter Ortsteilen Münster und Mühlhausen, bei Ludwigsburg-Poppenweiler und -Neckarweihingen, auf der anderen Neckarseite bei Ludwigsburg-Hoheneck, bei Marbach und Benningen am Neckar sowie im zu Freiberg am Neckar gehörenden Beihingen. Besonders ausgeprägt sind die Steillagen bei Großingersheim und Kleiningersheim sowie bei Mundelsheim, Hessigheim, Walheim, Gemmrigheim, Kirchheim am Neckar, bei Neckarwestheim, im Bereich von Lauffen, wo auch in flacheren Lagen der ehemaligen Neckarschlaufe Wein angebaut wird, bei Nordheim und Nordhausen (Ortsteil von Nordheim), Klingenberg (Ortsteil von Heilbronn) und Böckingen (Ortsteil von Heilbronn) sowie bei Gundelsheim und Neckarzimmern.

Dafür, dass die industriellen Belastungen des Neckartals im 20. Jahrhundert extrem hoch waren, formierte sich erstaunlich spät eine Bewegung, die für die Natur am Neckar eine ökologische Vision entwickelte. Noch in den späten 60er-Jahren war der Fluss eine braune, stinkende Brühe, auf der sich die Schaumberge an den Schleusen fast zwei Meter hoch auftürmten. Und infolge der Flusskanalisierung und der massiven Verbauung der Auen verwaisten die Storchennester. Aber erst in den 70er-Jahren begann der Kampf um die letzten naturnahen Refugien am Neckar.

Zunächst lag der Schwerpunkt auf der Verbesserung der Wasserqualität, und seit dem Bau von Kläranlagen tummeln sich tatsächlich wieder 42 Fischarten im Neckar – was allerdings nicht darüber hinwegtäuschen darf, dass viele ursprüngliche Habitate ein für alle Mal verschwunden sind. Heute geht es darum, dem »Baden-Württemberg-Fluss« wieder mehr Natur – mehr Wildnis – zurückzugeben. Eine Pionierleistung gelang dabei der Umweltstiftung NatureLife-International im Jahr 1997. Bei Marbach, gegenüber dem Schiller-Nationalmuseum, legte sie einen 400 Meter langen, völlig neuen Neckararm an. Viele andere Initiativen ziehen inzwischen nach. Fast scheint es, als wäre ein Wettbewerb entbrannt, wo am Neckar neue Lebensräume geschaffen werden können. So wurde etwa der Flusslauf bei Villingen-Schwenningen renaturiert, bei Horb wurde am Neckarufer eine »erlebbare Stadtnatur« eingerichtet, bei Wendlingen neue Laichgewässer angelegt; bei Ladenburg gibt es einen Fischaufstieg, und im Raum Heidelberg/Mannheim wurde ein Radweg gebaut. Die Stadt Ludwigsburg schließlich konnte – nach rund zehn Jahren zäher Verhandlungen und detaillierter Planung – 2012 mit dem Projekt »Zugwiesen« ein 18 Hektar großes Areal fluten. Damit wurde dem Fluss ein Naturrefugium, das

mit der Kanalisierung zerstört worden war, zurückgegeben und den Menschen bei der Staustufe Poppenweiler ein weiterer, neuer Natur-Erlebensraum geschenkt.

All diese Einzelmaßnahmen sind Zeichen dafür, wie stark sich die Menschen mit ihrem Neckar identifizieren. Sie sollten auch Mahnmal sein: dass Reparatur und Neuanlage von Natur letztlich immer teurer kommt als die Erhaltung des unübertrefflichen Originals.

Von der Neckarquelle im Schwenninger Moos im Herzen des Schwarzwaldes bis zur Mündung laden herrliche Radwege, Wanderwege und Naturerlebniszonen ein, zwischen Natur und Technik, Kultur und Kunst die abwechslungsreiche Natur des geschichtsträchtigen Tals zu entdecken.

Bei Ludwigsburg-Poppenweiler wurde dem Neckartal wieder Natur zurückgegeben. Auf rund 18 Hektar Gelände entstand mit dem Projekt Zugwiesen eine naturnahe Auenlandschaft.

Steckbrief Neckarland und Gäulandschaften

Ausdehnung: Nord-Süd bis zu 350 Kilometer, Ost-West bis zu 150 Kilometer

Höchste Erhebungen im Mittleren Neckarraum: Buocher Höhe bei Remshalden (Rems-Murr-Kreis) 519 m ü. NN., Baiselsberg (Lkr. Ludwigsburg) 477 m ü. NN.

Katzenbuckel (Eberbach im Odenwald) 626 m ü. NN

Natur-Highlights: Naturschutzgebiet Schwenninger Moos, Wutachschlucht, Neckarschlaufen zwischen Mundelsheim und Kirchheim, Naturpark Stromberg-Heuchelberg, Naturschutzgebiet Wernauer Baggerseen, Naturreservat Zugwiesen bei Ludwigsburg, Neckar-Altarm zwischen Freiberg und Pleidelsheim (Kreis Ludwigsburg) sowie Altneckar bei Horkheim (Lkr. Heilbronn), Naturschutzgebiet Kirchheimer Baggerseen, Naturschutzgebiet Hessigheimer Felsengärten, Graureiher-Kolonie Zwingenberg.

Kulturelle Highlights: Schloss Hohenentringen, historische Altstädte in Rottweil, Rottenburg, Horb und Tübingen, Neues und Altes Schloss sowie Schlösser Hohenheim und Solitude in Stuttgart, Mercedes-Benz Museum und Porsche Museum in Stuttgart, Fernsehturm in Stuttgart, Residenzschloss und Schlösser Favorite und Monrepos in Ludwigsburg, Deutsches Literaturarchiv/Schiller Nationalmuseum mit Literaturmuseum der Moderne in Marbach, Kilianskirche Heilbronn, zahlreiche Burgen zwischen Heilbronn und Heidelberg, u. a. Kaiserpfalz Bad Wimpfen, Schloss Heidelberg, Schloss Mannheim

Besonderheiten: Fahrzeugbau (Daimler, Porsche, Audi), Bosch, Salzbergwerke Heilbronn mit Besucherbergwerk Bad Friedrichshall

Informationen/Anlaufstellen:

Naturpark Schönbuch: www.naturpark-schoenbuch.de

Naturpark Stromberg-Heuchelberg: www.naturpark-sh.de

Naturpark Neckartal-Odenwald: www.naturpark-neckartal-odenwald.de

Neckar Käpt'n: www.neckar-kaeptn.de

Unser Neckar/Büro am Fluss: www.lebendiger-neckar.de

Landschaftspark Region Neckar: www.landschaftspark-neckar.de

Lebendiger Weinberg: www.lebendiger-weinberg.de

Wildpark Tripsdrill: www.tripsdrill.de

Moosbedeckte Lichtungen mit Altholz – der Anfang für mehr Waldwildnis.

Sonnenuntergänge am Bodensee sind immer wieder ein besonderes Erlebnis.

Anhang

Den wilden Süden Deutschlands erkunden – faszinierende Natur erleben

Überregionale Rad- und Wanderwege

Wer nicht nur punktuell Tiere, Pflanzen und Landschaft erleben, sondern ganze Naturräume erkunden will, findet in Baden-Württemberg bestens ausgezeichnete, überregionale Rad- und Wanderwege. Wir stellen die wichtigsten vor:

Radweg »Liebliches Taubertal« – Der Klassiker

Rund 100 Kilometer führt der Radweg »Liebliches Taubertal – Der Klassiker« von Rothenburg ob der Tauber nach Wertheim am Main.

Der Radweg »Liebliches Taubertal – Der Klassiker« ist ein echter Klassiker: Bei seiner Gründung war er einer der ersten Radfernwege in Deutschland und zählt bis heute zu den beliebtesten. Seit November 2009 ist er vom ADFC für seine herausragende Qualität mit fünf Sternen ausgezeichnet. Er beginnt auf bayerischer Seite in dem Mittelalterstädtchen Rothenburg ob der Tauber und folgt von da an ganz dem Verlauf des reizvoll dahinfließenden Flusses. Die Tauber ist gesäumt von vielen Weinbergen, schönen Kleinstädten, zahlreichen Burgen, Klöstern und Schlössern. In dem Kurort Bad Mergentheim kann man zum Beispiel den Sitz des Deutschen Ritterordens besuchen oder sich in das Wasser des Bade- und Wellnessparks Solymar fallen lassen. In Lauda-Königshofen empfiehlt sich eher der Genuss eines guten Glas Weines, Tauberbischofsheim verfügt über ansehnliche Renaissance-Häuser und Wertheim über eines der größten Factory-Outlet-Center des Landes. Ehe man sich versieht, ist man am Ziel, nach rund 100 gemütlichen Radkilometern, die nicht nur weitgehend steigungsfrei sind, sondern oft auch noch leichtes Gefälle haben.

www.liebliches-taubertal.de

Kocher-Jagst-Radweg

Die zwei Flüsse Kocher und Jagst haben dem rund 320 Kilometer langen Radweg nicht nur ihren Namen gegeben. Sie begleiten den Radler auch auf seiner Tour durch eine faszinierende Landschaft.

Auf diesem Radweg geht es rund. Das heißt, man kommt am Ende genau dort wieder an, wo man losgeradelt ist. Grund dafür sind die beiden Flüsse Kocher und Jagst, die beinahe parallel zueinander fließen und nur wenige Kilometer voneinander entfernt in der Nähe der berühmten Kaiserpfalz Bad Wimpfen in den Neckar münden. So kann man bequem hin- und zurückfahren, ohne dass es auch nur eine Minute langweilig wird. Die Tour beginnt in Aalen, der Bergwerks- und Limesstadt mit ihrem bekannten Römer-Museum. Wer von dort dem Kocher folgt, ist bald in Schwäbisch Hall und womöglich Gast der berühmten Freilichtspiele. Weiter geht es durch das tief eingeschnittene Flusstal, das bei Untermünkheim von der höchsten Talbrücke in Deutschland überspannt wird. Am Wendepunkt wird dann nicht nur der Fluss, sondern auch das Geschlecht gewechselt: Dem Kocher folgt die Jagst und dort wiederum sind die von Berlichingens zu Hause. An der Götzenburg vorbei erreicht man später die zu Hohenlohe-Langenburgs und deren majestätisch auf einer Anhöhe gelegenes Schloss, das besichtigt werden kann. Man sollte ebenso nicht vergessen, in einem der zahlreichen Dörfer zu rasten und zu essen – regionale Spezialitäten wie das Limpurger Rind und das Schwäbisch-Hällische Landschwein sind weit über die Grenzen hinaus bekannt. Übrigens sind die beiden Flüsse so nah, dass man stellenweise spielend von einem zum anderen wechseln kann, vom Kocher zur Jagst und von der Jagst zum Kocher.

www.kocher-jagst.de

Schwäbische-Alb-Radweg

Rasante Abfahrten, anspruchsvolle Steigungen, eine abwechslungsreiche Landschaft und viele Sehenswürdigkeiten machen den rund 335 Kilometer langen Schwäbischen-Alb-Radweg zu einem unvergesslichen Raderlebnis.

Vom Nördlinger Ries im Nordosten bis zum Donautal im Südwesten erstreckt sich die Schwäbische Alb. Der Radweg führt mal hinauf auf die Hochebene des Mittelgebirges und mal hinunter in das hügelige Vorland und ist mit seinen steilen Anstiegen und flotten Abfahrten genau das Richtige für sportliche Fahrer. Wer hier kräftig in die Pedale tritt, findet dafür ruhige Wege durch die Natur und zahlreiche Burgen,

Die Tour ist auch ein Ausflug in die Erdgeschichte – die Schwäbische Alb wurde von der UNESCO als GeoPark ausgezeichnet. Die Reise in die Vergangenheit beginnt am Nördlinger Ries, einem Meteoritenkrater von 25 Kilometern Durchmesser. Fossilien der Schwäbischen Alb sieht man im Urweltmuseum in Aalen und im Urwelt-Museum Hauff in Holzmaden, wo man außerdem im Steinbruch selbst auf die Suche gehen kann. Vulkanschlote und Kraterseen zwischen Kirchheim und Bad Urach zeugen vom Schwäbischen Vulkan, und Schauhöhlen entführen in die Unterwelt. Aus den Tiefen der Schwäbischen Alb stammt auch das heiße Thermalwasser, in dem sich Radfahrer in Bad Urach und anderen Orten wohlig entspannen können. Im Süden der Schwäbischen Alb führt der Radweg durch das Tal der Lauchert mit seinen Wacholderhängen, Wiesen und Wäldern, bevor der Weg am Bodensee endet.

www.tourismus-bw.de

Hohenzollern-Radweg

Von Esslingen am Neckar an den Bodensee verläuft der rund 190 Kilometer lange Hohenzollern-Radweg. Unterwegs hat man immer wieder einen schönen Blick auf die Burg Hohenzollern, den Stammsitz der Hohenzollern.

Burgen, Weinberge und Vulkane: Auf dem Hohenzollern-Radweg gibt es spektakuläre Ausblicke – und spektakuläre Steigungen, weshalb einige Abschnitte der Tour eher für sportliche Radfahrer geeignet sind. Der abwechslungsreiche Weg führt von den Weinbergen im Neckartal über stille Wälder im Naturpark Schönbuch hinauf zur dünn besiedelten Hochfläche der Schwäbischen Alb.

Dabei macht nicht allein die sich stetig verändernde Landschaft den Reiz der Strecke aus: Fürs Kloster Bebenhausen im Naturpark Schönbuch sollten Radfahrer auf jeden Fall Zeit einplanen, ebenso natürlich für den Stammsitz des preußischen Königshauses und der Fürsten von Hohenzollern bei Hechingen: Bei einer Führung kann man die prachtvollen Innenräume der Burg Hohenzollern besichtigen, die prominent und weithin sichtbar auf einem über 850 Meter hohen Bergkegel liegt.

Bevor die Radler von der südwestlichen Alb zum Bodensee hinunterfahren und es von Höhenmeter zu Höhenmeter allmählich wärmer wird, genießen sie bei guter Sicht ein Panorama, das über die Hegau-Vulkane und den Bodensee bis hin zu den schneebedeckten Alpengipfeln reicht.

www.tourismus-bw.de

Bodensee-Radweg

Einer der »Klassiker« unter den baden-württembergischen Radwegen ist der Bodensee-Radweg.

Der baden-württembergische Teil des Bodensee-Radwegs hat einen ganz besonderen Reiz. Wer hier unterwegs ist, hat stets beides im Blick: Das Wasser und die Berge, die Aussicht auf viele kleine Segelboote, die auf den Wellen wippen, und hohe Alpengipfel, auf denen manchmal bis in den späten Frühling hinein noch eine puderzuckerweiße Schicht Schnee liegt. Vor dieser Kulisse lässt man sich auf den Radwegen treiben, entlang dem Schilfrohr von Naturschutzgebieten, durch Weindörfer, die den Radler mit ihren Reben umschlingen, Apfelplantagen, deren Früchte zum Anbeißen nah sind. Immer wieder taucht eine Klosterkirche auf oder ein altes Weingut oder eine Eisdiele in einer der vielen Fußgängerzonen, die man bei der Fahrradtour streift. Es ist die immense Vielfalt gepaart mit einer schönen Streckenführung, die den Bodensee-Radweg zum Erlebnis macht. Ein Erlebnis für Genussradler, die nicht auf Kilometerrekorde aus sind. Die einheitlich beschilderte Radroute beginnt im bayerischen Lindau, geht dann in Kressbronn nach Baden-Württemberg über und verläuft mit nur wenigen Anstiegen am Nordufer des Sees entlang. An der Spitze des Überlinger Sees muss man sich dann entscheiden: Für die anstrengende Variante über den Bodanrück oder den sanften Weg über Radolfzell. Es lohnt sich so oder so: Am Zeller See und Untersee warten Konstanz, die Mainau, die Reichenau und die Halbinsel Höri mit dem Hermann-Hesse-Museum und Otto-Dix-Haus darauf, mit dem Rad entdeckt zu werden. Ehe man in Stein am Rhein dann auch schon in der Schweiz ist.

www.tourismus-bw.de

Schwarzwald Panorama-Radweg

Radeln, so lange die Kraft und so weit das Auge reicht auf dem neuen 280 Kilometer langen Schwarzwald Panorama-Radweg.

Nachdem sich der Schwarzwald mit einem umfangreichen und attraktiven Wegenetz für Mountainbiker einen Namen gemacht hat, ist der neue Panorama-Radweg ausdrücklich ein Angebot für Genussradler. Auch Familien und Ungeübte sollen sich radelnd über die Höhenzüge bewegen können, ohne dabei völlig außer Atem zu geraten. Der schwierigste Abschnitt liegt gleich am Anfang: Zwischen Pforzheim und Seewald-Besenfeld gilt es über 500 Höhenmeter zu überwinden, von denen 300 jedoch mit der Sommerbergbahn in Bad Wildbad eingespart werden können. Hier ist man mitten in der waldreichen Natur des Nordschwarzwaldes, streift das Wildseemoor und folgt mit etwas Glück dem Lockruf eines der seltenen Auerhähne. Von Freudenstadt bis nach Villingen-Schwenningen führt der Weg auf der Ostseite des Schwarzwaldes entlang. Nun weiß man auch, wie er zu seinem Namen kommt: Blendende Aussichten auf die hohen Schwarzwaldgipfel auf der einen und die Schwäbische Alb auf der anderen Seite bestimmen den Weg. Kurz nach Villingen hat man auch den mit 1084 Metern höchsten Punkt des Radweges erreicht, den Höchstberg: eine letzte große Anstrengung, bevor es ab Titisee im Südschwarzwald fast nur noch bergab geht. Hier verschmilzt der neue Panorama-Radweg mit dem Südschwarzwald-Radweg und führt entlang der romantischen Strecke der Sauschwänzlebahn über Stühlingen und das Wutachtal hinunter zum Endpunkt in Waldshut-Tiengen am Rhein.

www.schwarzwald-tourismus.info

Südschwarzwald-Radweg

Die 4-Sterne-ADFC-Qualitätsradroute bietet einen angenehm zu fahrenden Rundkurs um den Naturpark Südschwarzwald.

Der Südschwarzwald gehört zu den reizvollsten Landschaften Deutschlands. Wenn er nur nicht so steil wäre! Seit 2009 ist dieses Problem gelöst: Ein 240 Kilometer langer Rundkurs für Genussradler führt durch die Landstriche rund um den Naturpark Südschwarzwald. Möglich geworden ist dies durch eine Wegführung, die die schlimmsten Steigungen entweder umgeht oder durch eine Bahnfahrt überbrückt. So etwa im Falle des letzten Streckenabschnitts von Kirchzarten nach Hinterzarten, wo man 500 Höhenmeter mit der Höllentalbahn zurücklegen kann. Der Rest ist nicht der Rede wert und ein interkulturelles Erlebnis: Nach dem Start in Hinterzarten und einem Abstecher zur wildromantischen Wutachschlucht saust man 400 Höhenmeter hangabwärts in Richtung Hochrhein, wo ein grenzüberschreitendes Vergnügen beginnt. Der Weg führt entlang des Rheins, geht in Basel durch eine der schönsten Städte der Schweiz und im Anschluss gleich nach Frankreich hinüber. Wer hier nicht gut isst, ist selber schuld, kann sich aber gleich danach im Markgräflerland in Südbaden weiter verwöhnen lassen. Schließlich erreicht man Freiburg und in Kirchzarten die Bahnstation zum Ausgangspunkt. Damit auch die auf ihre Kosten kommen, die den Südschwarzwald lieber von seiner steilen Seite erleben wollen, sind zwei anspruchsvolle Varianten ausgewiesen worden: Die eine führt nördlich des Rheins über den Dinkelberg und die zweite 800 Höhenmeter hinauf auf den Feldberg. Eine höllische Strecke, auch ohne Höllentalbahn.

www.naturpark-suedschwarzwald.de

Rheintal-Radweg

Rund 520 Kilometer lang ist der baden-württembergische Rheintal-Radweg, der von Konstanz über Stein am Rhein, Basel, den Kaiserstuhl und Karlsruhe bis nach Heppenheim an der Bergstraße führt.

Sportlich ambitionierte Radler machen einen Abstecher in den Schwarzwald, Weinliebhaber unternehmen eine Rundtour um den Kaiserstuhl, und wer die Nachbarn besuchen will, wechselt für einige Kilometer auf die Véloroute Rhein und reist durch das Elsass und nach Straßburg: Der Rheintal-Radweg bietet so viele Varianten, dass hier Radfahrer unterschiedlichster Interessen und Kondition auf ihre Kosten kommen.

Ebenso abwechslungsreich wie die Route selbst ist das, was man unterwegs erleben kann: Beim Start am Bodensee können die Radfahrer eine Bootsfahrt unternehmen oder einfach den Blick genießen, bei Schaffhausen hören sie das Wasser am 150 Meter breiten Rheinfall tosen, dann folgen sie dem Hochrhein bis nach Basel. Ab diesem Punkt bahnt sich der Fluss seinen Weg durch die Oberrheinische Tiefebene. Die Hügel der Vogesen und die Wipfel des Schwarzwalds begleiten ihn links und rechts seines Wegs. Hier im wärmsten und sonnenreichsten Gebiet Deutschlands sieht man Weinberge ebenso wie Spargelfelder. Doch auf dem Weg durch Natur- und Kulturlandschaft ist die nächste Stadt nie weit: Tagsüber kann man geschichtsträchtige Schlossanlagen besuchen und abends in jungen Studentenvierteln ausgehen. Müde Knochen erholen sich in den Thermen, und zahlreiche Badeseen locken zu einem Sprung ins Wasser. Übrigens muss keiner vom Rad steigen, wenn die Landesgrenze bei Heppenheim erreicht ist: Der Rheintal-Radweg endet erst in Rotterdam, wenn der Fluss ins Meer mündet.

www.tourismus-bw.de

Véloroute Rhein

Von Basel/Huningue bis Mainz/Wiesbaden können Radfahrer jetzt auf einer Länge von 420 Kilometern den Rhein rechts oder links entlang radeln – und unterwegs immer wieder die Seiten wechseln.

Wer noch näher am Fluss unterwegs sein will, kann als Alternative zum Rheintal die Véloroute Rhein wählen. Sie verläuft dichter am Ufer und bietet einzigartige Ausblicke aufs Wasser, auf Auenwälder, Weinberge und hübsche Dörfer. Die vielen Schleusen, Hafenanlagen und Schiffe zeigen auch die Bedeutung des Rheins als Verkehrsweg. Sie ist in weiten Teilen in Baden-Württemberg deckungsgleich mit dem europäischen Radfernweg Eurovelo 15, der den Rhein von der Quelle bis zur Mündung begleitet.

Die Route ist ideal für alle, die morgens gern ein Croissant und abends ein Schäufele essen, sie ist nämlich von Basel bis Lauterbourg kurz vor Karlsruhe auf beiden Seiten des Rheins ausgeschildert. So kann man rechts- und linksrheinisch radeln, hin und her pendeln und badische wie elsässische Dörfer und Lebensart genießen. Überhaupt wird der Genuss hier großgeschrieben, denn die Véloroute führt in mildem Klima durch weitgehend flaches Gelände. Die Berge wollen nicht bezwungen, sondern nur bewundert werden: Die Vogesen und der Schwarzwald, der Pfälzer Wald und der Odenwald liegen entlang des Oberrheingrabens. Kleine Abstecher verlängern die Tour, aber Ziele wie Colmar und Freiburg sollte man nicht links liegen lassen. Wer gerne schneller unterwegs ist, der kommt in einer der Achterbahnen im Europa-Park Rust bestimmt auf seine Kosten. Und wer bis Karlsruhe nicht ausgelastet ist, fährt auf der Véloroute weiter bis in die alte Bischofsstadt Mainz.

www.rheinradweg.eu

Neckartal-Radweg

Nahezu steigungsfrei und stetig bergab führt der Neckartal-Radweg vom Neckarursprung bei Villingen-Schwenningen bis ins romantische Heidelberg. So ist dieser rund 350 Kilometer lange Radfernweg auch für Radelanfänger und Familien mit Kindern geeignet.

Er ist ein kleines Bächlein, das unterwegs zum breiten, von Schiffen genutzten Verkehrsweg wird. Er fließt an Burgen und Schlössern, an Wäldern und steilen Weinbergen, an großen Städten und Industriehäfen vorbei. Wer von der Quelle bei Schwenningen bis zur Mündung in den Rhein bei Mannheim radelt, erlebt die unterschiedlichsten Seiten des Neckars. Und dazu zahlreiche hübsche Orte mit verwinkelten Gassen und herausgeputzten Fachwerkhäusern.

Die Tour beginnt am Quellstein des Flusses, der aus dem Hochmoor im Naturschutzgebiet Schwenninger Moos gespeist wird, und die ersten Kilometer begleitet man einen schmalen Bach. Erst ab Rottweil gewinnt der Neckar an Umfang und fließt Richtung Norden in einem Tal, das zwischen den Höhen der Schwäbischen Alb und des Schwarzwaldes liegt. Interessante Städte wie Tübingen, Esslingen, Stuttgart, Ludwigsburg und Heilbronn bieten sich für Besichtigungen an. Unterwegs wechseln sich weite Auen und enge Täler ab, und wenn man Plochingen erreicht hat, begleiten auch Schiffe die Fahrt. Immer wieder hat man beim Radeln die Reben im Blick: 5000 Kilometer Trockenmauern liegen allein zwischen Esslingen und Benningen in den steilen Weinbergen. Ab Bad Wimpfen führt der Radweg immer weiter hinein in den Odenwald, und unzählige Burgen und Schlösser säumen den Weg bis nach Heidelberg, wo man vom berühmten Schlossberg aus den Blick auf den Neckar genießen kann.

www.tourismus-bw.de

Albsteig (HW 1)

Der Albsteig – Traumbalkon im Süden. Seit dem Jahr 2012 gehört der Albsteig als einer der 14 »Top Trails of Germany« offiziell zu Deutschlands schönsten Wanderwegen.

Mit seiner über 100-jährigen Tradition zählt der Weg, auch bekannt als Hauptwanderweg (HW) 1 des Schwäbischen Albvereins, zu den Klassikern unter den Fernwanderwegen in Deutschland. Sein Wegzeichen mit dem roten Dreieck ist ebenso bekannt wie das Rennsteig-R oder die Westweg-Raute. Auf einer Länge von 350 Kilometern und über Höhen von 400 bis über 1000 Metern schlängelt sich der Albsteig zwischen Tuttlingen und Donauwörth immer entlang des Albtraufs, der steilen Kante am Nordrand des »WeltKulturGebirges« Schwäbische Alb: GeoPark, Limes und Biosphärengebiet stehen unter dem Schutz der UNESCO, die ältesten Kunstwerke der Welt stammen von hier. Am Weg liegen Tropfsteinhöhlen, kühne Felsvorsprünge, Schlösser, Burgen, sonnige Blumenwiesen und erfrischende Wasserfälle. Und von den Aussichtsbalkonen am Albtrauf eröffnen sich immer wieder atemberaubende Panoramen weit über das Albvorland.

www.albsteig.com

Donauberglandweg

Bei der Wahl »Deutschlands Schönster Wanderweg« hat der Donauberglandweg in der Kategorie »Routen/Weitwanderwege« im Wettbewerb mit vier anderen Wanderwegen in Deutschland den zweiten Platz belegt.

Malerische Kirchen und Kapellen, die albtypischen Wacholderheiden, tolle Ausblicke vom Albtrauf und auf die Kalkfelsen des Donaudurchbruchs sowie Höhlen, Ruinen, Burgen und weitere kulturelle Sehenswürdigkeiten machen den Donauberglandweg zum Erlebnis. Als erster Qualitätsweg der Schwäbischen Alb ausgezeichnet, führt der Donauberglandweg vom Lemberg, mit 1015 Metern der höchste Berg der Schwäbischen Alb, in das Durchbruchstal der Oberen Donau und weiter nach Beuron mit seinem weithin bekannten Benediktinerkloster. Auf über 3200 Höhenmetern mit Steigungen und Abstiegen führt der Weg in vier Tagesetappen von jeweils rund 15 Kilometer durch die schönsten Landschaften der Südwestalb. Rund die Hälfte des Weges verläuft auf naturnahen Wegen und romantischen Fußpfaden.

www.wandern-suedwestalb.de

Bodensee Landgang »GuckinsLand«

Als die ältesten Premiumwanderwege am Bodensee laden die Landgänge zu abwechslungsreichen Wanderungen ein. Den Mittelpunkt der Wanderungen stellt der Gehrenberg dar.

Die Rundtour GuckinsLand startet in Möggenweiler mit direktem Aufstieg zum Gehrenberg. Oben angekommen, hat man vom 30 Meter hohen Gehrenbergturm einen Panoramablick über den Bodensee und die Alpen. Weiter führt der Weg zur berühmten Gehrenbergrutsche und fortan zur Wanderschaukel mit Linzgaublick. Danach wird der Gehrenberg auf einer beständigen Höhe entlang einsamer Lichtungen und in Wäldern umrundet. Nach dem Passieren des Muldenbachs erreicht man wieder den Ausgangspunkt in Möggenweiler. Neben dieser Wanderroute gibt es noch zwei weitere Premiumwanderwege: die Bermatinger Waldwiesen und die Bergtour Höchsten.

www.bodensee-landgaenge.de

Schwarzwälder Genießerpfade

Das Label »Schwarzwälder Genießerpfade« wurde von den Schwarzwälder Wanderorten entwickelt und steht für 6 bis 15 Kilometer lange Routen.

Das sind etwa Schnapsbrünnle, Obststationen, Himmelsliegen oder kulturelle und kulinarische Höhepunkte. Neben der Landschaft rücken Kultur, die Schwarzwälder Küche, Weine, Brände, Biere oder Wasser in den Fokus. Bis Ende 2013 soll es mindestens 20 Genießerpfade geben. Jeder der Genießerpfade erfüllt die Qualitätsanforderungen des Deutschen Wanderinstituts für Premiumwege. Die Wege sind überwiegend naturbelassen und eindeutig beschildert, die Landschaft ist abwechslungsreich und bietet einen hohen Erlebniswert. Die Mitglieder der Schwarzwald-Wanderorte bieten kompetente Wanderberatung für Individualurlauber, buchbare Wanderpauschalen sowie Rucksack- und Wanderstockverleih.

www.schwarzwald-tourismus.info

Traufgänge – Premiumwandern in Albstadt

Lichtdurchflutete Wälder, einsame Hochflächen und die charakteristische Wacholderheide; Silberdisteln, Orchideen, seltene Schmetterlinge, raue Schluchten, sagenumwobene Felsen und atemberaubende Aussichtspunkte: Das sind die Traufgänge. Sieben ausgezeichnete Premiumwege kann man hier erwandern, erleben und genießen. Erstmals führen professionell angelegte und perfekt ausgeschilderte Pfade durch die urwüchsige, einzigartige und unverwechselbare Alblandschaft.

www.traufgaenge.de

Feldbergsteig

Der Premiumwanderweg Feldbergsteig bietet herrliche Ausblicke und idyllische, schmale Pfade inmitten von geschützter Natur.

Der Feldbergsteig beginnt am Haus der Natur, von dem aus es gleich steil bergauf geht. Sobald die ersten Höhenmeter überwunden sind, eröffnet sich bei guter Witterung eine atemberaubende Fernsicht auf die Vogesen und die Schweizer Alpen. Der Weg führt anschließend weiter zur Bergstation der Feldbergbahn. Von hier geht es durch den Grüblesattel zum Feldberggipfel auf 1493 m. Danach folgt der Abstieg zur St. Wilhelmer Hütte (eine Alternativroute führt über die Todtnauer Hütte), zur Zastler Hütte und zur Baldenweger Hütte, wo man je nach Gusto eine Vesperpause einlegen kann. Danach beginnt der eigentliche Steig – es geht auf schmalen Pfaden hinein ins Naturerlebnis. Hinter dem idyllisch gelegenen Raimartihof verläuft der Feldbergsteig zwischen den steil aufragenden Hängen des Feldbergs und dem Ufer des Feldsees in Richtung Bannwald. Von hier geht es wieder aufwärts zurück zum Haus der Natur.

www.feldbergsteig.de

Westweg

Hoch aufragende Berge, tief stürzende Wasser. Nirgendwo sonst im deutschen Mittelgebirge geht es so weit hinauf wie im Schwarzwald. Das 1493 m hohe Bergmassiv von Feldberg und Seebuck bildet die höchste Erhebung aller deutschen Mittelgebirge. Der Westweg führt als aussichtsreiche Höhenwanderung in mehreren Tagesetappen auch über diese höchste Landmarke.

Auf zwölf Etappen werden alle typischen Landschaften des Schwarzwalds durchwandert. In der Goldstadt Pforzheim beginnt die 285 Kilometer lange Wanderung ins schweizerische Basel im Süden. Den Auftakt bilden geheimnisvolle Hochmoore zwischen Dobel und Hohloh. Durch das tief eingeschnittene Tal der Murg und an der Schwarzenbachtalsperre vorbei führt der Westweg über die waldigen Berge des Nordens zur Schwarzwaldhochstraße und auf die Gipfel des Nordschwarzwalds. Der Abstieg ins Kinzigtal läutet den Übergang zu den sanfteren Formen des mittleren Schwarzwalds ein. Von hier aus schwingt sich der Westweg über den Höhenzug, der die europäische Wasserscheide zwischen Schwarzem Meer und Nordsee bildet. Danach beginnt der Hochschwarzwald. Am Titisee gabelt sich der Westweg in eine östliche Variante über Herzogenhorn und Hochkopf und eine westliche Variante über Feldberg und Belchen.

www.westweg.info

Schluchtensteig Schwarzwald

Auf 119 Kilometern verläuft der Schluchtensteig durch den Schwarzwald. Der Schluchtensteig verläuft von Stühlingen durch die Wutachschlucht über Blumberg zum Schluchsee, passiert den Dom zu St. Blasien, überquert die sanften Hochflächen des Hotzenwalds und windet sich von Todtmoos durch das waldreiche Wehratal mit der Wehraschlucht dem Ziel in Wehr entgegen. Schluchten und Klammen, Wasserfälle und Seen, Hochmoore, Hochweiden und leuchtend grüne Urwälder säumen den zertifizierten Qualitätswanderweg auf seiner Strecke von der Wutach an die Wehra. Der Schluchtensteig ist kein reiner Talweg – ganz im Gegenteil: Regelmäßig führt der Weg zu Felskanzeln und auf Berggipfel. Immer wieder eröffnen sich Blicke auf die gerade durchwanderten Schluchten oder auf die vorausliegenden; mal grüßt der Feldberg über die bewaldeten Schwarzwaldberge, dann sind es wieder die vergletscherten Berge der Schweizer Alpen, die das Panorama im Süden prägen.

www.schluchtensteig.de

Institutionen und Organisationen für Tourismus, Naturbewahrung und Landschaftsmanagement in Baden-Württemberg

Tourismus-Organisationen

Tourismus Marketing GmbH Baden-Württemberg (TMBW), Stuttgart
www.tourismus-bw.de

Tourismusverband »Liebliches Taubertal« e.V., Tauberbischofsheim
www.liebliches-taubertal.de

Touristikgemeinschaft Hohenlohe e.V., Künzelsau
www.hohenlohe.de

Hohenlohe + Schwäbisch Hall Tourismus e.V., Schwäbisch Hall
www.hohenlohe-tourismus.de

Schwäbische Alb Tourismusverband e.V., Bad Urach
www.schwaebischealb.de

Oberschwaben-Tourismus GmbH, Bad Schussenried
www.oberschwaben-tourismus.de

Deutsche Bodensee Tourismus GmbH, Friedrichshafen
www.bodenseekreis.de/landkreis-tourismus/tourismusfoerderung/deutsche-bodensee-tourismus-gmbh.html

Internationale Bodensee Tourismus GmbH, Konstanz
www.bodensee.eu

Tourismus Untersee e.V., Gaienhofen
www.tourismus-untersee.eu

Schwarzwald Tourismus GmbH, Freiburg
www.schwarzwald-tourismus.info

Kraichgau-Stromberg Tourismus e.V., Bretten
www.kraichgau-stromberg.de

Tourismusgemeinschaft Kurpfalz e.V., Plankstadt
www.kurpfalz-tourist.de

Touristikgemeinschaft Odenwald e.V., Mosbach
www.tg-odenwald.de

Stuttgart-Marketing GmbH, Stuttgart
www.stuttgart-tourist.de

Touristikgemeinschaft Heilbronner Land e.V., Heilbronn
www.heilbronnerland.de

Nationalpark, Naturparke und Biosphärengebiet

Nationalpark Schwarzwald, Baiersbronn
www.nationalparknordschwarzwald.de

Biosphärengebiet Schwäbische Alb, Münsingen-Auingen
www.biosphaerengebiet-alb.de

Naturpark Neckartal-Odenwald e.V., Eberbach
www.naturpark-neckartal-odenwald.de

Naturpark Schwäbisch-Fränkischer Wald e.V., Murrhardt
www.naturpark-sfw.de

Naturpark Schönbuch, Tübingen
www.naturpark-schoenbuch.de

Naturpark Obere Donau e.V., Beuron
www.naturpark-obere-donau.de

Naturpark Südschwarzwald e.V., Feldberg
www.naturpark-suedschwarzwald.de

Naturpark Schwarzwald Mitte/Nord e.V., Seebach
www.naturparkschwarzwald.de

Naturpark Stromberg-Heuchelberg e.V., Zaberfeld
www.naturpark-sh.de

Naturschutzzentren

Naturschutzzentren der öffentlichen Hand

Naturschutzzentrum Wurzacher Ried
www.naturschutzzentren-bw.de

Naturschutzzentrum Eriskirch
www.naturschutzzentren-bw.de

Naturschutzzentrum Karlsruhe-Rappenwört
www.themenpark-umwelt.baden-wuerttemberg.de

Naturschutzzentrum Obere Donau/Haus der Natur
www.nazoberedonau.de

Naturschutzzentrum Ruhestein
www.naturschutz.landbw.de

Naturschutzzentrum Schopflocher Alb
www.naturschutzzentrum-schopfloch.de

Naturschutzzentrum Südschwarzwald
www.naz-feldberg.de

Naturschutzzentren der Verbände

BUND-Naturschutzzentrum Ravensburg
www.bund-ravensburg.de

BUND-Naturschutzzentrum Möggingen, Radolfzell
www.umweltbildung.de/profile/bund-naturschutzzentrum_moeggingen.html

NABU-Naturschutzzentrum Federsee, Bad Buchau
www.nabu-federsee.de

NABU-Naturschutzzentrum Wollmatinger Ried, Reichenau
www.nabu-wollmatingerried.de

NABU-Naturschutzzentrum Mettnau, Radolfzell
www.nabu-mettnau.de

Schwäbischer Heimatbund-Naturschutzzentrum Wilhelmsdorf
www.schwaebischer-heimatbund.de/index.php?cid=125

Naturschutz-Organisationen, Heimat- und Wanderverbände

Bund für Umwelt und Naturschutz e.V. (BUND)
BUND-Landesverband Baden-Württemberg e.V., Stuttgart
www.bund-bawue.de
Naturschutzbund Deutschland e.V. (NABU)
NABU Baden-Württemberg, Stuttgart
baden-wuerttemberg.nabu.de

Schwäbischer Heimatbund e.V., Stuttgart
schwaebischer-heimatbund.de

Odenwaldverein 1899 Reinheim e.V.
www.odenwaldverein1899-reinheim.de

Odenwaldklub e.V., Bensheim
www.odenwaldklub.de

Schwäbischer Albverein e.V., Stuttgart
albverein.net

Schwarzwaldverein e.V., Freiburg
www.schwarzwaldverein.de

Zertifizierte Natur- und Landschaftsführer

Einmalig:
Zertifizierte Natur- und Landschaftsführer helfen, Natur zu entdecken und Landschaft zu verstehen

Sie nennen sich Alb-Guides, Schwarzwald-Guides, Neckar-Guides und ähnlich; alle haben eines gemeinsam: Natur- und Landschaftsführer vermitteln auf professionelle Weise Naturerlebnis, Wissen um ökologische Zusammenhänge, kulturelle regionale Besonderheiten und Heimatgefühl. Die Akademie für Natur- und Umweltschutz hat im Verbund mit dem Bundesweiten Arbeitskreis der staatlich getragenen Bildungsstätten im Natur- und Umweltschutz (BANU) über 1000 engagierte Natur- und Landschaftsführer (ZNL) qualifiziert und zertifiziert. Ob stille Bachtäler, Fluss- und Bachauen, Wiesenniederungen, funkelnde Seen und Teiche, blumenbunte Wiesen, duftende Heideflächen, prächtige Laub- und Nadelwälder, alte Traditionen, Zeitgeschichte, Brauchtümer: All diese vielfältigen Facetten des Natur- und Kulturerlebnislandes Baden-Württemberg werden durch Natur- und Landschaftsführer mit allen Sinnen erlebbar. Natur- und Landschaftsführer sind jeweils Botschafter ihrer Region.

Wichtige Aufgaben der Natur- und Landschaftsführer sind:

- Herausstellung und Vermittlung von Landschaften des Heimatraumes
- Vermittlung regionaler Heimatgeschichte
- Herausstellung kulturlandschaftlicher Potenziale
- Naturerlebnisse schaffen

Wo arbeiten zertifizierte Natur- und Landschaftsführer?
Grundsätzlich sind Landschaftsführer selbstständig tätig und bieten ihre Angebote auf dem freien Markt an. Das Marketing liegt in der Verantwortung der Natur- und Landschaftsführer. Unterstützung kann durch die regionale Tourismusförderung, Naturschutzorganisationen, Heimat- und Wanderverbände, Naturparke, Naturschutzzentren und andere vergleichbare Einrichtungen erfolgen.

Wo gibt es zertifizierte Natur- und Landschaftsführer?
Mittlerweile gibt es in Baden-Württemberg über 1000 BANU-zertifizierte Natur- und Landschaftsführer für viele Regionen, hier eine kleine Auswahl: Schwarzwald-Guides, Bodensee-Guides, Naturparkführer der jeweiligen Naturparke, Wanderführer der Heimat- und Wanderakademie Baden-Württemberg, Gästeführer, u. v. m.

Die gesamte Auswahl gibt es unter www.landschaftsfuehrer.info

Landesnetzwerk Umweltbildung und nachhaltige Entwicklung (LNUB)

Wo findet man Ansprechpartner?
Damit Urlauber, Wochenend-Touristen und Einheimische jederzeit das Passende finden, hat die Akademie für Natur- und Umweltschutz eine kostenlose Internetplattform eingerichtet, welche die Angebote der Natur- und Landschaftsführer mit denen anderer Anbieter verzahnt und für alle Interessierten schnell, kostenfrei und topaktuell abrufbar macht: das Landesnetzwerk Umweltbildung und nachhaltige Entwicklung, kurz LNUB (www.lnub.de).

Das Landesnetzwerk Umweltbildung ist eine informative, kostenfreie Plattform mit Servicecharakter. Die Umweltakademie hat die Internetpräsentation des Landesnetzwerkes so konzipiert, dass Privatpersonen, aber auch die unterschiedlichen Institutionen, die sich mit Fragen der Umweltbildung, Naturerziehung und nachhaltiger Entwicklung beschäftigen, ihre Einrichtung ebenso wie Termine selbst einstellen können. Dadurch wird Interessierten die Suche nach Angeboten zum Naturerlebnis, Naturführungen und Veranstaltungen im Bereich Umweltbildung erleichtert und ihre Initiativen können auch überregional an einen größeren Interessenskreis herangetragen werden. Die Internetplattform ist sowohl für Anbieter als auch für Interessenten sehr benutzerfreundlich gestaltet. Die Umweltakademie will damit nicht nur zur Vernetzung von Institutionen und Initiativen innerhalb der Umweltbildung beitragen, sondern ebenfalls den Informationsaustausch unter den Umweltbildungsanbietern erleichtern und so auf besondere Events gerade in der Urlaubszeit hinweisen.

Wie kann man mitmachen?
Interessierte können kostenlos Kontaktdaten mit Bildern und Logos und Veranstaltungen in der Datenbank unter www.lnub.de eintragen.

Was sind die Vorteile?
- Erreichen größerer Zielgruppen aus allen gesellschaftlichen Bereichen
- Bereicherung der eigenen Arbeit durch Impulse von anderen Organisationen: Best-practice-Beispiele
- Förderung der Zusammenarbeit der Akteure im Bereich Natur, Umwelt und Nachhaltigkeit
- Größerer Bekanntheits- und Wirkungsgrad für eigene Aktionen
- Synergien durch Vernetzung
- Schnelles Finden von Ansprechpartnern
- Ständige Aktualität

Wer kann mitmachen?
Vereine, Verbände, Stiftungen, Städte, Gemeinden, Landkreise, wissenschaftliche Organisationen, Unternehmen, Kirchen, Bildungseinrichtungen oder Einzelpersonen, die sich ehren- oder hauptamtlich mit Naturbewahrung, Ökologie, Umweltvorsorge und nachhaltiger Entwicklung befassen. Angesprochen sind Landfrauen, Imker, Förster, Jäger, Fischer, oder Mitglieder von örtlichen Naturschutzverbänden, Mitglieder der Agenda-21-Initiativen und Eine-Welt-Läden, Schulen, Kindergärten oder Einrichtungen der Erwachsenenbildung und alle, die zu diesem Themenfeld etwas anzubieten haben.

NatureLife-International

Kurzporträt: NatureLife-International

»Der gebildete Mensch macht sich die Natur zu seinem Freund« (Friedrich Schiller)

Nach diesem Motto setzt sich NatureLife-International mit konkreten Modellprojekten für die Verknüpfung von Naturbewahrung, Umweltvorsorge und Nachhaltigkeit ein.

Vorrangiges Ziel von NatureLife-International ist es, für Umwelt, Bildung und Nachhaltigkeit Partner aus den verschiedenen gesellschaftlichen Bereichen zusammenzubringen, um Lösungen drängender Umweltprobleme zu erarbeiten, den Wissenschaftsdialog zu fördern und im Rahmen konkreter Projekte umzusetzen. Zu den Dialogpartnern der Stiftung und deren internationalem Netzwerk gehören namhafte Universitäten und andere wissenschaftliche Einrichtungen ebenso wie anerkannte Naturschutzpraktiker, Umweltverbände, Kommunen und staatliche Verwaltungen sowie zahlreiche Bildungseinrichtungen und Wirtschaftsinstitutionen. NatureLife-International sieht gerade in der Information von Touristen und anderen Verbrauchern sowie Kindern und Jugendlichen als den Konsumenten von morgen einen Schlüssel bei der Etablierung nachhaltiger Lebensstile.

Aus dem Leitbild der Stiftung:

- Naturbewahrung, Umweltvorsorge und nachhaltige Entwicklung sind nur mit den Menschen und nicht gegen sie erfolgreich.
- Ob Umweltbildung, praktischer Naturschutz, Armutsbekämpfung oder Biodiversitätsschutz durch nachhaltige Entwicklung: Bei allen Initiativen und Projekten zählt das Erreichte für Mensch und Natur, zählen Ergebnisse und nicht Ideologien.
- Mehr denn je sind ein undogmatisch geführter Umweltdialog und pragmatisches Zusammenwirken der verschiedenen gesellschaftlichen Bereiche erforderlich.
- Niemand ist heute mehr in der Lage, die mit dem Klimawandel und der Umweltbedrohung verbundene gesellschaftliche Herausforderung alleine zu lösen. Deshalb ist mehr denn je Kooperation erforderlich. Die Globalisierung hat deutlich gemacht, dass Natur international vernetzt ist und Umweltprobleme vor Grenzen nicht haltmachen. Deshalb müssen mehr denn je ökologische und ökonomische Maßnahmen zur Zukunftssicherung im internationalen Rahmen gesehen werden.

Zu den Initiativen von NatureLife-International gehören Renaturierungsprojekte zur Wiederanpflanzung früher abgeholzter Tropenwaldflächen etwa in China, auf den Philippinen und auf Sri Lanka, die Verbreitung von umwelttechnologischen Innovationen sowie die Förderung naturverträglicher Landwirtschaft unter anderem zur Erzeugung ökologisch produzierter Gewürze in Indien und Südosteuropa. Weitere Impulse gelten breiter Umweltbildung durch die Einrichtung von Natur-Erlebniswelten, die Erarbeitung von Lehr- und Informationsmaterialien und Beiträge zum Klimaschutz und zur Umweltvorsorge bei Großveranstaltungen. So war NatureLife-International einer der Hauptpartner beim ersten deutschen »Rock for Nature«-Open-Air-Festival.

Ein besonderer Schwerpunkt ist der Klimaschutz, für den sich die Stiftung mit ihrer Klima-Initiative GlobeClimate einsetzt, die Möglichkeiten zur CO_2-Kompensation – gerade auch für den Tourismusbereich – anbietet. (www.globeclimate.com)

QR-Code NLI

NatureLife-International – Stiftung für Umwelt, Bildung und Nachhaltigkeit
71638 Ludwigsburg
www.naturelife-international.org

Dank

Allen, die zum Entstehen dieses Buches beigetragen haben, gilt unser herzlicher Dank. Besonders danken wir für Tipps und Hinweise:

Petra Bernert, Leiterin der Geschäftsstelle Biosphärengebiet Schwäbische Alb • Dr. Stefan Büchner, Leiter des Naturschutzzentrums Südschwarzwald • Andreas Dürr, Geschäftsführer Tourismus Hohenlohe-Kreis • Gerhard Kersting, Leiter des Naturschutzzentrums Eriskirch • Ute Raddatz, Leiterin des Naturschutzzentrums Obere Donau • Manfred Robens, Leiter Forstbezirk Odenwald • Dr. Wolfgang Schlund, Geschäftsführer des Nationalparks Schwarzwald • Horst Weisser, Leiter des Naturschutzzentrums Wurzacher Ried • Dr. Wolfgang Wohnhas, Leiter des Naturschutzzentrums Schopflocher Alb • Andreas Wolf, Geschäftsführer der Stiftung »Naturschutzzentrum Karlsruhe-Rappenwört« • Reinhard Wolf, Vizepräsident des Schwäbischen Albvereins.

Für vielfachen Dialog danken wir den Teams der Akademie für Natur- und Umweltschutz Baden-Württemberg, der Tourismus Marketing GmbH Baden-Württemberg sowie der Umweltstiftung NatureLife-International – Stiftung für Umwelt, Bildung und Nachhaltigkeit. • Unser herzlicher Dank für vielfältige Hilfe bei der Entstehung des Buches gilt Elke Böder, Stephanie Gerrish, Martina Neher, Susanne Ott, den Naturfotografen Roland Bauer, Alfred Limbrunner, Achim Mende und allen anderen Bildautoren sowie Zeichner Wolfgang Lang. • Besonderer Dank gilt auch allen an der Gestaltung, der Herstellung und dem Vertrieb des Buches Beteiligten beim Theiss-Verlag; insbesondere Frau Dr. Elvira Weißmann-Orzlowski, Frau Anita Koranyi M.A. und Frau Nicole Janke M.A. (Lektorat).

Autoren

Andreas Braun, geboren 1958 in Reutlingen, war in verschiedenen Positionen bei der Stuttgarter Zeitung sowie als Chefredakteur von Sonntag aktuell tätig. Seit 2009 ist er Geschäftsführer der Tourismus Marketing GmbH Baden-Württemberg. Der Autor und Mitautor verschiedener Bücher zum Themenspektrum Heimat, Wein, Kultur und Tourismus engagiert sich für die Verzahnung von Ökologie und Ökonomie.

Claus-Peter Hutter, geboren 1955 in der Schiller-Stadt Marbach am Neckar, ist Präsident der Umweltstiftung NatureLife-International. Hauptamtlich leitet er die Umweltakademie des Landes Baden-Württemberg.

Er ist Autor, Mitautor und Herausgeber zahlreicher Buchveröffentlichungen und setzt sich – unter anderem als Ehrensenator der Universität Hohenheim – für einen unverkrampften Umweltdialog und nachhaltige Entwicklung ein.

Register

A
Aalen 36
Ackerwachtelweizen 183
Ackerwitwenblume 30
Adelegg 78 f.
Albhochfläche 67
Albsteig 211
Albtrauf 60, 67, 72, 211 f.
Albvorland 73
Allgäuer Alpen 79
Alpen 78 f., 121, 138
Alpenringdrossel 117
Alpenvorland 79
Altholzinsel 164
Auenwald 136, 138
Auerhahn 209
Auerhuhn 115
Auwald 90

B
Baar 185
Bachflohkrebs 169
Bachstelzen 168
Bad Boll 124
Bad Buchau 80, 104
Bad Friedrichshall 36
Badische Bergstraße 173
Bad Mergentheim 30, 34
Bad Rappenau 174
Bad Urach 51, 207
Bad Wildbad 209
Bad Wimpfen 206, 211
Barsch, auch Kretzer, Egli 93
Basel 213
Bäuerliche Erzeugergemeinschaft Schwäbisch Hall 40
Bauland 158, 175, 180 f.
Baumläufer 62
Baummarder 129
Baumpieper 62, 116
Bebenhausen 190, 208
Beihingen 198
Bekassine 85
Belchen 114, 121 f., 133
Berglaubsänger 117
Bergstraße 172
Besigheim 198
Biber 90
Biberach 90
Bienenfresser 145
Biosphärengebiet 211
Biosphärengebiet Schwäbische Alb 60
Birnau 106
Blesshuhn 138
Blaubeuren 51
Blautopf 70
Blindschleiche 182
Blumberg 124
Bodanrück 92, 208
Bodensee 79, 87, 90, 185, 207, 210
Bodensee-Radweg 208
Bodman 92, 96, 100
Bollenhut 111
Borkenbauer 165
Borkenkäfer 112
Brachvogel 85
Brauner Jura 67
Brauner Streifenfarn 54
Breg 125
Breisach 143
Bretten 174
Bretzfeld-Brettach 39
Brigach 125
Bruchsal 174
Buchen 177
Buchsbaum 137
Buchswald bei Grenzach 137
Buntsandstein 176
Buntsandstein-Odenwald 176
Burg Hohen Neuffen 54
Burg Hohenstaufen 52
Burg Hohenzollern 53, 207 f.
Burg Staufeneck 54
Burg Teck 54
Burgundische Pforte 141
Buschwald 124
Buschwindröschen 192
Büsingen 96
Buttenhausen 52

C
Crailsheim 36
Creglingen 30, 47
Criesbach 36

D
Dieter Thoma 131
Dinkel 185
Dohle 129
Doline (Erdfall) 71
Donau 113, 125, 186
Donauberglandweg 212
Donaueschingen 125
Dörzbach 38
Dreikantmuschel, auch Wandermuschel 102
Dreizehenspecht 117
Durbach 148

E
Eberstädter Tropfsteinhöhle 176
Ebnisee 45
Echtes Lungenkraut 73
Eduard Mörike 194
Eidechse 57, 143
Eiderente 103
Eisvogel 37, 124, 151, 168, 171
Elpersheim 35
Enz 32, 125, 180
Eppingen 174
Eriskircher Ried 100
Erlenzeisig 116
Erzbergbau 159
Esslingen 207, 211
Ettlingen 112

F
Falkensteiner Höhle 70
Fauna-Flora-Habitat-Richtlinie 72
Federsee 80 f., 103
Felchen 93
Feldberg 114, 121 ff., 131, 133, 209
Feldbergsteig 213
Feldflur 182
Feldhase 180
Feldlerche 180, 181
Feldsee 114
Feldspitzmaus 182
Fetthenne, Weiße und Rote 32
Fettkraut 81, 85
Feuersalamander 168
Fichte 111
Fichtenkreuzschnabel 117
Filderebene 74
Fils 180
Flächenalb 68
Fledermaus 62, 71, 153
Flößerei 45
Forchtenberg 28, 38
Frauental, Kloster 30
Freiburg 131, 141, 148
Friedrich Hölderlin 194
Friedrich Schiller 194

G
Gailingen 96
Gartenrotschwanz 65
Gäu 158
Gäulandschaften 180
Gebirgsstelze 168
Gehrenberg 212
Gemmrigheim 198
Geo-Naturpark Bergstraße-Odenwald 159
Geopark 211
Geopark Schwäbische Alb 71
Georg Thoma 131
Georg Wilhelm Friedrich Hegel 194
Getreide 184
Gletscher 79
Glockenblume 30
Gnadensee 92
Goldammer 32, 60, 65, 183
Göppingen 52
Götz von Berlichingen 28, 36, 47
Graureiher 138
Großer Brachvogel 97
Großes Lautertal 52
Großingersheim 198
Grundwassermoor 84
Grünfink 64
Grünkern 176
Grünspecht 65
Gundelsheim 198
Gutach 123

H
Habicht 191
Hagnau 96
Halsbandschnäpper 65
Haselmaus 129
Haubentaucher 100, 139
Hechingen 53
Hecht 138
Heckengäu 187
Hegau 91
Heidelberg 158, 194, 211
Heidelberg, Schloss 151
Heidelerche 60
Heilbronn 198, 211
Heinrich Hansjakob 96, 112
Herzogenhorn 114
Hessigheim 198
Hessigheimer Felsengärten 198
Hinterzarten 131, 209
Hirsch 191
Hochmoor 116
Hochmoor, auch Regenwassermoor 84
Hofener Wäldle 192
Hohenlohe 28, 90, 158
Hohenloher Ebene 36
Hohentwiel 91, 96
Hohenzollern-Radweg 207
Höhle 69, 207, 211
Hohler Lerchensporn 73
Hohlweg 142
Holzmaden 66
Homo heidelbergensis 158, 175, 196
Homo steinheimensis 196
Höri 92
Hornisgrinde 114, 125
Hornisse 62
Hüle, Hülbe 71
Hunsrück 149

I
Igel 182
Iltis 171
Ingelfingen 36
Isny 78

J
Jagst 28 f., 32, 36, 47, 180, 206
Jagsthausen 28, 36, 47
Johann Gottfried Tulla 137, 140
Jungsteinzeit 180, 184

K
Kaiserstuhl 141, 174, 209
Kalmit 153, 162
Kappel 136
Kappelrodeck 148
Karlsruher Grat 125
Katzenbuckel 159
Kempten 79
Ketsch, Rheininsel 150
Keuper 29, 176
Keuperbergland 73
Keuperwaldberge 28, 42, 44
Kinzig 125
Kirchberg an der Jagst 28, 38
Kirchberg/Jagst 28
Kirchheim am Neckar 198
Klappertopf 30
Kleiningersheim 198
Klingelberger 148
Knoblauchkröte 149
Kocher 28 f., 32, 36, 38, 43, 47, 180, 206
Köcherfliegenlarve 169
Kocher-Jagst-Radweg 37
Kolbenente 100
Königstuhl 162
Konstanz 91, 100, 104 f.
Kormoran 103
Kraichgau 149, 174, 180
Krautheim 36
Kreiselwespe 143
Kressbronn 96, 208
Kreuzotter 82
Kristalliner Odenwald 159
Kronwicke 30
Küchenschelle 57
Kuckucksuhr 111, 131, 139
Künzelsau 36, 38
Kuppenalb 67
Kurpfalz 149, 150

L
Laibach 38
Langenburg 28, 38, 47
Laudenbach 36
Lauffen 198
Lehrensteinsfeld 28
Leopoldskanal 136

Limes 42, 211
Limpurger Rind (Bœuf de Hohenlohe) 28, 41, 47, 207
Lina Hähnle 97
Lindau 95, 208
Löffingen 124
Lörrach 112
Lotharpfad 128
Löwenmensch vom Hohlenstein-Stadel 69
Luchs 114
Ludwigsburg 198, 211

M
Main 167
Mainau 100
Majoran, auch Dost 143
Marbach a.N. 198
Marbach, Haupt- und Landgestüt 52
Margerite 30
Markelsheim 35
Markgräflerland 148, 209
Mark Twain 152, 162, 194
Mauerpfeffer 32, 54
Maulbronn 190
Meersburg 96
Messel 162
Mettnau 92, 97
Michelsberg 159
Milan 50
Mittelgebirge 50, 69, 79, 113, 121
Mittlerer Schwarzwald 113
Moor 80, 82f., 85, 103, 114, 185
Moorfrosch 82
Moräne 79, 90, 96
Morretal 167
Mulfingen 39
Mundelsheim 198
Münsingen, Truppenübungsplatz 60
Muschelkalk 176

N
Nagold 125
Nasswald 84
Nationalpark 110
Natternkopf 33, 56
NatureLife-International 41, 220
Naturpark Neckartal-Odenwald 159, 176
Naturpark Stromberg-Heuchelberg 175
Naturpark Südschwarzwald 209
Naturschutzbund Deutschland (NABU) 97
Neandertaler 196
Neckar 125, 151, 158, 167, 180, 186, 193, 196, 211
Neckarschlaufen 198
Neckartal 32
Neckartal-Radweg 211
Neckarwestheim 198
Neckarzimmern 198
Neuenstadt am Kocher 38
Neuenstein 28, 47
Neuntöter 32, 50, 65
Neustadt 124
Niedernhaller Verwerfung 36
Niederstetten 36
Nordheim 198
Nördlinger Ries 69, 207
Nordschwarzwald 79, 110, 113, 116, 120

O
Oberderdingen 175
Obergermanisch-Raetischer Limes 177
Oberkirch 148
Oberkochen 36
Oberrhein 148, 150
Oberrheingraben 159, 177, 180
Oberrheinische Tiefebene 136, 140, 158, 174
Oberschwaben 79, 84, 87, 90
Obersee 91
Oberstetten 36
Ochsenhausen 106
Odenwald 140, 149, 151, 158, 164, 172, 174, 211
Öhringen 28, 39, 47
Ortenau 148
Osterburken 177

P
Pfahlbaumuseum Bad Buchau 80
Pfahlbauten 92, 103
Pfälzerwald 174
Pforzheim 112, 208, 213
Pfrunger-Burgweiler Ried 80f.
Pirol 138
Prachttaucher 103

R
Radolfzell 97, 208
Randecker Maar 69
Raufußkauz 117, 129
Raymond Pilet 130
Rebhuhn 180, 182f.
Rebterrasse 142
Regenwassermoor, auch Hochmoor 84
Reh 191
Reichenau 90, 105
Reichenstein 52
Reiherente 102
Rems 180
Rhein 125, 136, 138, 140f., 146, 167, 186
Rheinaue 141
Rheinebene 141, 151ff.
Rheinniederung 137, 148
Rheinsee 92
Rheintal 136, 144, 162, 172, 180
Rheintal-Radweg 209
Ried 83
Riedlingen 51
Riemenschneider, Tilman 30
Robert Winterhalter 131
Rohrammer 80, 139
Rot am See 29
Roter Fingerhut 127
Rote Waldameise 165, 191
Rothenburg ob der Tauber 30, 206
Rothirsch 118
Rotkopfwürger 65
Rotmilan 158
Rotrückenwürger 50
Ruprechtsfarn 33
Rust 136

S
Salbei 30
Salem 106
Sandstein-Odenwald 158
Sasbachwalden 114, 148
Schafherde 60
Schäftersheim 35
Schilfrohrsänger 139
Schlingnatter 33, 62
Schloss Staufenberg 147
Schluchtensteig 214
Schönbuch 180, 188, 207
Schöntal 38
Schriesheim 173
Schussenried 106
Schwäbische Alb 50, 112, 121, 131, 185, 207
Schwäbischer Albverein 61
Schwäbischer Vulkan 69
Schwäbisch-Fränkischer Wald 28, 42, 46, 177, 180, 188
Schwäbisch Hall 38, 206
Schwäbisch-Hällisches Landschwein (Mohrenköpfle) 28, 207
Schwalbenschwanz 62
Schwalbenwurzenzian 33, 81
Schwanzmeise 139
Schwarzer Grat 78, 79
Schwarzjura 66
Schwarzmilan 151
Schwarzpappel 150
Schwarzspecht 116, 128, 191
Schwarzwald 138, 140, 148, 158, 174, 185, 208f.
Schwarzwälder Genießerpfade 212
Schwarzwald Panorama-Radweg 208
Schwenninger Moos 185, 199, 211
Schwetzingen 153, 162
Seeforelle 93
Seerhein 91
Seewald-Besenfeld 208
Seewein 96
Siebenschläfer 62, 129
Silvaner 36
Sinsheim 174
Skabiosen-Flockenblume 30
Sonnentau 85
Spargel 150
Sperlingskauz 114, 158
Steinheimer Becken 69
Steinkauz 62
Steinmarder 62, 171
Steinriegel 31, 32f., 36, 56, 181, 187
Stinkender Storchschnabel 33
Streuobstwiese 63
Stromberg-Heuchelberg 180, 188
Stuppach 34
Stuttgart 211
Südwestdeutsches Schichtstufenland 124, 140, 176
Südschwarzwald 90, 114, 116, 120
Südschwarzwald-Radweg 209
Sumpfrohrsänger 80, 101
Sumpfwurz 81

T
Tafelente 102
Tannenhäher 117, 124
Tauber 28f., 34, 47
Tauber-Edition 34
Taubergießen 90, 136f., 141, 155
Tauberschwarz 36
Taubertal 30ff., 35
Teichrohrsänger 80, 101, 139
Titisee 122
Todtnau 114, 130
Torf 83
Torfmoose 84
Traufgänge 213
Traunsteiners Knabenkraut 81
Triberger Wasserfälle 113f.
Trockenböschung 143
Trockenmauer 211
Trockenrasen 57, 91, 124, 144
Tropfstein 69
Tropfsteinhöhle 176
Tübingen 211
Türkenbundlilie 73

U
Uhu 114, 124, 158
Ulm 51, 90
Unterregenbach 38
Untersee 91
Unteruhldingen 104

V
Véloroute Rhein 210
Venus vom Hohle Fels 69
Vorbachzimmern 36
Vulkan 91, 141, 159, 207

W
Wacholderheide 57, 61
Waldbrunn 159
Waldenburg 28
Waldkauz 191
Waldschnepfe 118
Waldshut 112
Waldvögelein, Weißes und Rotes 73
Walheim 198
Walxheim 36
Wanderfalke 50, 117, 158
Wasseramsel 168
Weidenröschen 126
Weikersheim 30f., 35
Weikersholz 29
Wein 147, 197
Weinbau 95, 141, 173
Weingarten 106
Weinheim 173
Weißjura 67
Welzheimer Wald 46
Wendehals 62, 64
Wertheim 30, 206
Wespenbussard 151
Westweg 213
Wettringen 29
Wiblingen 106
Wiesel 182
Wiesenbocksbart 30
Wiesen-Pippau 30
Wilde Weinrebe 150
Wildkatze 114
Wildschwein 191
Wildseemoor 209
Wimsener Höhle 70
Wittelsbacher 150
Wollmatinger Ried 97, 100
Wurzacher Ried 84
Wutach 125
Wutachschlucht 114, 123, 186, 209
Wyhl 146

Z
Zauneidechse 32
Zaunkönig 168
Zilpzalp 64, 168
Zitronengirlitz 116
Zugwiesen 198
Zweiblättriger Blaustern (Scilla) 73
Zwergrohrdommel 85
Zimbelkraut 54, 57

Bildnachweis

Roland Bauer: 2, 8, 15, 16, 18, 24/25, 42 oben, 45 oben, 68, 70, 71 unten, 76/77, 81, 95, 98/99, 127, 156/157, 160/161, 164, 165, 167, 182 oben, 184, 202/203
Hendrik Haase: 26/27, 40
Carola Huhn: 102, 122
Carolyn Hutter: 111
Claus-Peter Hutter: 6/7, 17, 21, 22/23, 30, 31 beide, 32 beide, 33 beide, 37 unten, 38, 39, 51, 53, 58/59, 62 oben, 63, 73 unten, 82, 84, 88/89, 93, 104, 106, 108/109, 110, 112, 126, 134/135, 137, 141, 143 beide, 150, 151, 158, 162, 163, 172, 174, 175 unten, 176, 178/179, 181, 186 oben, 190 beide, 192 unten, 193 beide, 194, 195, 196, 197, 210, 211
Matthias Janke: 45 unten
Georg Krause: 19, 48/49, 54, 56, 67, 72, 73 oben
Alfred Limbrunner: 37 oben, 41, 42 unten, 43, 44, 46 beide, 50, 55, 57, 62 unten, 64, 66 oben, 71 oben, 80 beide, 83, 85, 86, 90, 97, 100, 101, 102, 113, 114 unten, 115, 116, 117 beide, 118, 123, 124, 128, 129, 136, 138, 139, 140, 144, 145, 146 beide, 149, 152, 153, 154, 166, 168, 169, 170 alle, 171, 173, 175 oben, 180, 183, 185, 186 unten, 187, 188, 189, 191, 192 oben, 198, 217
Achim Mende/TMBW: 29, 78, 87, 91, 94, 105, 120, 121, 130, 132, 142, 147, 148, 204/205
Martina Neher: 65, 114 oben
Schloss Langenburg: 28
Willi Riedel: 74
Staatliches Museum für Naturkunde Stuttgart – Museum am Löwentor: 66 unten
Stadt Ludwigsburg: 199
Reinhard Wolf: 35

Kartographie: Wolfgang Lang, Grafenau

Autoren und Verlag danken den genannten Fotografen und Rechteinhabern von Bildern, die mit ihren Aufnahmen ganz besondere Einblicke – ob im Großen oder im Kleinen – in die vielfältige Natur Baden-Württembergs ermöglichen!

Informationen zu den doppelseitigen Abbildungen jeweils zum Kapitelbeginn:

Der wilde Süden Deutschlands – das Naturerlebnisland Baden-Württemberg – zeigt sich
in ganz unterschiedlichen Facetten. Mal in Form gewaltiger Urnatur, mal romantisch-still, dann wieder bizarr oder weithin erhaben.

Seite 2: Wildwasserromantik im Schwäbischen Wald.
Seite 6/7: Obstwiesen sind Elemente der Kulturlandschaft – doch sie beherbergen auch eine faszinierende Vielfalt von Wildpflanzen und Wildtieren.
Seite 26/27: Im Hohenloher Land und im Schwäbisch-Fränkischen Wald gibt es viele idyllische Ecken, in denen man ohne große Dekoration sofort einen Heimatfilm drehen könnte.
Seite 48/49: Kompakte Erdgeschichte und lebendiges Naturparadies in einem: die Schwäbische Alb.
Seite 76/77: Der Bodensee ist einer der größten Trinkwasserspeicher Europas.
Seite 108/109: Weite Teile des Schwarzwalds sind als Nationalpark oder als Naturpark geschützt.
Seite 134/135: Längst ist der Rhein ein gebändigter Fluss, doch im Oberrheintal blieben wildromantische Auwälder – wie im Taubergießen-Gebiet – erhalten und sind heute streng geschützt.
Seite 156/157: Romantische Waldnatur – Der Odenwald verbindet den nördlichsten Teil Baden-Württembergs mit Naturlandschaften in Bayern, Hessen und Rheinland-Pfalz.
Seite 178/179: Wie gigantische Amphitheater begleiten die mit Natursteinmauern terrassierten Weinberghänge weite Teile des Neckars.